高等院校网络教育法学专业核心课程规划教材

ADMINISTRATIVE LAW AND ADMINISTRATIVE LITIGATION LAW

行政法与行政诉讼法

黄先雄 编著

中南大学出版社
www.csupress.com.cn
长沙

高等院校网络教育法学专业核心课程规划教材

编委会

作者简介

黄先雄，法学博士，中南大学法学院教授，博士生导师，美国华盛顿大学法学院2010—2011年访问学者，湖南天地人律师事务所执业律师，湖南省普通高等学校学生申诉处理委员会委员。主要研究领域：行政法与行政诉讼法、司法制度、法学教育。近年来，先后主持国家社科基金项目一项，省部级法学研究课题七项；出版学术专著《司法谦抑论》（法律出版社2008年版）、《行政诉讼中的权力关系》（中南大学出版社2012年版）；执行主编全国首届行政诉讼法学学术研讨会论文集《权利与权力的博弈——行政诉讼法修改纵横谈》（中国法制出版社2005年版）、《行政规制论丛》（2009年卷、2011年卷，法律出版社出版）；主编或参编《宪法学》《行政法与行政诉讼法学》教材多部；在《法学》《比较法学研究》《行政法学研究》《国家行政学院学报》等刊物上公开发表学术论文数十篇，其中数篇被人大报刊资料中心复印、《法制日报》内参转载或《高校文科学术文摘》摘录。

前　言

行政法与行政诉讼法是法律专业的核心课程之一，也是行政管理专业的必修课之一。本书根据《全国高等学校法学专业核心课程教学基本要求》进行编写，将行政法与行政诉讼法的基本理论、相关法律规范和法律实务紧密结合，及时吸收了2015年5月1日起施行的《中华人民共和国行政诉讼法》和《最高人民法院关于适用〈中华人民共和国行政诉讼法〉若干问题的解释》等最新颁行的行政法律、法规和司法解释的内容，大量采用了中国裁判文书网上公布的新近行政诉讼案例，全面反映了行政法与行政诉讼法这门学科的基本内容，涵盖了该学科最重要的知识信息。

全书分上、下两篇，即行政法篇与行政诉讼法篇。上篇主要对行政法的历史发展、基本概念和基础理论等进行了介绍，重点阐明了行政法的基本原则、行政法主体、行政行为、依职权的行政行为、依申请的行政行为、行政程序、行政救济等方面的内容。下篇主要对行政诉讼法的基本概念和基础理论等进行了介绍，重点阐明了行政诉讼法的基本原则、受案范围、管辖、当事人、证据规则、诉讼程序、法律适用、裁判形式以及行政诉讼附带民事诉讼等方面的内容。

本书具有如下特点：①简明性。本书重在将行政法与行政诉讼法的基本理论与知识以简明扼要的方式传达给学习者，不强调理论阐述的全面性与深度。学习者能够在较短的时间内全面把握行政法与行政诉讼法的基本内容。②新颖性。本书及时吸收了最新颁行的行政法律规范，尽可能多地采用了官方发布的新近案例，也糅合了新近的理论研究成果。学习者能够借此掌握有关行政法与行政诉讼法的新知识与新理论。③生动性。本书各章均采用了案例与理论紧密结合的撰写方式，用案例生动凸显各章的重要知识点，通过案例形象说明各章的理论难点。学习者可以通过案例的学习比较轻松地掌握行政法与行政诉讼法的基本理论与知识。总之，本书是理论与实务紧密结合的、简明生动的行政法与行政诉讼法教材，既适合高等学校法律专业及相关专业的在校学生使用，也适合公务人员、法律人士等使用。

目 录

上篇 行政法

下篇 行政诉讼法

上篇　行 政 法

第一章 行政法概述

【本章重点】

(1)行政法中的行政是指国家行政机关和其他特定社会公共组织为实现公共利益对公共事务进行组织和管理的各类活动。它可以按不同的标准分为秩序行政和给付行政、内部行政和外部行政、依职权行政和依授权行政等。

(2)行政法是调整行政关系、规范和控制行政权的法律规范的总称。行政法的调整对象是行政关系。

(3)现代意义的行政法萌芽于17世纪,形成于19世纪,发展于20世纪。行政法的产生与发展是现代法治国家的一个重要标志。

(4)中国古代只有"官治之法",没有作为"治官之法"的行政法。新中国成立之前的北洋政府和国民政府时期,曾颁布过一些行政法律法规,并设立了行政审判机关,当时行政法已初步成形。新中国成立之后,行政法的正式生成与快速发展阶段是在1989年《行政诉讼法》颁布之后。

(5)行政法的渊源是指行政法的表现形式或存在形式。我国行政法的渊源包括成文法和不成文法两种形式。成文法渊源包括宪法、法律、行政法规、地方性法规、自治条例和单行条例、规章以及法律解释、国际条约等;不成文法渊源主要包括行政判例、行政法的一般原则等。

【案例导入】

鲁迅诉教育部章士钊非法免职案

1925年秋,北京女子师范大学部分学生因不满女校长杨荫榆的治校理念和行为,发起驱赶校长的学生运动。此时正值北洋政府段祺瑞执政时期,思想相对保守的章士钊出任北洋政府教育总长,其采取强硬措施整顿北京高校学风,对女师大学生罢课驱赶校长行为极其恼怒,下令重组女师大,学生与校长之间的矛盾最后演变成学生与教育部即政府当局的矛盾。这一时期,鲁迅作为北洋政府教育部佥事，正好在女师大兼课，其与其他爱国教员一道，积极支持学生运动，并亲自担任女师大校务维持会委员。章士钊以鲁迅身为教育部官员，却蛊惑和参与学潮，并擅自担任维持会主任，组织学生直接对抗政府命令等一系列违规越轨行为为由，呈请由段祺瑞组阁的国民政府将鲁迅革职，国民政府随即命令照准。鲁迅不服这一革职决定，将教育部章士钊告上行政法院。

1926 年 3 月 23 日行政法院作出判决："教育部之处分取消之。"其理由是："被告停办国立女师大学，原告兼任该校教员，是否确有反抗部令情事，被告未能证明。纵使属实，涉及《文官惩戒条例》规定范围，自应交付惩戒，由该委员会依法议决处分，方为合法。被告遽行呈请免职，确与现行规定程序不符。至被告答辩内称原拟循例交付惩戒，其时形势严重，若不采用行政处分，深恐群相效尤等语，不知原告果有反抗部令嫌疑？先行将原告停职或依法交付惩戒已足示儆，何患群相效尤？又何至迫不及待必须采取非常处分？答辩各节并无理由，据此论断，所有被告呈请免职之处分系属违法，应予取消。兹据《行政诉讼法》第 23 条之规定裁决如主文。"

第一节 行政与行政法

一、行政的含义与种类

(一)行政的含义

要理解行政法，首先必须明确什么是"行政"。通俗地说，"行政"就是"执行""管理"类活动，它广泛存在于各类社会组织中，凡属执行组织决议、管理组织事务等方面的活动都属于行政。除了私主体性质的社会组织如私人企业内部存在行政活动外，各类国家机关包括立法机关、行政机关、司法机关等，以及一般社会公共组织如行业协会，其内部也都存在行政活动。

行政法上的行政最初仅针对国家行政机关所从事的行政活动，它是相对于立法机关的立法、司法机关的司法而言的。随着现代社会政府职能的增加，一方面国家行政机关获得了部分立法权和部分司法权，另一方面国家通过立法将部分国家行政职能授权给社会公共组织来行使，因此，现代行政法上的行政不仅包括国家行政机关所从事的行政活动，还包括国家行政机关所从事的准立法活动、准司法活动，也包括被授权的社会公共组织所从事的行政活动。总之，行政法上的行政是指国家行政机关和其他特定社会公共组织为实现公共利益对公共事务进行组织和管理的各类活动。它具有公共性、主动性和执行性等特征。

（二）行政的种类

1. 秩序行政与给付行政

根据行政的内容和目的不同，行政可分为秩序行政与给付行政。“秩序行政，以致力于创设良好公共秩序为目的之行政”。秩序行政又称规制行政，在范围上除包含警察行政，还包含税务行政及其他直接、间接的指导、规划、管制行政等。由于秩序行政以创设良好社会公共秩序为目的，以限制性手段居多，具有强烈的命令、禁止、强制的色彩。例如维护社会治安、控制传染病传播、征收税费等。给付行政又可称为福利行政，是指直接给予公民利益或通过提供特定目的的支持、服务等措施以实现行政目的的行政活动。随着现代社会民主意识的普及，政府以人为本的理念得以张显，国家在维护正常的社会秩序的同时，还要积极主动地为人民提供尽可能多的服务及照顾，以满足人民各项生活所需。给付行政主要包括两大类：一是为个人提供特定形式的给付，如给予困难补助、助学贷款等；二是通过建设公共设施，保障和改善公民的生活条件，如兴建道路、兴办福利院、建设文化体育运动场所等。

2. 内部行政和外部行政

根据行政作用的对象不同，行政可分为外部行政和内部行政。外部行政是指行政机关针对其组织系统外的人员和事务进行的行政活动。法律、法规等授权的组织依法行使行政职权的活动也属于外部行政。外部行政的方式多种多样，如行政征收、行政许可、行政处罚、行政奖励、行政强制等。内部行政是指国家行政机关针对其系统内的组成机构、人员及相关事务进行的行政活动。如行政机关对其内部行政事务的分工与布置、请示与批复、对其工作人员的奖惩任免等。

3. 依职权行政和依授权行政

根据行政权力来源的不同，行政可分为依职权行政和依授权行政。依职权行政是指国家行政机关依法定职权自行执行其行政任务的活动。国家行政机关涉及的行政事务非常广泛，包括经济、教育、科技、文化、公安、司法行政、民族事务、卫生、体育、城乡建设、财政、民政、监察等方面的工作，这些事务一般都由行政机关自行完成。依授权行政是指国家不通过其行政机关完成行政任务，而是通过法律、法规等授权其他非政府组织完成特定的行政任务。依授权行政蓬勃兴起于20世纪之后，由于现代社会的发展和人们需求的增加，国家承担的行政事务日益繁重，为节省国家行政资源，提高行政效率，国家通过立法把一些行政事务授权给一些非政府组织承担，如公立高校、人民团体、国有企事业单位等。

二、行政法的含义、特征

(一)行政法的含义

行政法是调整行政关系、规范和控制行政权的法律规范的总称。

行政法的调整对象是行政关系。行政关系主要包括:①行政管理关系，它是行政主体在行使职权的过程中与外部行政相对人发生的各种关系;②行政法制监督关系，它是指国家权力机关、司法机关、行政监察机关等在对行政主体及其工作人员进行监督时发生的各种关系;③行政救济关系，它是指行政相对人认为其权益受到行政主体行政行为的侵犯时，向行政申诉机关、行政复议机关等申请救济后所引发的各种关系;④内部行政关系，它是行政主体内部行政过程中发生的各种关系，包括上下级、同级行政机关之间的关系，行政机关与其内设机构、职能部门、派出机构、派出机关之间的关系，行政机关与其工作人员之间的关系等。

(二)行政法的特征

1. 行政法是规范和控制行政权的法

行政权是国家公权力中公民接触最为直接、最为频繁的权力，对公民的影响也最为广泛。基于权力膨胀、滥用的天性，加强对行政权的规范与控制就成为行政法存在的主要意义，也是其最重要的特征。

2. 行政法是难于制定统一法典的法

当代社会，政府的行政职能涉及社会生活的方方面面，不同方面所引发的行政关系有许多不同的特征，需要制定不同的法律规范来进行调整。同时，部分行政关系的易变性和低稳定性也使得其必须由低位阶的规章和其他规范性文件来调整，而不宜由统一的法典进行规范。另外，行政法作为一个部门法产生较晚，理论研究相对滞后，还没有为统一行政法典的制定提供成熟的理论支撑。因此，与其他法律相比，行政法难以存在于一部统一的法典中，而是散见于宪法、法律、法规、规章和其他规范性文件中。

3. 行政法是实体规范与程序规范交织的法

行政法是规范和控制行政权的法，而行政权具有单方性、强制性等支配行政相对人的特性，为充分保障公民权利并促使行政权有效运作，就必须在设定行政主体权限范围的同时，规定其行使权力的程序及相应的监督程序。因此，行政法的内容既包括实体规范，也包括程序规范，并且两者往往交织在一起，在同一部单行行政法律中同时出现。

第二节 我国行政法的历史发展

行政法同其他法律制度一样都是历史发展的产物。不过，相对于民法、刑法等部门法，行政法的产生比较晚，是在十七八世纪西方资产阶级革命之后逐步产生和形成的。新兴资产阶级在革命之后，在政治上建立了“分权制衡”的政治体制，在思想上塑造了“人民主权”“责任政府”的理念，在法律制度上确立了“代议民主”“依法行政”“独立司法”等法治原则，这些为行政法的产生创造了条件。随着民主政治与宪政体制在各国的广泛建立，同时由于现代社会行政疆域的不断扩展，控制行政权滥用的需求也不断增加，行政法作为规范和控制行政权的部门法便在欧美国家逐渐发展起来。可以说，现代意义上的行政法萌芽于17世纪，形成于19世纪，发展于20世纪。行政法的产生与发展是现代法治国家的一个重要标志。

一、新中国成立前行政法的发展

在中国几千年的集权专制统治和根深蒂固的官尊民卑意识下，以分权制衡和保障民权为基础的行政法律制度根本没有存在的土壤。中国古代虽然也有关于官府设置与职权范围方面的法律，如《唐六典》，它记叙了唐朝中央、地方各级官府的组织规模、官员编制(定员与品级)及其职权范围，但这类法律只能算是“官治之法”，而不是“治官之法”。

清末民初，兴民权、开议会、立宪制，开始引进西方的法律制度，现代意义上的行政法在我国开始萌芽。孙中山先生领导辛亥革命，推翻了清王朝的统治，创立了民国，主张学习西方，实行民主与法治。1912年的《中华民国临时约法》继清末仿效日本筹设“行政审判院”之后，第一次在宪法性文件中规定了人民的行政诉讼权和行政诉讼体制，其第10条规定，“人民对于官吏违法损害权利之行为，有陈诉于平政院之权”；第49条规定，“法院，依法律审判民事诉讼和刑事诉讼，但关于行政诉讼及其他特别诉讼，别以法律定之”。1914年3月，北洋政府根据《中华民国临时约法》的规定，颁行了平政院组织法《平政院编制令》，正式设立平政院，随后颁行了《行政诉讼法》《诉愿法》等行政法律。南京国民政府成立之后，在五院政府框架下的司法院设“行政法院”，专司行政法律，审理行政争议。通过一系列法律法规的颁行和行政审判机关的设立，近代中国的行政法逐步成形。

二、新中国成立后行政法的发展

纵观新中国行政法发展的历史进程，可以将其划分为以下四个阶段：

（一）起步阶段（1949—1957 年）

新中国成立以前在革命根据地政权建设的过程中，中国共产党曾经制定过一些行政法律制度，颁布了一些行政性法律文件。新中国成立以后，国家在总结革命根据地法制建设经验的基础上，开始逐步构建社会主义国家的行政法律制度体系。从新中国建立到1957 年，是我国社会主义行政法的起步阶段。这个阶段，在借鉴苏联行政法律制度建设经验的基础上，国家出台了一系列有关行政组织和行政管理方面的法律法规。例如，在行政组织法方面，先后颁行了《中央人民政府组织法》《国务院组织法》，中央人民政府各工作部门的组织条例以及国务院各直属机构、办公机构的组织简则，地方人民政府的组织法等；在部门行政领域方面，加强法制建设，明确界定政府行政管理权限以及行政责任，通过行政管理法规规定政府实施行政管理的规范、标准和程序；在行政法制监督相关制度的建设上，初步建立了行政监察制度和公民控告国家机关及其工作人员违法失职行为的法律制度。但总体说来，这一阶段我国的行政法律制度不健全，且很少体现行政法规范和控制行政权力、保障公民权利的价值目标。国家虽然颁布了大量的行政管理法规，但由于这些法规大多侧重于对公民、法人和其他组织权利的限制，行政法律制度从实质上属于“管理（老百姓）法”，而不是“控（行政）权法”，国家机关应受法律约束的法治观念还没有确立。另外，即便国家建立了对行政机关及其工作人员违法失职行为的申诉控告制度，但由于行政复议、行政诉讼制度的缺位，公民的申诉与控告难以得到及时、公正的处理。

（二）沉寂阶段（1957—1978 年）

1957 年至 1978 年，是我国法制建设的停滞和倒退阶段，行政法也不例外，有关行政组织和行政管理方面的立法工作基本停滞。在实际工作中，以计划经济为基础，我国形成了高度集权的政治体制，整个国家的工作奉行“以阶级斗争为纲”的斗争哲学，轻视个体权益，国家的任务是通过斗争和运动的人治方式来实现的，不需要和平的法治方式，行政法制建设完全被遗忘。

（三）重启阶段（1978—1989 年）

1982 年宪法重新确立了人民主权、行政法治、权力相互制约等基本原则，为行政法制建设奠定了良好的宪法基础，也确定了我国行政法制建设应当坚持的总体原则和发展方向。这一阶段，通过恢复原有行政法律制度、制定法律法规的形式，初步解决了行政管理领域无法可依的问题。为适应新形势的要求，第五届全国人大第二次会议及第六届全国人大第五次会议先后通过了《国务院组织法》和《地方各级人民代表大会和地方各级人民政府组织法》，把国务院和地方各级人民政府的组织与活动纳入法制轨道。同时，国家还颁布了大量的行政管理法律法规，为行政机关依法办事创造了条件。同时，1982 年颁布的《民事诉讼法(试行)》第 3 条第 2 款规定："法律规定由人民法院审理的行政案件，适用本法规定。"这一规定开启了人民法院受理、审查、裁判行政案件的新篇章，公民在有限的范围内获得了行政诉权；这一规定的实施也为后来《行政诉讼法》的出台积累了经验。总体来看，这个阶段我国行政法制建设的重点在于恢复行政法制秩序，在行政行为、行政救济与监督等方面的法制建设步伐不大。

(四)快速发展阶段(1989 年至今)

1989 年以后，以《行政诉讼法》的颁行为基点，我国行政法开始步入快速发展阶段。1990 年《行政诉讼法》的实施，标志着我国从国家不受法的任何限制的工具性法治向国家及其官员受到富有成效限制的控权性法治转变。在该法颁行之后，一系列规范和控制行政权力的法律法规得以陆续出台，它们包括但不限于：1990 年的《行政复议条例》，1994 年的《国家赔偿法》《审计法》，1996 年的《行政处罚法》，1997 年的《行政监察法》，1999 年的《行政复议法》，2000 年的《立法法》，2001 年的《行政法规制定程序条例》《规章制定程序条例》，2003 年的《行政许可法》，2005 年的《公务员法》，2012 年的《行政强制法》，等等。迄今为止，我国行政法律体系已经初步建成。

2014 年 10 月 23 日中国共产党第十八届中央委员会第四次全体会议通过了《中共中央关于全面推进依法治国若干重大问题的决定》。该决定强调，各级政府必须坚持在党的领导下、在法治轨道上开展工作，创新执法体制，完善执法程序，推进综合执法，严格执法，建立权责统一、权威高效的依法行政体制，加快建设职能科学、权责法定、执法严明、公开公正、廉洁高效、守法诚信的法治政府。该决定的落实和 2015 年 5 月 1 日新《行政诉讼法》的实施，必将推动我国行政法的发展进入一个新阶段。

第三节 我国行政法的渊源

行政法渊源是指行政法的表现形式或存在形式。

我国行政法的渊源包括成文法和不成文法两种形式。其中，成文法是我国行政法的正式渊源，不成文法目前只是非正式渊源，作为正式渊源的补充形式而存在，不必然具有法律效力。

一、成文法渊源

1. 宪法

宪法是规定国家根本制度和根本任务，规范国家权力和保障公民权利的根本大法。它不仅是行政法的渊源，同时也是其他部门法的渊源。相对而言，行政法与宪法关系最为密切，宪法规定了基本的行政组织法规范、重要的行政活动原则以及公民基本的公法权益。

2. 法律

法律是指全国人民代表大会制定的基本法律和全国人民代表大会常务委员会制定的基本法律以外的法律。目前，有关行政法的法律主要包括：①行政组织法类法律。如《国务院组织法》《人民警察法》《公务员法》等；②一般行政行为类法律。如《行政处罚法》《行政许可法》《行政强制法》等；③部门行政行为类法律，如《税收征收管理法》《土地管理法》《环境保护法》《文物保护法》《药品管理法》等；④行政监督与救济类法律，如《国家赔偿法》《行政监察法》《审计法》《行政复议法》《行政诉讼法》等。

3. 行政法规

行政法规是指国务院根据宪法和法律以及最高国家权力机关的授权，按照法定程序制定的有关政治、经济、教育、科技、文化、外交等方面的规范性文件的总称，一般以“中华人民共和国国务院令”的方式颁布。

4. 地方性法规

地方性法规是指特定的地方国家权力机关根据本行政区域内的具体情况和实际需要，依照法定权限和程序制定的规范性法律文件。目前我国有权制定地方性法规的主体包括：省、自治区、直辖市的人民代表大会及其常务委员会，设区的市的人民代表大会及其常务委员会，自治州的人民代表大会及其常务委员会，等等。

5. 自治条例和单行条例

自治条例和单行条例是指民族自治地方的人民代表大会依照当地民族的政治、经济和文化的特点，依法制定的规范性法律文件。前者是指用以全面调整本自治地方事务的综合性文件，后者是指就某个方面的事务所作的单项规范性文件。自治地方包括自治区、自治州和自治县。

6. 行政规章

行政规章分为国务院部门规章和地方政府规章。国务院部门规章是指国务院各部、委员会、中国人民银行、审计署和具有行政管理职能的直属机构，根据法律和国务院的行政法规、决定、命令，在本部门的权限内，制定的规范性文件的总称。地方政府规章是指省、自治区、直辖市和设区的市、自治州的人民政府，根据法律、行政法规和地方性法规，制定的规范性文件的总称。

7. 法律解释

法律解释是指依法享有法律解释权的特定国家机关对有关规范性法律文件所作出的具有法律效力的解释。广义的法律解释包括：①立法解释，是指全国人大常委会对法律条文进行的解释；②司法解释，是指最高人民法院和最高人民检察院对司法工作中具体应用法律问题所进行的解释；③行政解释，是指国务院及主管部门对不属于司法工作中的其他法律、法令如何具体应用的问题所进行的解释；④地方解释，是指特定的地方权力机关对地方性法规条文本身所作的解释以及特定的地方人民政府对地方性法规、规章如何具体应用的解释。

8. 国际条约和行政协定

国际条约是指两个或两个以上的国家或国际组织间缔结的有关政治、经济、贸易、文化、军事等方面的规定并确定其相互权利和义务的各种协议。行政协定是指两个或两个以上的国家的政府之间相互签订有关政治、经济、贸易、文化、军事等方面的内容的各种协议。国际条约中的有关行政法规范和行政协定也是我国行政法的渊源。

二、不成文法渊源

1. 行政判例

行政判例是指法院作出的、可以作为先例据以决案的行政案件判决。在英美法系国家和法国等地，行政判例是行政法的重要渊源。我国目前还没有形成正式的行政判例制度，但在行政审判实践和行政执法实践中，有类似的行政典型案例、行政指导性案例制度，其重要的指导意义已开始显现。

2. 行政法的一般原则

行政法的一般原则是指统率、指导一切行政法律规范的制定和实施的法律原理或准则，如依法行政原则、比例原则、信赖保护原则、正当程序原则等。在我国，行政法的一些一般性原则尚未写入成文法中，还缺乏强制性的约束力，不过，在司法实践中不少行政审判法官早已开始有意识地运用这些原则来评判行政行为的合法性，来判决行政案件。

【引例分析】

中国现代意义上的行政诉讼制度肇始于民国，并以平政院设立为标志。1914年北洋政府制定《平政院编制令》，设立平政院，与普通法院即大理院并列；南京国民政府时期平政院更名为行政法院，与最高法院并列，共同隶属于司法院，直至民国结束在大陆的统治。仅从字面理解，平政院的职权似乎很重要，但至少在早期，其地位并没有想象中的那么高，实践中其在当时受理的行政案件也非常少。幸好，有鲁迅诉教育部章士钊非法免职案一案，使这一短暂存在的司法机构让后人不时提起。

该案中，教育部章士钊的败诉主要有两个方面的原因：第一，教育部没有充分证据证明鲁迅违反部令；第二，即使鲁迅真的违反了部令，应该给予处分，也应交给专门的委员会进行惩戒，章士钊无权擅自呈请处分。后来有人评价鲁迅胜诉，是因为1925年底章士钊已去职，法院迫于舆论压力，才判决鲁迅胜诉。但我们不能不承认，民国建立不久的北洋政府时期，当时的司法是独立的，当时法官素养是较高的。这一影响重大的案件，从提起诉讼到裁决，费时仅半年，司法效率应该说很高；而且被告是教育部，无论部长如何换，堂堂中央政府一个部败在一个小职员手里，也充分说明了当时司法机关的独立与胆识。

从司法层面讲，鲁迅诉教育部非法免职案对于中国司法近代化历程并没有产生多么重要的影响，但其宣传效应及普法效应不容忽视。该案从客观上讲，特别是凭借诉讼双方当事人的个人社会地位及影响力，使人们普遍了解：民可以告官，官也会败诉。理念是行动的先导，这就是理念。实践中，同类案件多了，以可观察的方式总结出理念，相应的制度机制就会变得完善和成熟。

【思考题】

1. 试述行政法上行政的含义及分类。
2. 什么是行政法？它有哪些特点？
3. 试述中国行政法产生与发展的历程。
4. 行政法的渊源有哪些？

第二章　行政法的基本原则

【本章重点】

（1）行政法的基本原则是指贯穿于整个行政法体系并对行政法治所有领域和各个环节起价值导向和规范作用的核心准则。

（2）行政合法性原则是指行政主体行政权的享有、行使必须依据法律规范，符合法律规范要求，不得与法律规范的要求相抵触。

（3）行政合理性原则是指行政主体在法律规范规定的自由裁量范围内行使行政职权时，必须做到客观、适度，符合公平正义精神，不得滥用。

（4）信赖保护原则是指当行政相对人基于行政行为产生正当的信赖利益时，这种信赖利益应当得到行政主体的认可和保护，行政主体不得随意撤销、改变或废止该行政行为，如果依法需要撤销、改变或废止该行政行为的，必须补偿行政相对人因此受到的损失。

（5）行政公开原则是指除依法应保密的行政活动及相关信息外，行政主体所从事的所有活动和所掌握的所有信息都应当公开。

（6）正当程序原则是指行政主体在作出影响行政相对人权益的行政行为时，必须事先告知行政相对人，向行政相对人说明行为的根据和理由，听取行政相对人的陈述与申辩，并为行政相对人提供或告知其相应的救济途径等。

【案例导入】

董某等诉玉环县社会保险事业管理中心行政给付案

张某原系玉环县玉城街道上段村村民，系原告董某之母，张某于2013年5月24日在被告玉环县社会保险事业管理中心参加了基本医疗保险，并一次性支付了保险费人民币58956元。张某于2013年7月30日去世，没有享受过城镇职工基本医疗保险待遇。为此，原告于2013年10月29日向被告提交了申请报告，要求其退还基本医疗保险费58956元。被告于2013年11月28日作出了《关于张某家属要求退还医疗保险费的答复》，决定不予退还。董某等不服，提起诉讼。诉讼中，被告认为，在张某向上诉人办理了有关手续并交纳了保险费用后，双方的医保关系已经成立。并且，涉案保险费是否应予退还的关键是该保险费在性质上是属于社会统筹基金还是属于张某的个人账户，如属于统筹基金，则由社会保险经办机构统一管理，不应予以退还。法院判决认为，上诉人提供的张某缴纳的城镇职工医疗保险费标准表，能够确定张某当时是以个体劳动者的身份参保，上诉人对张某按照统筹部分收取保险费，未收取其个人应缴部分，也未建立个人账户。同时，《国务院关于建立城镇职工基本医疗保险制度的决定》(国发(1998)44号)、《社会保险费征缴暂行条例》《浙江省推进城镇职工基本医疗保险制度改革的意见》《台州市职工基本医疗保险办法》《台州市职工基本医疗保险办法实施细则》等相关规定，并未对涉案保险费在参保后六个月内是否能予以退还作出相关规定，故被告仅以此为依据不予退还涉案保险费，没有法律依据，即被告的行为不符合行政合法性原则，故判被告败诉。

第一节 行政法基本原则概述

一、行政法基本原则的含义与特征

行政法的基本原则是指贯穿于整个行政法体系内并对行政法治所有领域和各个环节起价值导向和规范作用的核心准则。

行政法的基本原则是在行政法规范和约束行政权的历史中逐步形成的，并由行政法学者概括提炼出来的。不同学者因其概括、归纳的方法不同，认识不完全一致，对基本原则的列举与表述也存在差异；同时，由于各国政治体制不同，与之紧密关联的行政法本身的差别也很大，因此，各国行政法学者对行政法基本原则的提炼也不完全一样。

本书认为，行政法的基本原则主要包括：行政合法性原则、行政合理性原则、信赖保护原则、行政公开原则、正当程序原则。前三者是实体性基本原则，后两者是程序性基本原则。

二、行政法基本原则的作用

行政法的基本原则作为行政法的核心准则，对行政法具有重要的作用。

(一)指导和规范行政立法、执法与司法

行政法的基本原则是一种“基础性规范”，对行政立法具有不可替代的指导和约束作用，它是产生其他具体规则和原则的规范，这些具体规则和原则都不能与之相抵触。同时，行政执法者、司法者在适用行政法具体规则和相关原则时，必须受行政法基本原则的指导和约束，尤其在相关行政法规则产生冲突或含义不明时，更要以行政法基本原则为指引。

(二)维护行政法治的统一和协调

行政法创制主体多样，层次不一，由于受立法水平、部门利益或地方利益等因素的影响，可能在规范同一现象时，创制不同的行为准则，进而造成规范冲突和矛盾，这必然影响行政法的统一。用行政法基本原则来指引各创制主体的创制行为，进而指引相关行政执法行为和司法行为，可以减少乃至消除规范的矛盾和冲突，保障行政法治的统一和协调。

(三)弥补行政法规范的遗漏

行政法的调整领域非常广泛，而且变动不居，这使得立法者很难制定完备无遗漏的行政法规则。当行政领域新的现象和问题出现时，行政法的基本原则就可以弥补空白和漏洞，为行政执法者和司法者提供指引，他们可以直接适用行政法的基本原则来调整新的行政关系。

第二节　行政合法性原则

一、行政合法性原则的含义

行政合法性原则是行政法的核心原则，它是指行政主体行政权的享有、行使必须依据法律规范，符合法律规范要求，不得与法律规范的要求相抵触。行政合法性原则要求行政主体必须严格依法行政，不得享有行政法律规范以外的特权，超越法定权限作出的行政行为无效，违反该原则的应当承担相应的法律责任。

本书行政合法性原则中的“法”，一般作广义解释，包括宪法、法律、法规、规章，以及法的原理和原则等。

二、行政合法性原则的基本要求

行政合法性原则的基本要求包括：

(1)行政主体的职权必须基于法律、法规、规章的授予或设定才能存在。

(2)行政职权必须依法(广义的法)行使，不仅要合乎实体法的要求，还要合乎程序法的要求；

(3)对公民基本权利进行限制和剥夺的，必须于法有据，否则，法无授权即禁止。

(4)行政授权或委托必须符合行政法律规范的要求。

大陆法系国家传统上的行政合法性原则基于分权制衡原则，强调绝对的、消极的和机械的依法行政，其基本的要求在于：①议会之法律至上，行政规章和命令等只是关于行政内部事务的规范，不得拘束人民；②立法务求细密，避免概括条款；③无法律即无行政，行政唯制定法是从；④习惯法、法理及司法判例等均不得为行政法之法源。

当代社会，严格依立法机关的制定法行政已经不能适应国家统治和社会发展的需求，"法"开始有了宽泛的解释，但在涉及对公民基本权利进行的限制和剥夺方面，严格依立法机关的制定法行政仍为宪政国家的通例。

【引例分析】

前引案例所涉及的主要问题就是被告在缺乏法律依据的情况下可否对张某补缴的保险费作出不予退还的决定。

行政合法性原则是行政法的核心原则。根据该原则的基本要求，行政主体对公民的基本权利进行限制和剥夺的，必须于法有据，否则，法无授权即禁止，行政主体如果在无授权的情况下作出了对公民不利的决定，就违反了行政合法性原则。本案中，被告作出不予退还的决定，这一决定属于对公民财产权的剥夺。该决定是否合法，取决于被告行为是否于法有据。根据法院查证，本案所涉及的《国务院关于建立城镇职工基本医疗保险制度的决定》《社会保险费征缴暂行条例》《浙江省推进城镇职工基本医疗保险制度改革的意见》《台州市职工基本医疗保险办法》《台州市职工基本医疗保险办法实施细则》等相关规定中，并未对涉案保险费在参保后六个月内能否予以退还作出相关规定，同时，根据《中华人民共和国社会保险法》第2条的规定，国家建立基本医疗保险等社会保险制度，其目的是保障公民在疾病等情况下依法从国家和社会获得物质帮助的权利。《台州市职工基本医疗保险办法实施细则》第12条第2款规定，在办理补缴手续满6个月后开始享受基本医疗保险待遇。涉案保险费在缴纳后不足6个月未到开始享受保险待遇期限，因为参保人去世而无法享受保险待遇。退还涉案保险费既不损害国家利益和社会公共利益，也不违背社会保险法的立法目的。所以法院最后判决：撤销被诉行政决定，并责令被告限期退还张某补缴的保险费。

第三节　行政合理性原则

一、行政合理性原则的含义

行政合理性原则是指行政主体在法律规范规定的自由裁量范围内行使行政职权时，必须做到客观、适度，符合公平正义精神，不得滥用。

行政合理性原则的提出与行政主体的自由裁量权有关。当今社会，由于行政事务所涉领域越来越广泛，很多领域行政事务的专业性、技术性很强，立法机关在制定相关法律规范时，不可能事无巨细面面俱到，必须赋予行政主体一定的自由裁量权，以使其在面对复杂的社会情况时，能够具体情况具体分析，并作出恰当的处理。自由裁量不等于任意裁量，行政主体在行使自由裁量权时，也应当受到一定规则、标准的约束，让行政相对人感受到公平正义。

二、行政合理性原则的基本要求

行政合理性原则的基本要求可以从客观和主观两个方面去把握。

（一）客观方面的要求

（1）行政主体必须平等对待行政相对人，同样情况必须同样对待，不同情况应当区别对待。行政主体不得肆意地实施差别待遇。

（2）行政主体必须遵循比例原则。比例原则是行政合理性原则的核心要求，或者说是行政合理性原则的核心下位原则，它是指行政机关在行使自由裁量权时，应当平衡行政目标的实现和行政相对人利益的保护，将对行政相对人的不利影响限制在尽可能小的范围内。比例原则又有三个次位原则，即适当性原则、必要性原则和均衡性原则。①适当性原则：行政行为的实施必须有助于行政目的或目标的实现。②必要性原则：行政主体必须在可供选择的多种行政行为方案中，选择对行政相对人权益损害最小的方案。③均衡性原则：行政主体实施行政行为所获得或保护的公共利益必须大于其所损害的私益，或者大于其所付出的成本。

(二)主观方面的要求

(1)行政主体不能基于报复等不道德的动机实施行政行为。

(2)行政主体实施行政行为时不能基于偏见或外部压力等考虑不相关的因素，或者不考虑相关的因素。

(3)行政主体不得反复无常、专横武断。

对行政主体上述主观方面的判断应当结合表现于外的行为事实来进行。

【参考案例】

华某公司不服某市规划局行政处罚案

某市规划局为华某公司颁发建设工程规划许可证，同意华某公司将其临沿江大道的二层楼房改建为三层楼房。其后华某公司又申请增建两层，但未获批准。一年后，华某公司建成五层楼房一栋，命名为华某商厦。规划局察知，即向华某公司作出了行政处罚决定。其中认定：华某公司超出批准范围建成华某商厦，属违法建设；商厦所在沿江大道是历史名街，该市城市总体规划对沿江大道景观之保护规定要求“从整体环境出发，使新旧建筑互相协调，保证完美的风貌”，而商厦第4—5层遮挡了沿江大道的典型景观武陵阁，严重影响了沿江大道的完美风貌。根据《城乡规划法》第64条规定，限华某商厦60日内整体拆除商厦的第4—5层。华某公司复议请求减少拆除面积，遭到拒绝后，遂诉至法院。法院经现场勘查确认：华某商厦第4—5层只有一小部分遮挡了武陵阁。基于上述事实，法院认为：华某商厦第4—5层确属违法建设，市规划局有权责令华某公司采取补救措施，但由于华某商厦第4—5层只有一小部分遮挡了武陵阁，故市规划局要求华某公司整体拆除第4—5层明显超出了必要限度，从而可能给华某公司造成不应有的损失，是不合理的，所以处罚决定显失公正，依法应予变更。根据《行政诉讼法》第77条、《城乡规划法》第64条的规定，法院判决将处罚决定变更为：拆除华某商厦4－5层的遮挡武陵阁的部分，对违法建设的其余部分处以罚款若干。

第四节　信赖保护原则

一、信赖保护原则的含义

信赖保护原则是指当行政相对人基于行政行为产生正当的信赖利益时，这种信赖利益应当得到行政主体的认可和保护，行政主体不得随意撤销、改变或废止该行政行为，如果依法需要撤销、改变或废止该行政行为的，必须补偿行政相对人因此受到的损失。

信赖保护原则是行政法中新兴的一个基本原则，在着力构建服务型政府的我国当下社会，其在行政法上的地位越来越重要。《行政许可法》引入了这一原则的基本要求，但信赖保护原则作为行政法的基本原则，并不限于行政许可领域。

二、信赖保护原则的基本要求

信赖保护原则对行政主体实施行政行为提出了以下要求：

(1)行政行为一经作出，非有法定事由、非经法定程序，不得随意撤销、改变或废止。

(2)行政主体作出授益行政行为后，即便这一行为存在违法情形，但如非行政相对人过错所致(比如行政相对人通过行贿或提供虚假资料获得授益行政决定)，行政主体亦不得轻易撤销、改变或废止，除非不撤销或不改变该行政行为将严重损害国家利益、社会公共利益。

(3)如果确实为了公共利益需要，行政主体必须撤销、改变或废止已经生效的行政行为，在此之前，行政主体必须进行利益衡量，只有在可能获得或保护的公共利益明显大于行政相对人利益时，才可撤销、改变或废止已经生效的行政行为；同时，必须对行政相对人予以相应补偿。

【参考案例】

政府对土地使用权能否想收回就收回？

2010年3月，江苏扬州市渡江西苑小区和福运苑小区两小区业主接到拆迁通知，听说要拆迁，他们根本不相信。70多户业主入住时间大部分只有五六年，时间最短的还不到三年。一些住户刚刚装修完，还没来得及入住，而且两个小区的各项手续一应俱全，怎么能说拆就拆呢？后来，业主们在扬州土地市场网上看到消息：扬州市政府以挂牌出让的方式，于2009年底，在国土局网站、江苏土地市场网发布拍卖公告(但此公告其实是土地招商公告，对于这些只发布在专业网站上的招商公告，除了关注当地土地市场行情的开发商，作为普通公众的业主，知情人极少)。此外，政府此前没有与业主商量补偿的事情，没有贴公告，也没开听证会，就收回业主们的土地使用权，拿到市场上进行重新挂牌出让。这两个小区70多户业主的土地使用权就这样被扬州市政府卖了出去。这让业主们非常震惊。业主们说，各家各户都有土地使用权证，上面注明土地使用性质是出让，使用期70年。

扬州市政府的上述做法不仅违反行政合法性原则，而且违反了信赖保护原则，其重新挂牌出让涉案土地的行为应当被撤销。

第五节　行政公开原则

一、行政公开原则的含义

行政公开原则是指除依法应保密的行政活动及相关信息，行政主体所从事的所有活动和所掌握的所有信息都应当公开。

行政公开原则是20世纪中叶以后迅速发展起来的一项行政法的基本原则。第二次世界大战后，人类社会从传统代议民主的缺陷、法西斯统治的教训中认识到社会公众、新闻媒体等对政府行为进行监督的极端重要性，提出了“透明政府”“阳光行政”“情报自由”等口号，许多国家先后制定了一系列的法律来推进透明政府的构建。

行政公开原则是公民行使参与权、知情权、表达权及监督权等民主权利的必然要求，对于发展民主政治，实现和保障公民的宪法权利，监督政府依法行政，促进廉洁、守法、高效政府的建设，都具有极端重要的意义。

二、行政公开原则的基本要求

在当下中国，行政公开原则主要有以下基本要求：

(1)行政法规、规章和其他规范性文件的公开。它包括两个方面：一是制定行政法规、规章、其他规范性文件的活动应当公开，制定过程中应当广泛听取民众意见，重要立法还应当公开举行听证会；二是行政法规、规章应一律在政府公报或其他公开平台上公布，其他规范性文件除纯属内部往来文件外，也应当在政府相关公开平台上予以公布，供公众查阅、复制等。

(2)行政执法行为公开。主要包括两个方面：一是公开行政执法行为的标准、条件、程序、最终决定等；二是某些涉及行政相对人重大权益的行政执法行为，还应当组织听证会，听取相关各方的意见。

(3)行政准司法行为的公开。即公开行政裁决、行政复议的过程、依据、标准、最终决定等。

(4)行政信息公开。行政活动中所形成的所有信息都应当依职权或依申请进行公开，但行政信息公开不得危及国家安全、损害公共利益、侵犯其他行政相对人的合法权益。

【参考案例】

王某诉天津市和平区房地产管理局案

2011 年 10 月 10 日，王某向天津市和平区人民政府信息公开办公室(以下简称和平区信息公开办)提出申请，要求公开和平区金融街公司与和平区土地整理中心签订的委托拆迁协议和支付给土地整理中心的相关费用的信息。2011 年 10 月 11 日，和平区信息公开办将王某的申请转给和平区房地产管理局(以下简称和平区房管局)，由和平区房管局负责答复王某。2011 年 10 月，和平区房管局给金融街公司发出《第三方意见征询书》，要求金融街公司予以答复。2011 年 10 月 24 日，和平区房管局作出了《涉及第三方权益告知书》，告知王某申请查询的内容涉及商业秘密，权利人金融街公司未在规定期限内答复，故不予公开。王某提起行政诉讼，请求撤销该告知书，判决被告依法在 15 日内提供其所申请的政府信息。

天津市和平区人民法院经审理认为，和平区房管局审查王某的政府信息公开申请后，只给金融街公司发了一份第三方意见征询书，没有对王某申请公开的政府信息是否涉及商业秘密进行调查核实。在诉讼中，和平区房管局也未提供王某所申请政府信息涉及商业秘密的任何证据，使法院无法判断王某申请公开的政府信息是否涉及第三人的商业秘密。因此，和平区房管局作出的《涉及第三方权益告知书》证据不足，属明显不当，判决撤销被诉《涉及第三方权益告知书》，并要求和平区房管局在判决生效后 30 日内，重新作出政府信息公开答复。

第六节 正当程序原则

一、正当程序原则的含义

正当程序原则是指行政主体在作出影响行政相对人权益的行政行为时，必须事先告知行政相对人，向行政相对人说明行为的根据和理由，听取行政相对人的陈述与申辩，并为行政相对人提供或告知相应的救济途径等。

正当程序原则起源于英国古老的自然正义原则，自然正义原则包含两项基本的规则：一是任何人不应成为与自己有利害关系的案件的法官；二是任何人在受到不利处分前，应当为之提供公正的陈述与申辩的机会。

2004 年国务院发布的《全面推进依法行政实施纲要》明确提出了正当程序原则，该纲要在谈到“依法行政的基本要求”时指出，“（行政行为要做到）程序正当。行政机关实施行政管理，除涉及国家秘密和依法受到保护的商业秘密、个人隐私的，应当公开，注意听取公民、法人和其他组织的意见；要严格遵循法定程序，依法保障行政管理行政相对人、利害关系人的知情权、参与权和救济权。行政机关工作人员履行职责，与行政管理行政相对人存在利害关系时，应当回避”。

二、正当程序原则的基本要求

正当程序原则有以下基本要求：

（1）行政主体及其工作人员对涉及与自己有利害关系的行政事务或行政争议时，应当主动回避或应当事人的申请回避，不参与处理该事务或争议。

（2）行政主体作出行政行为，尤其是对行政相对人不利的行政行为时，必须听取行政相对人的陈述与申辩。

（3）行政主体必须就其行政行为说明理由。包括两个方面：一是事先告知行政相对人拟作出的行政行为的理由，以便行政相对人进行申辩；二是在听取行政相对人的申辩后，在作出最终的行政决定前或者在该决定书中，应当对行政相对人的申辩进行回应，尤其要说明不予采纳其申辩意见的相关理由。

（4）行政程序的设置与运行不能过于繁琐、冗长，应当以必要为限度，要尽可能保证行政相对人获得“及时的正义”，促进行政效率的提高。

正当程序原则既是立法者在制定行政行为的相关程序时必须遵循的原则，也是执法者和司法者在法律规范对行政程序规定不明时应当遵循或适用的原则。

【思考题】

1. 行政合法性原则的基本要求有哪些?
2. 什么是比例原则?
3. 信赖保护原则的基本要求有哪些?
4. 简述行政公开原则的重要意义。
5. 正当程序原则的基本要求有哪些?

【案例题】

石家庄市"如果爱"婚姻服务有限公司诉中华人民共和国民政部信息公开案

2013 年 1 月 28 日,"如果爱"公司向民政部寄发《关于中国婚姻家庭研究会涉嫌欺诈行为的举报信及政府信息公开申请书》,主要内容为:"该公司系河北省石家庄市一家创业公司,主要开展婚姻咨询、婚姻维护等业务。后发现中国婚姻家庭研究会联合百合网开展的婚姻家庭咨询师培训没有经过政府部门审批,涉嫌欺诈,给"如果爱"公司造成了极大的心理伤害和巨大的经济损失。按照《社会团体登记管理条例》的相关规定,中国婚姻家庭研究会由民政部登记、监管,特向该部举报,望查处。此外,请贵部依照《信息公开条例》的规定向我单位书面邮寄公开中国婚姻家庭研究会的社会团体登记资料、年检资料、社会团体法人登记证书及对中国婚姻家庭研究会涉嫌欺诈行为的查处结果。"民政部接到原告"如果爱"公司的申请后,没有在法定 15 日期限内作出答复,"如果爱"公司不服,于 2013 年 4 月 13 日向民政部提出行政复议申请,请求确认民政部行政不作为违法,责令被申请人民政部履行政府信息公开法定职责。民政部于 2013 年 7 月 16 日作出民复决字(2013)3 号《行政复议决定书》,确认民政部未在法定 15 日期限内作出政府信息公开答复的行为违法。在行政复议期间,2013 年 4 月 26 日,民政部作出《政府信息告知书》,内容为:"我部于 2013 年 1 月 31 日收到你公司《关于中国婚姻家庭研究会涉嫌欺诈行为的举报信及政府信息公开申请书》,经初步甄别后于 2 月 7 日转交我部民间组织管理局办理。鉴于你公司举报情况仍在调查过程中,我部现就其他申请公开事项进行答复:一、中国婚姻家庭研究会的社会团体登记情况、历年年检情况属于公开信息,请登录中国社会组织网(www. chinanpo. gov. cn)查询。二、我部民间组织管理局对于登记的社会团体仅保留登记信息,并不保留登记证书的原件及副本。""如果爱"公司不服,诉至法院。"如果爱"公司认为,民政部所作《政府信息告知书》答复的事项与"如果爱"公司申请公开的事项不符。民政部答复的内容与"如果爱"公司申请公开的事项虽然只差两字,但意思完全不一样。社会团体登记资料、年检资料即在登记、年检过程中获取并保存的政府信息,且依据答复"如果爱"公司并不能从中国社会组织网上查询中国婚姻家庭研究会的住所、法定代表人、宗旨、业务范围和活动地域、活动资金、成立时间、章程等信息。另，民政部所作《政府信息告知书》形式严重不合法，该告知书落款为民政部办公厅，此举违法。“如果爱”公司是向民政部申请信息公开，不是向民政部办公厅申请信息公开，而且民政部是全国性社会团体登记管理机关，而民政部办公厅并不是。

问：本案涉及行政法上的哪些基本原则？

分析提示：

本案主要涉及行政法上的行政公开原则和行政合法性原则。根据行政公开原则的要求，结合我国《政府信息公开条例》，除依法应保密的行政活动及相关信息部，行政主体从事的所有活动和掌握的所有信息都应当公开。本案中，民政部有责任向原告公开中国婚姻家庭研究会的社会团体登记资料、年检资料、社会团体法人登记证书及对中国婚姻家庭研究会涉嫌欺诈行为的查处结果。同时，根据行政合法性原则的要求，行政主体行使行政职权必须依据法律规范，符合法律规范要求，不得与法律规范的要求相抵触。本案中，民政部未在法定15日期限内作出政府信息公开答复的行为违法；其后民政部所作《政府信息告知书》的落款为民政部办公厅，形式上也不符合法律的规定，因为民政部办公厅只是内部办事机构，无权对外作出行政决定。

第三章　行政法主体

【本章重点】

(1)行政法主体是指行政(法律)关系中权利义务的承受者，主要包括行政主体、行政公务人员、行政相对人。

(2)行政主体是指参加行政法律关系，依法享有行政职权，能够以自己的名义行使行政职权，并能独立地对自己行使行政职权的行为产生的后果承担相应法律责任的行政机关或社会组织。它是行政法主体的一种，依据不同的标准，它可以分为外部行政主体和内部行政主体；职权行政主体与授权行政主体等等。

(3)被授权组织与受委托组织不同。被授权组织是指依法律、法规、规章授权而行使特定行政职权的非行政机关类组织；受委托组织是指受行政机关委托行使一定行政职权的非行政机关类组织。两者在行政职权的来源、法律地位、法律后果等方面都有所区别。

(4)行政公务人员是指以行政主体名义行使其行政职权，实施行政行为，其行为效果由行政主体承担的个人，主要包括国家行政机关公务员和其他行政公务人员两部分。

(5)行政相对人是指在行政法律关系中与行政主体相对应的另一方当事人，是其权益受行政主体的行政行为影响的个人或组织。

【案例导入】

甘肃新特水泥有限责任公司诉景泰县人力资源和社会保障局工伤认定案

达某为甘肃新特水泥有限责任公司的职工，2014 年 4 月 13 日，达某在上班期间维修水泵时，不慎将水泵钢管触碰到房顶的高压线，致其双手、头部、右腿被电击伤，住院治疗。甘肃新特水泥有限责任公司依据法律规定及景泰县人力资源和社会保障局(以下简称景泰县人社局)的核定，给公司的每位职工都缴纳了工伤保险。2014 年核定缴纳人员为 5 人，包括达某在内。在达某受伤后，2014 年 5 月 12 日，甘肃新特水泥有限责任公司向景泰县人社局提出工伤认定申请，2014 年 7 月 15 日景泰县人社局作出职工工伤认定申请不予受理通知。甘肃新特水泥有限责任公司不服，提起诉讼。法院经过审理判决撤销被告景泰县人社局于 2014 年 7 月 15 日给原告甘肃新特水泥有限责任公司作出的职工工伤认定申请不予受理通知书；另责令被告景泰县人社局于本判决生效后 15 日内向其上级机关即甘肃省白银市社会保险行政部门上报原告甘肃新特水泥有限责任公司的工伤认定申请材料。

问：本案中景泰县人社局是不是适格的行政主体，能否以自己的名义对外作出工伤认定申请不予受理的决定?

第一节　行政法主体概述

一、行政法主体的含义

行政法主体是指行政法律关系中权利义务的承受者，包括行政主体(主要是国家行政机关、被授权的组织)、行政公务人员、行政相对人(包括公民、法人、其他组织等)。

行政法主体首先是行政法直接赋予其相应法律地位的组织和个人。从静态层面而言，在行政法中享有权利(或职权)、承担义务的组织和个人，无论其是否通过自己的行为或其他相关主体的行为而实际行使职权、享有权利和履行义务，都是行政法的主体。

行政法主体是行政法律关系的参加人(即行政法律关系的主体)。行政法主体等同于行政法律关系主体，不同于行政关系主体，当行政关系被行政法调整时才是行政法律关系。不是行政法律关系参加人的个人、组织不能成为行政法主体。无论是公民、企事业单位、其他组织，还是公务员、行政机关等，只有参加到实际的、具体的行政法律关系中去，作为相应行政法律关系的实际参加人，才具有相应行政法主体的实际资格。行政法主体不能只停留在静态层面，其依据行政法所享有的权利和义务，只有通过相应行政法律关系的形成，变成现实的权利和义务才有价值。

二、行政法主体的分类

依据不同的标准，可对行政法主体进行如下分类：

(1)依据行政法主体在行政管理关系中的地位，可将其分为行政主体和行政相对人。

行政主体是指在行政管理关系中，行使国家行政管理职权对行政相对人进行管理的国家行政机关或被授权组织，其在行政管理关系中处于主导地位；行政相对人是指在行政管理关系中处于受行政主体支配和管理地位的个人和组织，是行政管理的对象，在行政法律关系中居于被领导和被管理的地位。

(2)依据行政法主体存在的状态，可将行政法主体分为静态的行政法主体和动态的行政法主体。

静态的行政法主体是指行政法律规范所规制的抽象的、一般的个人和组织，这种个人和组织往往是一种理论概括和抽象；动态的行政法主体则是指参与到特定行政法律关系中并通过一定行政法律事实而实际享有权利、履行义务的个人和组织。

(3)依据行政法主体在监督行政关系中的地位，可将行政法主体分为监督主体和被监督主体。

行政法制的监督主体是指依据有关法律规定，对国家行政机关及其工作人员等行使监督职权的国家权力机关、国家司法机关、专门行政监督机关以及国家机关以外的个人和组织；被监督主体则是指国家行政机关及其工作人员，是行政法制监督的对象。从抽象层面而言，行政法制监督对象是行政机关等，但实质上行政机关等的行政职权是通过其工作人员实施的，在现实法律关系中，监督对象往往是国家行政机关的工作人员。

第二节 行政主体

一、行政主体概述

(一)行政主体的含义

行政主体，是指参加行政法律关系，依法享有行政职权，能以自己的名义行使行政职权，并能独立地对自己行使行政职权的行为产生的后果承担相应法律责任的行政机关或社会组织。它包括行政机关、法律法规规章授权的组织。

(二)行政主体的特征

(1)行政主体是享有国家行政职权的机关或组织。是否享有国家行政职权，是决定某组织能否成为行政主体的一个决定性条件。行政机关是最重要的行政主体，但行政机关并不等于行政主体。除行政机关外，一定的行政机构和其他社会组织，依照法定授权，拥有国家行政职权，也可以成为行政主体。

(2)行政主体是能够以自己的名义行使行政职权的机关或组织。能否以自己的名义行使行政职权，是判断行政机关及其他组织是否是行政主体的形式标准。行政机关的内部工作机构，在一般情况下不能成为行政主体。

(3)行政主体是能够独立承担法律责任的机关或组织。

(三)行政主体的分类

根据不同的标准，行政主体主要可以分为以下类型：

1. 外部行政主体和内部行政主体

根据行政主体实施行政职权范围的不同，可分为外部行政主体与内部行政主体。外部行政主体是指对外部行政相对人实施行政管理权的行政主体，内部行政主体是指对行政系统内部机构、公务员或下级行政机关实施行政管理权的行政主体。在实际行政管理活动中，有的行政主体具有内部与外部行政主体的双重身份。

区分的意义：权力行使的对象、程序、手段、救济途径等都不一样，行政法要做出不同的规定。纯粹内部行政主体不得行使外部行政职权，否则无效。

2. 职权行政主体与授权行政主体

根据行政主体职权的性质与来源的不同，可分为职权行政主体与授权行政主体。职权行政主体是指行使宪法、法律和法规等赋予的固有行政职权的行政主体，如中央和地方各级人民政府及其职能部门；授权行政主体则是指行使法律、法规、规章授予的或有关机关依法转予的非固有职权的行政主体，如行政机关职能部门的派出机构、经授权的事业单位或其他社会组织。

区分的意义：授权行政主体受到更严格的法律控制，其行使的行政职权非常有限，即只能行使法律规范授予的那部分权力。一旦确定对其授权违法或根本就没有授权，则其无行政主体资格，其行为后果由其上级行政机关承担或由其自身承担民事责任。

二、行政机关

（一）行政机关的含义

行政机关，又称行政管理机关，指按照宪法和有关组织法的规定而设立的依法行使国家行政职权、对国家各项行政事务进行组织和管理的国家机关。行政机关是具有独立法律地位的机关法人。

行政机关具有以下特征：

(1)行政机关是国家机关，是由国家设置，代表国家行使国家行政职权的机关。这使得行政机关与政党、社会组织、团体相区别。政党，特别是执政党，虽然能对国家政治、经济的发展起重要的甚至是决定性的作用，但它不是国家机关。社会组织、团体虽然经法律、法规、规章授权，也可以行使一定的国家行政职权，但它们不是由国家设置的专门代表国家行使行政职权的主体，因而也不属于国家行政机关。

(2)行政机关是行使行政职权、履行行政职责的机关。这使得行政机关有别于立法机关、司法机关。立法机关和司法机关虽然也都是国家机关，但它们行使的是国家立法职权或司法职权，而行政机关则行使国家行政职权，即执行和实施法律，管理国家内政、外交等各项行政事务。

(3)行政机关是依照宪法与组织法的规定而设置的国家机关。国家行政机关的设立依据只能是宪法或相关组织法，除此之外的其他规范性文件一般不能规定行政机关的设置。

(4)行政机关是国家的常设机关。行政机关是专门完成公共行政管理事务的固定和长期存在的国家机关，这使行政机关有别于那些为完成某一特定行政事务而成立的临时机构。

（二）我国的行政机关

1.中央行政机关

我国中央行政机关由国务院和国务院的各工作部门(部、委、行、署、局等)组成。

(1)中华人民共和国国务院，即中央人民政府，是最高国家权力机关的执行机关，是最高行政机关。国务院由全国人民代表大会产生，对全国人民代表大会负责，受全国人民代表大会及其常务委员会监督。

(2)国务院各部、委，是负责国家行政管理某一方面事务或某些职能的机关，是国务院的组成部分，依法对全国范围内的某一方面的行政事务具有管理权限。

目前国务院共有25个组成部门，除“XX部”“XX委”，还包括中国人民银行、审计署。

(3)国务院除设立部、委作为其正式工作部门外，还设有1个直属特设机构、15个直属机构和4个办事机构。根据宪法法律规定，国务院可以根据工作需要和精简的原则设立若干直属机构，主管某项专门业务，如宗教事务管理局、民航总局、国家工商行政管理局、海关总署、国家体育总局、国家税务总局等。直属机构的法律地位低于各部、委员会。其行政首长不是国务院的组成人员。同时，直属机构具有独立的职权和专门职责，可以在主管事项的范围内，对外发布命令和指示。因此，直属机构具有行政主体资格。

2. 一般地方行政机关

一般地方行政机关包括地方各级人民政府及其工作部门。

(1)地方各级人民政府，通常分为省(自治区、直辖市)、市(自治州)、县、乡(镇)四级。其特点在于其“双重从属制”：既从属于本级人民代表大会，对本级人民代表大会负责和报告工作，同时又从属于上一级国家行政机关，对上一级国家行政机关负责和报告工作，并且接受国务院的统一领导和服从国务院。

(2)地方各级人民政府职能部门的设立由本级人民政府决定，报上一级人民政府批准。地方人民政府各工作部门通常既受本级人民政府统一领导，同时又受上一级人民政府主管部门的领导或者业务指导。办公厅(室)等进行内部协调管理的机构不是职能部门。乡级人民政府内部各机构一般只能以乡镇政府的名义对外行使行政职权。

(3)地方人民政府的派出机关和派出机构。派出机关指各级人民政府派出的、代表该级人民政府进行管理的行政机关。我国共有三类：行政公署、区公所(县、自治县政府的派出机关)、街道办事处(市辖区、不设区的市人民政府的派出机关)。派出机构指各级政府职能部门派出的、代表该职能部门进行管理的行政组织。如公安派出所、工商所、税务所等。在有法律、法规和规章授权的情况下，可以成为行政主体。

3. 民族自治地方行政机关

民族自治地方行政机关是指自治区、自治州、自治县、民族乡的人民政府及其工作部门(民族乡不设专门工作部门)。民族自治地方的人民政府既是民族自治地方代表大会的执行机关，也是民族自治地方的行政机关。同时，自治区、自治州、自治县的人民政府与其相应人民代表大会同为民族自治地方的自治机关。

民族自治地方的行政机关除行使宪法和法律规定的一般地方行政机关的职权外，同时依照宪法、民族区域自治法和其他有关法律规范行使自治权，根据本地方实际情况贯彻执行国家的法律、政策。

4. 特别行政区行政机关

香港特别行政区行政机关与澳门特别行政区行政机关分别为该特别行政区政府，由特别行政区政府行使行政职权。

三、被授权组织

(一)被授权组织的含义

被授权的组织是指依照法律、法规、规章的特别授权而行使特定行政职权的非行政机关类组织。

(1)被授权组织是指非国家行政机关的组织。它们不同于国家行政机关，不具有国家机关的地位。它们只有在法律、法规、规章明确授权时才享有国家行政权力和承担行政法律责任，否则，它们只是行政机关内的组成机构、社会公权力组织或一般的民事主体。

(2)被授权组织行使的是特定行政职权而非一般行政职权。所谓“特定职权”，即限于相应法律、法规、规章明确规定的某项具体职权或某种具体事项，其范围通常是有限的。

(3)被授权组织行使的职权为具体法律、法规、规章所授予，而非行政组织法所授予的。

总之，被授权组织受严格的法律控制，行使的行政职权十分有限，即只能行使法律规范授予的那部分权力。一旦确定对其授权违法或根本无授权，则其无行政主体资格，其行为后果由其所隶属的行政机关或其自身承担。

(二)被授权组织的类型

根据我国现行法律、法规与规章授权的情况，被授权组织主要包括下列几种类型：

1. 行政机构

一般认为，行政机构指构成国家行政机关的内部单位，即各级人民政府及其职能部门根据行政的需要而在其内部设立的，具体承办和处理各项行政事务或机关内部事务的工作机构。它包括行政机关的内设机构、政府各组成部门的派出机构和临时机构等。由于行政机构不具有独立的编制和财政经费，也不能以自己的名义独立对外行使行政职权，故行政机构一般不具有行政主体资格。但经法律、法规或规章的授权，行政机构也可取得行政主体资格，以自己的名义行使一定的行政职权。

(1)内设机构。行政机关的内设机构主要可分为三类：一是为处理专门行政事务而设立的专门委员会之类的机构；二是各级人民政府直属的内部机构；三是政府职能部门下设的内部机构。在实践中，第一类和第三类多为法律、法规和规章的授权对象，成为行政主体。前者如《专利法》授权国家专利行政部门设立专利复审委员会，使其具有行政主体资格，专门行使专利复审权；再如《商标法》授权国家工商行政管理部门设立商标评审委员会，使其具有行政主体资格，负责处理商标事宜。后者如《消防法》授权县级以上的公安机关内设的消防机构负责对消防工作实施监督管理，具体如县公安局内设的消防科因被授权而具有行政主体资格。再如《道路交通安全法》授权县级以上的公安机关的交警机构负责本行政区域内的道路交通安全管理工作，使其具有行政主体资格。

(2)政府职能部门的派出机构。政府职能部门根据工作需要往往设立若干派出机构，处理一定区域的行政事务。一般不具有行政主体资格，但根据法律、法规或规章的特别授权，也具有行政主体资格。如《治安管理处罚法》第91条规定："治安管理处罚由县级以上人民政府公安机关决定；其中警告、五百元以下的罚款可以由公安派出所决定。"可见，公安派出所在此权限内具有行政主体资格。再如县级工商局设置的工商所、县级税务局设置的税务所、县级土地管理局设置的土地管理所等都可以依法成为被授权的对象，从而具有行政主体资格。

(3)临时机构。它是指国家行政机关根据实际需要，为协调各有关部门工作设立的、协助其处理某些临时性行政事务的组织，如扫黄打非办公室，扶贫帮困指导委员会等。这些临时机构一般不具有行政主体资格，但在有法律、法规或规章授权时，也可称为行政主体。

2. 事业单位

根据国务院颁布的《事业单位登记管理暂行条例》规定，事业单位是指为了社会公益，由国家机关举办或者其他组织利用国有资产举办的，从事教育、科技、文化、卫生等活动的社会服务组织。实践中我国的事业单位比较杂乱，迫切需要改革定型。目前，大致可分为三种类型，即公益类、行政类和生产经营类。其中，公益类和行政类往往成为授权对象，从而享有某项行政职权，成为行政主体。如公立高校经授权，有权决定是否颁发毕业证书、学位证书及对学生进行处分等；卫生防疫站经授权拥有对公共场所卫生进行监督管理的行政职权，取得行政主体资格。

3. 企业

在我国，能成为被授权组织的企业主要指国有企业。由于企业主要是以营利为目的，从理论上讲，行政法规范不宜对其授权使其具有行政主体资格。但由于长期以来形成的管理模式或基于特定的需要，特定的企业也被授权行使某项行政职权，从而具有行政主体资格。这种情况将在我国继续存在一个较长时期。目前主要有下列几类企业：①行政性公司，许多行政性公司在体制转轨之前本身就是专业性较强的行政机关，如 1988 年撤销煤炭部后成立的中国统配煤矿总公司。再如中国石化总公司承担着原石油工业部的大部分行政职权。这些专业性总公司是政府职能转变和国家行政体制改革的特殊产物，往往成为行政法规范的授权对象；②公用企业，如铁路运输企业、烟草公司、煤气公司、自来水公司、电力公司等；③金融企业，主要指国家各专业投资公司、各商业银行、保险公司等。

4. 社会团体

社会团体是指社会成员按照自愿的原则，为实现社会的共同意愿，按照其章程开展活动的非营利性社会组织。社会团体主要包括如下五类：①人民群众团体，如工会、共青团、妇联、侨联等；②社会公益团体，如红十字会、残疾人福利基金会等；③文艺工作团体，如文学艺术界联合会等；④学术研究团体，如法学会、政治学会等；⑤宗教团体，如佛教协会、伊斯兰教协会、天主教爱国会等。其中，人民群众团体和社会公益团体往往成为授权对象而具有行政主体资格。

5. 其他组织

除上述社会组织外，还有一些其他社会组织经法律、法规或规章授权也能成为行政主体，如基层群众性自治组织——居民委员会、村民委员会，根据《居民委员会组织法》和《村民委员会组织法》的授权，行使处理本区域公共事务和公益事业等方面的行政职权，从而具有行政主体资格。

【参考案例】

陈某诉浙江省教育考试院教育行政处理案

2007 年 10 月 27 日下午，陈某在参加自考课程考试时发现自己手机未关，即向监考老师主动说明情况并交出手机。考点监考人员和考点主任在《浙江省自学考试违规情况登记表》中将该事实予以登记，并确认依据《国家教育考试违规处理办法》第 5 条第 1 款规定，属于考试违规。同年 11 月 6 日浙江教育考试院在网上发布公告，对 10 月份自学考试中所认定的违规考生相关信息以及相应的处理意见予以公告，明确了考生对所认定的违规事实存在异议，可在公告之日起向浙江省教育考试院陈述和申辩，逾期未陈述申辩的，将依法作出正式处理决定。其中对陈某的处理是“本次考试各科成绩无效”。同年 11 月 25 日，浙江省考试院考务处以陈某在考试过程中使用通讯设备为由，根据《国家教育考试违规处理办法》第 6 条和第 9 条规定作出陈某本次考试各科成绩无效的浙教试院【2007】处字第 514 号浙江省高等教育自学考试违规处理决定。陈某不服，提起诉讼。

本案中浙江省考试院考务处只是浙江省考试院的一个内设机构，在缺乏法律、法规或规章授权的情况下，不具有行政主体资格，不能以自身的名义对外作出行政行为。换言之，“浙教试院【2007】处字第 514 号浙江省高等教育自学考试违规处理决定”由于浙江省考试院考务处缺乏行政主体资格而无效。

第三节　受委托组织

一、受委托组织的含义

受委托组织是受行政机关的委托，以该行政机关的名义，行使受委托的行政职权，实施管理行为的组织。受行政机关委托的组织在受委托行政职权及其行政事项范围内的行为后果，由委托者承担。

受委托的组织一般是国家机关以外的社会组织。它们的基本职能不是行使行政职权或其他国家职能，而是从事其他非国家职能性质的活动。它们的经常性工作不是执行国家公务，而是从事非国家公务的其他工作。至于可以接受委托的组织的范围，不同的法律、法规、规章有不同的规定，如《行政处罚法》第 19 条规定，受委托实施行政处罚的组织必须符合以下条件：依法成立的管理公共事务的事业组织；具有熟悉有关法律、法规、规章和业务的工作人员；对违法行为需要进行技术检查或者技术鉴定的，应当有条件组织进行相应的技术检查或者技术鉴定。

被委托组织是基于行政机关的委托而行使行政职权。因此，它只能以行政机关的名义而不能以自己的名义行使行政职权，同时，在委托权限范围内行使职权而产生的法律后果也由委托行政机关承担。

受委托组织只能根据委托行使特定的行政职权，而不能行使一般行政职权。有些行政职权只能是行政机关自己行使，行政机关不能委托给非行政机关组织行使，如行政立法权、对行政相对人实施涉及人身自由的人身处罚权等。

二、受委托组织应当具备的条件

在现行行政法律、法规和规章中，只有《行政处罚法》对受委托组织的条件进行了明确规定。结合《行政处罚法》的规定和现代行政法发展的趋势，受委托组织应当具备的条件一般包括以下几个方面：

(1) 受委托组织必须是依法成立的管理公共事务的事业组织。这一规定包涵了三个方面的基本要求：①受委托组织是事业组织。事业组织通常是指以公共利益为目的而非以赢利为目的的从事各项社会具体事业的组织，如学校、公共图书馆等。②受委托组织必须是管理公共事务的事业组织，而不是从事经营性和其他经济、社会活动的事业组织。③受委托组织必须依法成立。依法成立是指依照法律规定的条件和程序而成立。

（2）受委托组织具有熟悉有关法律、法规、规章和业务的工作人员。衡量是否具有熟悉有关法律知识和业务知识的工作人员，通常是以是否经过专项法律培训和业务知识培训、是否持有有关机关颁发的上岗执法证等为标准。

（3）对违法行为需要进行技术检查或技术鉴定的，受委托组织应当有条件组织进行相应的技术检查或技术鉴定。这是对特定条件下受委托组织的要求，而非一切受委托组织都必须具备的条件。在现代公共行政过程中，由于违法行为的多样性，有时需要对违法行为进行技术检查和技术鉴定后，才能判定是否违法，因此，当受委托组织从事需要对行政相对人违法行为进行专门的技术检查或技术鉴定时，就需要具备包括技术、设备和其他有关物质条件在内的基本条件。

三、受委托组织的法律地位

受行政机关委托的组织必须在受委托的职权范围内，行使行政职权，履行行政职责。受行政机关委托的组织必须以委托机关的名义实施行政管理活动，其后果由委托行政机关承担。

受行政机关委托的组织应接受委托行政机关的监督和指导，如果受行政机关委托的组织在行使行政职权、办理行政事务的过程中，有故意或重大过失，委托行政机关可以按照法律规定先负责赔偿，然后行使求偿权，责令有故意或重大过失的受委托组织承担部分或全部赔偿费用。

【引例分析】

前引案例中涉及的一个核心问题是景泰县人社局是不是行政主体，能否以自己的名义对外作出白银市职工工伤认定申请不予受理的决定。

国务院《工伤保险条例》第17条规定：职工发生事故伤害或者按照职业病防治法规定被诊断、鉴定为职业病的，所在单位应当自事故伤害发生之日或者被诊断、鉴定为职业病之日起30日内，向统筹地区社会保险行政部门提出工伤认定申请。遇有特殊情况，经报社会保险行政部门同意，申请时限可以适当延长。

《甘肃省实施〈工伤保险条例〉办法》第5条规定：用人单位按照属地化管理原则，在所在市州参加工伤保险，其工伤保险工作由市州社会保险行政部门管理，经办业务由市州社会保险经办机构承办。在省社会保险经办机构参加城镇职工基本医疗保险的用人单位，其工伤保险工作由省社会保险行政部门管理，经办业务由省社会保险经办机构承办。跨地区、生产流动性较大行业的用人单位，其工伤保险工作由省社会保险行政部门管理，经办业务由省社会保险经办机构承办。省社会保险经办机构也可以委托行业社会保险经办机构办理经办业务。第7条规定：市州社会保险行政部门可以委托县市区社会保险行政部门受理工伤认定申请、进行工伤情况调查、送达工伤认定结论通知书。市州劳动能力鉴定委员会可以委托县市区社会保险行政部门受理劳动能力鉴定申请、送达劳动能力鉴定结论通知书。

根据上述两规定，白银市社会保险行政部门可以委托景泰县人社局经办受理工伤认定申请、进行工伤情况调查、送达工伤认定结论通知书等业务，这是一种行政委托。行政委托不发生行政职权和职责的转移，受委托的机关并不因此而取得该行政职权，也不因此而取得行政主体资格。受委托机关根据行政委托行使职权必须以委托的行政主体的名义，而不是以受委托机关自己的名义进行，其行为对外的法律责任也不是由其承担，而是由委托的行政主体承担。因此，原告甘肃新特公司的工伤认定申请，虽向被告景泰县人社局提出，但被告景泰县人社局受理与否的决定应当以委托机关白银市社会保险行政部门的名义作出。被告景泰县人社局以自己的名义作出白银市职工工伤认定申请不予受理通知书的行为属超越职权行为，依法应当予以撤销。

第四节　行政公务人员

一、行政公务人员概述

（一）行政公务人员的含义

行政公务人员一般是指国家依法定方式任用的、在中央和地方各级国家行政机关中工作的、依法行使国家行政职权、执行国家公务的人员。

行政公务人员是行使行政主体的行政职权、实施行政行为的个人。行政公务人员包括行政机关公务员和其他行政公务人员。其他行政公务人员是指那些虽不具有国家公务员身份，但经行政主体委托或认可，也可以代表行政主体行使职权的个人。

行政公务人员只能以行政主体的名义实施行政行为。行政公务人员是行政行为的实施者，但他在实施行政行为时只能以行政主体的名义进行。

行政公务人员实施行政行为所产生的行为效果归属于行政主体。行政公务人员是基于委托代理关系而以行政主体的名义实施行政行为的，因而其行为后果，必然归属于行政主体。具体来说，行政公务人员实施的行政行为所赋予公民的权益约束行政主体；行政公务人员实施行政行为所引起的赔偿责任对外由行政主体承担；行政公务人员实施行政行为所引起的纠纷由行政主体参与诉讼或复议。

（二）我国公务员的范围

我国《公务员法》第2条规定："本法所称公务员，是指依法履行公职、纳入国家行政编制，由国家财政负担工资福利的工作人员。"我国的公务员主要包括以下机关的工作人员：

（1）中国共产党机关的工作人员，包括中央和地方各级党委、纪委的专职领导成员；中央和地方各级党委工作部门和纪检机关的工作人员；街道、乡、镇党委机关的工作人员。

（2）各级人大机关的工作人员，包括全国人大常委会委员长、专职副委员长、秘书长；各级人大常委会工作人员；各级人大专门委员会办事机构工作人员；乡、镇人大专职主席、副主席。

（3）国家行政机关的工作人员，包括各级人民政府及其工作部门和派出机构的工作人员。

（4）国家检察机关和人民法院的工作人员，包括最高人民检察院及地方各级人民检察院的检察官、检察辅助人员和行政管理人员；最高人民法院及地方各级人民法院的法官、审判辅助人员和行政管理人员。

（5）政协机关的工作人员，包括各级政协委员会主席、专职副主席、秘书长；各级政协委员会工作机构的工作人员；政协各专门委员会办事机构的工作人员。

（6）人民团体机关的工作人员，包括工会、共青团、妇女联合会、科学技术协会、归国华侨联合会、中国残疾人联合会、中国法学会、中国外交学会、宋庆龄基金会等机关的工作人员。

（7）民主党派机关的工作人员，包括中国国民党革命委员会、中国民主同盟、中国民主建国会、中国民主促进会、中国农工民主党、中国致公党、九三学社、台湾民主自治同盟的中央和地方各级委员会主席（主委）、专职（驻会）副主席（副主委）、秘书长，以及各民主党派中央和地方各级委员会职能部门和办事机构的工作人员；中华全国工商业联合会机关的工作人员也属于公务员范围。

由上可知，我国《公务员法》规定的公务员的范围包括但不限于行政机关的公务员。

二、行政机关公务人员的权利与义务

(一) 公务员的权利与义务

根据我国《公务员法》第 13 条的规定，公务员的权利包括：①获得履行职责应当具有的工作条件；② 非因法定事由、非经法定程序，不被免职、降职、辞退或者处分；③ 获得工资报酬，享受福利、保险待遇；④ 参加培训；⑤ 对机关工作和领导人员提出批评和建议；⑥ 提出申诉和控告；⑦ 申请辞职；⑧ 法律规定的其他权利等。

根据我国《公务员法》第 12 条规定，公务员应当履行下列义务：① 模范遵守宪法和法律；② 按照规定的权限和程序认真履行职责，努力提高工作效率；③ 全心全意为人民服务，接受人民监督；④ 维护国家的安全、荣誉和利益；⑤ 忠于职守，勤勉尽责，服从和执行上级依法作出的决定和命令；⑥ 保守国家秘密和工作秘密；⑦ 遵守纪律，恪守职业道德，模范遵守社会公德；⑧ 清正廉洁，公道正派；⑨ 法律规定的其他义务。

作为国家行政机关公务员，其权利与义务往往与其所担任的行政职务相联系，公务员与行政机关之间形成的行政职务关系是一种内部行政法律关系，公务员接受行政机关人事、档案、财务、纪律等方面的管理，如对其不服，依法可以提出申诉。但在对外执行公务时，公务员必须以行政机关的名义，而绝不能以个人的名义进行，其行为的后果和责任一般也归属于行政机关，而不是归属于公务员个人。

(二) 其他公务人员的权利与义务

其他行政公务人员是指除国家行政机关公务员，其他执行国家行政公务的人员。具体包括：①行政机关非固定性借用的执行公务的人员；②在紧急情况下，经行政机关认可而协助执行公务的人员；③在法律、法规及规章授权的组织中不属于国家行政编制，也不由国家财政负担工资福利的执行公务的人员；④在受行政机关委托的组织中行使行政职权的人员，等等。

原则上，行政公务人员应当具有国家公务员的身份，但是由于行政管理活动的复杂性以及技术性的要求，国家行政机关公务员以外的人员也常受行政主体委托从事管理活动，成为行政公务的实施者。他们虽然不具有国家公务员的身份，但其执行行政公务时与国家公务员处于基本相同的法律地位，所以他们的权利义务与一般的行政公务人员也基本相同。

三、行政公务人员职务行为的界定及其责任承担

（一）职务行为的界定

职务行为通常是指国家机关或工作人员行使职务上的权力（职权）所进行的活动，如卫生局的工作人员检查卫生、警察执勤、税务人员收税、法官审理案件等都属于行使职权的活动。职务行为的认定十分重要：一是它涉及的行为是否要由国家来保障执行。凡是法定的职务行为，都要由国家提供条件和手段予以保障执行。二是它涉及法律责任的划分问题，职务行为的责任原则上要由行政公务人员所在的机关来承担。三是它涉及是否要给予国家赔偿。凡是职务行为违法造成他人损害的，应当由行政公务人员所在行政机关负责给予国家赔偿。

对于如何认定职务行为，一般要综合以下因素来判断：

（1）职权因素。该行为是否是行政公务人员根据法律规范赋予的职责权限实施的行为。

（2）时空因素。该行为是否是行政公务人员在行使职权、履行职责的工作时间、地域范围内实施的行为。

（3）身份因素。即在通常情况下，凡以行政公务人员的身份和名义实施的行为都是执行职务的行为。如公务人员着装、佩带标志、出示证件、宣布代表机关实施的行为一般都以职务行为论。

（4）目的因素。该行为是否是行政公务人员为了履行法定职责和义务、维护公共利益而为的行为。

（二）职务行为责任的承担

公务人员依法履行职务的行为，受法律保护。公务人员依法履行职务，由此所发生的责任问题，原则上由所在机关来承担责任。如公安人员在追捕刑事犯罪分子过程中，征用公民、法人或者其他组织的交通工具，由此造成的损失应由所在机关给予补偿。

在一般情况下，公务人员履行职责，执行上级的决定或者命令，即便执行了错误的决定或命令也应予免责。因为公务人员的义务和纪律中都包含了不得对抗依法作出的决定或者命令。决定或者命令是行政领导代表行政机关下达的，执行的后果理应由行政机关承担。但有一个例外，即对于明显违法的决定或者命令，如刑讯逼供、走私、做假账等，公务人员应当维护法制的尊严，予以抵制。如果不加抵制而是执行这些明显违法的决定或者命令，要承担相应的责任。

四、行政公务人员的权利救济

我国《公务员法》第15章规定了“申诉控告”制度，为公务员救济设置了两种途径：其一是申诉制度，其二是控告制度。另外，2007年《行政机关公务员处分条例》也对公务员的权利救济作出了相关规定。

公务员对涉及本人的人事处理不服的，可以自知道该人事处理之日起30日内向原处理机关申请复核；对复核结果不服的，可以自接到复核决定之日起15日内，按照规定向同级公务员主管部门或者作出该人事处理的机关的上一级机关提出申诉；也可以不经复核，自知道该人事处理之日起30日内直接提出申诉。对省级以下机关作出的申诉处理决定不服的，可以向作出处理决定的上一级机关提出再申诉。

行政机关公务员对处分不服向行政监察机关申诉的，按照《中华人民共和国行政监察法》的规定办理。

公务员认为机关及其领导人员侵犯其合法权益的，可以依法向上级机关或者有关的专门机关提出控告。受理控告的机关应当按照规定及时处理。

机关因错误的具体人事处理对公务员造成名誉损害的，应当赔礼道歉、恢复名誉、消除影响；造成经济损失的，应当依法给予赔偿。

公务员之外的其他公务人员，可以参照公务员的救济途径救济自身的权利；某些情况下，还可以直接提起诉讼维护自身的权益。

【参考案例】

雷某诉武汉铁路公安局襄阳公安处行政不作为违法附带行政赔偿案

2013年7月7日22时40分许，被告襄铁公安处荆州火车站派出所试用期工作人员刘某、蔡某、石某、张某与护路队员黎某、邓某结伴去“九九烧烤”吃饭，欲乘坐原告雷某驾驶的鄂DT7060号出租车。因原告雷某在荆州火车站前大道上等客，未同意搭乘，与黎某发生口角并引发肢体冲突，后黎某将原告雷某打伤，经鉴定原告的伤情构成轻伤二级，伤残程度为九级。2014年4月29日，荆州市荆州区人民法院认定被告人黎某犯故意伤害罪，判处有期徒刑一年，并赔偿雷某各项经济损失合计69905.86元(已支付了4万元)。在此期间，原告于2013年12月30日将襄阳铁路公安处荆州火车站派出所、襄阳铁路公安处列为被告向荆州市荆州区人民法院提起行政附带行政赔偿诉讼，后荆州市荆州区人民法院将该案移送至襄阳市樊城区人民法院审理。

本案中，被告分配到荆州火车站派出所的试用期人员刘某、蔡某、石某、张某在原告与黎某(已追究刑事责任)发生肢体冲突时，并未被授予相应的警衔，更未发放人民警察证，不具备法规规定的人民警察身份和行使职权的法定要件，没有执法主体资格。原告雷某受伤是与护路队员黎某为搭乘出租车引发纠纷，继而发生争斗造成，黎某已受到了相应的法律制裁，已承担了刑事及民事责任。在案发时，襄阳铁路公安处荆州火车站派出所工作人员刘某、蔡某、石某、张某与黎某、邓某是结伴出去吃饭，属个人行为，而不是行使与职权有关的职务行为。所以，相关责任应由加害者个人承担，原告诉请(国家)行政赔偿于法无据。

第五节 行政相对人

一、行政相对人的含义与特征

(一)行政相对人的含义

行政相对人是指在行政法律关系中与行政主体相对应的另一方当事人，是其权益受行政主体的行政行为影响的个人或组织。如在税务行政管理法律关系中，税务机关为行政主体，纳税的单位或个人则是与税务机关相对应的行政相对人。

(二)行政相对人的特征

行政相对人作为一个法律概念，具有以下特征：

(1)行政相对人是具体行政法律关系中的一方当事人。这里当事人是法律概念，而不是生活术语，也就是说，这里的"人"不仅指公民，也包括法人和其他组织。

(2)行政相对人是与行政主体具有对应权利义务关系的另一方法律关系主体。它与行政主体的权利义务关系有多种形态，包括行政管理法律关系、行政救助法律关系、行政合同法律关系、行政委托法律关系、行政复议法律关系等。行政相对人在行政管理关系中通常处于被动地位，而在其他关系中，则有可能处于主动地位。

(3)行政相对人是具体行政法律关系中的一方当事人，因而是相对的、有条件的。特定当事人在某一具体行政法律关系中是行政相对人，而在另一行政法律关系中则可能成为行政主体。如某特定行政机关在日常行政管理中是行政主体，而当它建造房屋，依据市政建设法律法规向政府城建部门申请颁发有关许可证照时，则为行政相对人。

二、行政相对人的分类

（一）直接行政相对人与间接行政相对人

行政相对人以与行政行为的关系为标准，可以分为直接行政相对人和间接行政相对人。

直接行政相对人是行政主体行政行为的直接对象，其权益受到行政行为的直接影响，如行政许可、行政给付的申请人，行政征收、征用的被征收、被征用人，行政处罚的被处罚人，等等。

间接行政相对人是行政主体行政行为的间接对象，其权益通常受到行政行为的间接影响，如治安管理处罚关系中受到被处罚人行为侵害的人，行政许可关系中其权益可能受到许可行为不利影响的、与申请人有利害关系的人如相邻权人，行政给付关系中依靠给付对象抚养或扶养的直系亲属，等等。

直接行政相对人与间接行政相对人都是行政相对人，其权益受到行政行为侵害后可以依法申请行政救济，但行政法律规定的救济途径、方式可能会有所差别。例如，同一个行政行为（如对销售假药劣药的行政处罚行为），直接行政相对人（被处罚人）不服，可以直接依行政诉讼法提起行政诉讼；而间接行政相对人（购买假药劣药的人）对行政处罚不服（如认定处罚太轻），通常需要有法律的特别规定，才能得到司法救济。

（二）内部行为的行政相对人与外部行为的行政相对人

与内部行政行为、外部行政行为的划分相对应，行政相对人可以分为内部行政相对人、外部行政相对人。

内部行政行为中与内部行政主体相对应的当事人是内部行政相对人，外部行政行为中与外部行政主体相对应的当事人是外部行政相对人。

实施内部行政行为的行政主体与该行政行为的行政相对人之间，必定存在一种领导与被领导的隶属关系或者其他隶属关系，或者存在一种监督与被监督的监督关系。实施外部行政行为的行政主体与该行政行为的行政相对人之间，一般不存在领导与被领导的关系，而只存在管理与被管理的关系。这种管理与被管理关系最终取决于外部行政行为的实施者所拥有的对某类行政事务的管理职能而非来源于该行政主体的领导职能。

根据我国行政诉讼法的规定，只有外部行政相对人享有行政起诉权，内部行政相对人没有行政起诉权，不能成为行政诉讼中的原告，如法院不受理就行政机关对行政工作人员的奖惩、任免等决定提起的诉讼。

(三)作为行为的行政相对人与不作为行为的行政相对人

与作为行政行为、不作为行政行为的划分相对应，行政相对人可以分为作为行政行为的行政相对人与不作为行政行为的行政相对人。

作为行政行为的行政相对人是指权益受到作为行政行为影响的行政相对人。不作为行政行为的行政相对人是指权益受到不作为行政行为影响的行政相对人，如行政机关不履行法定职责，导致其人身权或财产权被侵害的行政相对人；行政机关不依法发给其抚恤金或者对其申请许可证照的请求不予答复的行政相对人等等。

与直接行政相对人和间接行政相对人一样，法律对其权益受到行政行为侵害的作为行为的行政相对人与不作为行为的行政相对人规定的救济途径、方式往往会有所区别。作为行为的行政相对人对行政行为不服，可以直接依行政诉讼法提起行政诉讼；而不作为行为的行政相对人对该不作为不服的，通常需要法律对行政主体的作为义务作出明确规定，才能得到司法救济。

三、行政相对人的权利与义务

行政相对人与行政主体一样，在行政法中既享有权利，也履行义务，依据我国行政法律规范的规定，行政相对人的权利和义务主要包括以下几个方面。

(一)行政相对人的权利

行政相对人的权利有以下几种：

(1)行政参与权。行政相对人有权依法通过各种形式和途径直接或间接参与国家行政事务的管理。

(2)行政保护和行政受益权。行政相对人有权依法要求行政主体对其人身权和财产权进行保护，有权依法从行政主体中获得相关权益。

(3)隐私保密权。行政相对人有权要求行政主体依法对其获知的个人隐私进行保密。

(4)监督行政权。行政相对人有权对行政主体及其工作人员的工作进行批评建议、对不法工作人员的行为进行控告和检举。

(5)行政救济权。行政相对人有权在其合法权益受到行政主体及其工作人员的不法侵害时获得救济。

(二)行政相对人的义务

行政相对人的义务有以下几种：

(1)遵纪守法、维护行政法律秩序的义务。行政相对人必须遵守行政法律规范，自觉履行相关义务，并遵守和维护行政法律秩序。

(2)服从行政命令的义务。公共行政管理通过各种行政命令实现，行政相对人必须服从行政主体的命令，遇到行政命令不当或不合法时，在该命令未经法律程序改变或撤销之前，行政相对人一般不得拒绝执行。

(3)协助行政主体履行行政职责的义务。行政主体在对行政相对人进行管理时经常离不开行政相对人的协助，行政相对人应对行政主体履行职务提供便利、给予积极协助和配合。

(4)保守国家秘密、维护国家利益的义务。行政相对人在接受行政管理和服务过程中应保守国家秘密，维护国家利益。

【参考案例】

章某等5人诉沭阳县人民政府要求撤销土地使用权证案

章某、章林某、章付某、章文某、章贵某五人是江苏省宿迁市沭阳县龙庙镇庄塘村村民。2012 年 10 月 23 日，庄塘村委会与章林某、章付某、章文某、章贵某四人签订合同，以每亩 1000 元的价格租用其自留土地 1.8 亩，租用期限为 10 年。同年 10 月 28 日，庄塘村委会又与章某签订合同，以每亩 1000 元价格租用其自留土地 1.4 亩，租期 10 年。后上述土地转由案外人郑某使用并建起厂房。2013 年，经省政府批准，上述土地被征收为国有。2014 年 6 月 28 日，沭阳县国土资源局与郑某签订《国有建设用地使用权出让合同》，将包括上述土地在内的 11300 平方米的土地出让给郑某使用。同年 9 月，沭阳县人民政府为郑某颁发了沭国用(2014)第 30183 号国有土地使用权证。11 月 27 日，郑某作为甲方，沭阳县龙庙镇人民政府作为乙方，羽蒙公司作为丙方，三方签订一份协议书，约定将其郑某位于立派路东侧、章某东板厂西侧，郑某建设第 30183 号'2158'厂房(厂房编号：2158－30183)及厂房建筑占地部分土地使用权转让给羽蒙公司。后郑某和羽蒙公司申请办理土地使用权变更登记手续，12 月 4 日，沭阳县人民政府为羽蒙公司颁发了国有土地使用权证。章某、章林某、章付某、章文某、章贵某认为沭阳县人民政府未尽调查职责，未依法征收土地，将其五人依法取得的承包地确定给羽蒙公司使用，并为其颁发了土地使用权证，该颁证行为违法，严重侵害了他们的合法权益，故向法院起诉。

本案中，章某等五人主张争议土地系其承包田，属于集体土地，但自 2013 年该地块已被批准征收为国有，后又出让给案外人郑某使用，且郑某已取得国有土地使用权证，羽蒙公司的土地使用权系郑某转让所得，因此，对章某等五人的权利义务产生直接影响的是前期土地征收行为，而章某等五人与本案被告沭阳县人民政府颁发给第三人国有土地使用权的颁证行为之间不具有利害关系，不是行政相对人，故其不具备原告主体资格，无权提起行政诉讼。

【思考题】

1. 简述行政主体的含义及其分类。
2. 简述受委托组织的含义及其应当具备的条件。
3. 简述我国公务员的概念与范围。
4. 什么是行政相对人？有什么特征？
5. 行政行为行政相对人有哪些分类？

【案例题】

张某诉某区公安分局行政处罚案

张某是某市车站路摆摊卖小吃的个体户。2014 年 8 月 20 日，张某与一顾客谢某发生争执，继而相互推搡，致使谢某跌伤了右腿。第二天，该市某区公安分局治安科依据《治安管理处罚法》第 43 条的规定，以殴打他人为由，对张某治安罚款 100 元，并责令其赔偿医药费 450 元。该治安科未制作、送达治安处罚裁决书，罚款由治安科出具了一个收据。张某不服，以未殴打他人为由，向该区人民法院提起诉讼，状告某区公安分局治安科违法实施行政处罚。

问：该区公安分局治安科是否能够以自己的名义对张某进行行政处罚？

分析提示：

治安科是区公安分局的内部机构，是具体执行公务、实现区公安分局职能的机构，其自身不能以自己的名义对外行使行政职权，也不能独立承担由此所产生的法律责任，不具有行政主体资格。治安科对外所作出的一切具体行政行为只能以该区公安分局的名义作出，由此产生的法律后果也应由该区公安分局来承担。因此，该区公安分局治安科不能以自己的名义对张某进行行政处罚。

第四章　行政行为概述

【本章重点】

(1)行政行为是指行政主体为了实现行政管理目标而行使行政职权的行为。换言之，行政行为是行政主体运用行政职权，实现行政目的的一切活动。

(2)行政行为具有服务性、从属法律性、单方性、强制性、无偿性等特征。

(3)行政行为以是否具有法律效果为标准，可以分为行政法律行为和行政事实行为；以其适用与效力作用的对象的范围为标准，可以分为内部行政行为与外部行政行为。

(4)行政法律行为根据不同的标准可以进行再分类。根据行为对象是否特定、是否具有向未来的反复适用力的标准，可以分为具体行政法律行为与抽象行政法律行为；根据行政行为是否以作为方式表现的标准，可以分为作为行政法律行为与不作为行政法律行为。不作为行政法律行为是一种拟制的行政法律行为。

(5)行政法律行为的合法要件包括行为主体合法、行为主体没有超越相关权限、行政行为内容合法、适当以及符合法定程序。

(6)行政法律行为的无效，是指行政法律行为因明显、重大违法而自始至终不产生法律效力。行政法律行为的撤销，是指已经发生法律效力的行政法律行为，在其具备可撤销的条件下，由有权国家机关作出撤销决定并使其失去法律效力的行为。行政法律行为的废止是指有权国家机关依照职权宣告已经发生法律效力的行政行为不再具有法律效力。

(7)具体行政法律行为的效力包括公定力、确定力、拘束力和执行力四个方面。

【案例导入】

马某诉明光市人民政府、第三人明光街道办事处拆迁行政协议案

安徽省明光市城区主要泄洪河新庄河严重堵塞，不具备泄洪功能，为了公共

利益需要，明光市人民政府对新庄河周边的集体土地进行征收。2014 年 10 月 9 日，明光市国土资源局印发《新庄河地块集体土地房屋征收补偿方案》，该方案明确经研究批准对新庄河地块项目范围内集体土地上的所有房屋、构筑物及附属物实施征收，征收范围涉及明光街道蔬菜村一组、二组、三组、四组、五组等村民组。同年 11 月 12 日，明光街道办事处以征收人名义与被征收人马某签订补偿安置协议，对被征收房屋及附属物等补偿内容作出了约定，并由明光市房屋征收工作办公室签章确认。但签订补偿协议时，马某没有提供房屋的合法产权证，无法确认马某为合法的产权人。2014 年 12 月 18 日，安徽省人民政府批复同意在申报的明光街道蔬菜村征收集体建设用地，用于城镇建设。

后马某提出行政诉讼，诉称本案补偿安置协议应当由明光市人民政府和明光市国土行政部门与被拆迁户签订；本案在没有相关征收土地公告、安置补偿公告及其他合法手续的情况下，签订补偿安置协议违反国家强制性规定，应予撤销。

问：本案中明光市人民政府、明光市人民政府明光街道办事处与马某签订《征收集体所有土地房屋补偿安置协议书》是否有效？

第一节　行政行为的含义与特征

一、行政行为的含义

关于行政行为的含义，理论上有不同的学说，主要包括行为主体说、行政权说、公法行为说等。本书采用行政权说，即，行政行为是指行政主体为了实现行政管理目标而行使行政职权的行为。换言之，行政行为是行政主体运用行政职权，实现行政目的的一切活动，包括以下几层含义：

(1)行政行为是行政主体作出的行为。

这是行政行为的主体要素。行政行为只能由行政主体作出，不论是通过公务员或其他工作人员还是依法委托其他社会组织作出，均不影响行政行为的性质。

(2)行政行为是行政主体行使行政职权、履行行政职责的行为。

这是行政行为的职权、职责要素。行政行为基于行政职权产生，是行政职权的具体运用方式。无行政职权，就无行政行为。行政机关日常购买办公用品或租用办公用房的行为，就不是行政行为。另外，行政机关应当履行法定职责，如若不履行，属于消极行政行为的表现，称行政不作为。

(3)行政行为的目的在于实现国家行政管理目标。

这是行政行为的目的要素。行政行为是实现国家行政管理目标的主要方式之一，其表现形式、内容和程序都必须符合国家行政管理的要求。

二、行政行为的特征

行政行为主要包含时代特征与法律特征两个方面。

1. 行政行为的时代特征

(1)行政行为具有公共服务性。

行政行为的公共服务性是民主行政的体现和要求，在民主法治国家，行政机关工作人员是人民的公仆，是为人民服务的。行政权存在的目的就是为了实现人民的公共利益。

(2)行政行为具有从属法律性。

行政行为是执行法律的行为，因而必须从属于法律，不能违反和超越法律。依法行政是民主和法治的基本要求，行政行为必须有法律依据。

2. 行政行为的法律特征

(1)行政行为具有单方性。

行政主体实施行政行为，只要是在行政组织法或法律、法规、规章授权范围内，通常无需与行政相对人协商，也无需征得行政相对人的同意，根据法律规定的条件即可自行决定和直接实施。即使在行政合同行为中，许多方面也体现了不同于民事合同的单方意志性。

(2)行政行为具有强制性。

行政行为是行政主体代表国家、以国家名义实施的行为，通常以国家强制力为保障实施的，具有强制性。行政行为的强制性与单方意志性是紧密联系的，没有行政行为的强制性，就无法体现行政行为的单方意志性。

(3)行政行为具有无偿性。

行政行为以无偿为原则，有偿为例外。行政行为的服务性决定其无偿性。行政主体所追求的是国家和社会公共利益，对公共利益的集合、维护和分配一般都是无偿的。

第二节　行政行为的分类

依据不同的标准，可以对行政行为进行如下分类：

一、行政法律行为与行政事实行为

以是否具有法律效果为标准，行政行为可以分为行政法律行为和行政事实行为。

行政法律行为是指行政主体为规制行政关系，运用行政职权设定、变更、消灭或者确认特定或不特定行政相对人权利义务的行政行为，包括行政立法行为、制定其他规范性文件的行为、具体行政行为等。行政事实行为是指行政主体所实施的、本身不直接或间接引起行政相对人权利义务的得丧变更等法律后果的行为，包括日常活动类事实行为（如检查）、执行类事实行为（如销毁）、咨询或通报类事实行为（如情况通报）。

二、内部行政行为与外部行政行为

以其适用与效力作用的对象和范围为标准，行政行为可以分为内部行政行为与外部行政行为。

内部行政行为是指行政主体在内部行政组织管理过程中所作的只在行政组织内部发生法律效力的行政行为，如行政处分、行政机关上级对下级所下达的命令等都属于内部行政行为。外部行政行为是指行政机关对行政系统以外被管理的公民、法人或其他组织所作的行为，即行政主体在对社会实施行政管理活动过程中针对公民、法人或其他组织所作出的行政行为，如行政许可，行政处罚等，均属外部行政行为。

三、抽象行政（法律）行为与具体行政（法律）行为

以行政行为的对象是否特定、是否具有向未来的反复适用力为标准，行政行为可以分为抽象行政行为与具体行政行为，这是对行政法律行为的一种再分类。

抽象行政行为，是指行政主体运用行政职权，以不特定的行政相对人为管理对象，制定具有普遍约束力的规范性文件的行为，既包括行政立法行为，也包括制定其他规范性文件的行为。其核心特征在于行为对象的不特定性或普遍性和具

有反复适用的效力。具体行政行为，是指行政主体在行使行政职权过程中，针对特定的行政相对人所作的影响其权益的具体决定或措施的行为，其行为的内容和结果将直接影响特定人或组织的权益。

四、作为行政（法律）行为与不作为行政（法律）行为

以是否通过作为方式表现为标准，行政行为可以分为作为行政行为与不作为行政行为，这也是对行政法律行为的一种再分类，后者是一种拟制的行政法律行为。作为行政行为是指以积极作为的方式表现出来的行政行为，如行政强制、行政奖励等。不作为行政行为，则是指以消极不作为的方式表现出来的行政行为，具体指行政主体依据职权或根据行政相对人的申请，负有作出相应行政行为的法定义务，但在法定或合理期限内未按照法定程式履行或完全履行的消极行为，其表现形式大致有拒绝履行、不予答复、拖延履行等。可见，不作为行政行为的前提是行政主体有（积极）作为的义务。区分作为行政行为与不作为行政行为的意义在于，认识隐蔽形式的行政行为的存在，从而保护行政相对人的合法权益。

【参考案例】

厉某诉新昌县人民政府其他行政行为案

1995年7月19日，浙江省新昌县土地管理局将城关镇塔山村老洋桥脚下坂面积为33200平方米国有住宅用地出让给新昌县城关镇建设开发总公司。出让合同约定用途为住宅用地，年限为70年，土地利用要求注明按规划确定。之后该国有土地中部分土地使用权经多次转让，2009年10月26日，厉某取得新国用（2009）第4300号国有土地使用权证书，获得1374.23平方米国有土地使用权（通过司法途径取得）。2013年7月5日，厉某取得新国用（2013）第3144号国有土地使用权证，获得1480.90平方米国有土地使用权（自他人处转让取得）。厉某多次申请新昌县人民政府和新昌县规划局办理建筑用地规划许可证和建设工程规划许可证，但未获得批准。2013年年底，厉某再次向新昌县人民政府和新昌县规划局邮寄书面申请办理上述许可证。2013年12月30日，新昌县规划局向厉某出具新规函（2013）39号复函，该复函称：依据新昌县人民政府的（2009）1号、（2012）4号、（2012）65号三份会议纪要要求，厉某通过司法途径获取的1374.23平方米土地，可按法院判决和规划局作出规划说明进行开发建设。但对其余土地，必须经过土地收储，重新出具规划设计条件并公开出让后才能建设。厉某认为，根据相关法律规定，其取得的土地不属于土地储备范围，且其已取得国有土地使用权证，取得合法的物权，可以依法建造房屋。故有权向城乡规划主管部门申请办理相关许可证。而新昌县人民政府的会议纪要证据不足，违反法定程序和国家法律

规定。请求：撤销被告(2012)4 号《第 37 次规划国土联席会议纪要》及(2013)65 号《七星街道老洋桥脚下坂地块有关土地问题协调会议纪要》中有关涉及原告部分国有土地使用权经过土地收储重新出具规划条件并公开出让后才能开发建设的具体行政行为。

本案中，涉案的会议纪要从内容上看是对会议内容的记载，记录被告新昌县人民政府下属多个行政部门对特定事项形成的一致观点，非被告新昌县人民政府依职权作出的具体行政行为；从形式上看上述会议纪要未加盖公章，也未直接向原告厉某送达。会议纪要中虽然包含原告厉某享有使用权的部分国有土地后续处置问题，但其实际得以执行的效力(包括涉案土地今后收储和出让与否，规划职能部门规划条件的出具与否及能否依原告申请给予办理规划许可证等)，均有赖于职能部门作出后续的法律行为，而后续的法律行为才对原告的权利义务产生实质性影响。故本案涉案的会议纪要中明确的相关内容尚未实际影响当事人的权利义务，属于内部行政行为，而非外部行政行为。

第三节　行政法律行为的成立与合法要件

一、行政法律行为的成立要件

行政法律行为的成立是指行政法律行为的作出与形成，它是该行政法律行为生效的前提条件，也是行政相对人请求行政行为权益救济以及有关机关对行政行为实施法律审查的基础。

行政法律行为的成立条件，一般包括以下四个要件：

(1)行政行为成立的主体要件。行为的主体必须是拥有行政职权或有一定行政职责的国家行政机关，或者法律、法规、规章授权的组织，或者行政机关委托的组织和个人。

(2)行政行为成立的主观要件。行为主体有凭借国家行政职权产生、变更或消灭某种行政法律关系的意图，并有追求这一效果的意思表示。

(3)行政行为成立的客观要件。行为主体在客观上有行使行政职权或履行行政职责的行为，即以一定的外部行为方式所表现出来的客观行为。

(4)行为的功能要件。即行为主体实施的行为能直接或者间接导致行政法律关系的产生、变更和消灭。

二、行政法律行为的合法要件

行政法律行为成立，并不代表其一定合法。行政法律行为的合法要件，是指行政法律行为合法成立所应具备的条件。行政法律行为的合法要件包括以下几个：

(1)行政法律行为的主体合法。主体合法是指实施行政法律行为的组织必须具有行政主体资格，能以自己的名义独立承担法律责任。这是行政法律行为合法有效的主体要件，具体还包括行政机关合法、行政公务人员合法、行政机关的委托合法等。

(2)行政法律行为应符合行政主体的权限范围。权限合法是指行政主体必须在法定的职权范围内实施行为，这是行政法律行为合法有效的权限方面的要件。

(3)行政法律行为内容合法、适当。这是行政法律行为合法有效的内容要件。行政法律行为的内容合法是指行为所涉及的权利、义务以及对这些权利、义务的影响或处理，应当有事实根据，且符合法律、法规、规章的规定和社会公共利益。行政法律行为内容适当是指行政法律行为的内容要明确、适当，而且应当公正、合理。

(4)行政法律行为应当符合法定程序。行政主体实施行政法律行为，必须按照法定的程序进行，行为必须符合法定方式、步骤、顺序，符合法定时限，不得违反法定程序，任意作出某种行为。

第四节　行政法律行为的无效、撤销与废止

一、行政法律行为的无效

行政法律行为的无效，是指行政行为因明显、重大违法而自始不产生法律效力。

(一)行政法律行为无效的条件

一般来说，在以下几种情况下，行政法律行为无效：

(1)行政行为具有特别重大的违法情形或者具有明显的违法情形；

(2)行政主体不明确或者明显超越相应行政主体职权的行政行为；

(3)行政主体受胁迫作出的行政行为;

(4)行政行为的实施将导致犯罪;

(5)没有可能实施的行政行为。

(二)行政法律行为无效的法律后果

行政法律行为无效的法律后果有:

(1)行政法律行为自始无效;

(2)行政相对人可以不受该行政行为拘束,不履行该行为确定的义务,并且不承担不履行的法律责任;

(3)行政相对人可以在任何时候请求有关国家机关宣布该行为无效,同时有关国家机关亦可以在任何时候宣布相应的行政行为无效;

(4)行政行为被宣布无效后,被行政行为改变的状态应尽可能恢复到之前的状态,行政主体应将所得财物返还行政相对人,并对行政相对人造成的损失予以赔偿。

二、行政法律行为的撤销

行政法律行为的撤销,是指已经发生法律效力的行政法律行为,在其具备可撤销的条件下,由有关国家机关作出撤销决定使其失去法律效力。行政法律行为的撤销不同于行政法律行为的无效,无效的行政法律行为自始无效,而可撤销行政法律行为通常在撤销后才失去法律效力。

(一)行政法律行为撤销的条件

可撤销的行政法律行为一般是因为其本身的瑕疵或违法,包括:

(1)行政法律行为的合法要件缺损;

(2)行政法律行为不适当。

(二)行政法律行为被撤销的法律后果

行政法律行为被撤销的法律后果是:

(1)行政行为自被撤销之日起失去法律效力,撤销的效力可追溯到行政法律行为作出之日;

(2)如果行政法律行为的撤销是因行政主体的过错引起,并且依社会公益的需要又必须使撤销效力追溯到行为作出之日,那么行政相对人所受的相应损失由行政主体赔偿;

(3)如果行政法律行为的撤销是因行政相对人的过错或者行政主体与行政相

对人的共同过错引起，撤销的效力通常应追溯到行为作出之日，过错方依各自的过错程度承担相应法律责任(赔偿责任)。

三、行政法律行为的废止

行政法律行为的废止是指有关国家机关依照职权宣布已经发生法律效力的行政行为不再具有法律效力。废止的理由和条件是由于客观条件的变化，没有违法或者明显不适当的因素，这也是废止区别于行政法律行为的无效和可撤销制度的主要方面。

(一)行政法律行为废止的条件

行政法律行为废止的条件有：

(1)行政法律行为所依据的法律、法规、规章等，已经为有关机关依法修改、废止或撤销。该行政法律行为如果继续维持效力，将与法律、法规、规章等抵触，所以必须废止原行政法律行为。

(2)行政法律行为所根据的客观事实已经发生重大变化或者已经不复存在，该行政法律行为的继续存在已经没有事实根据，需要废止原来的行政法律行为。

(3)行政法律行为所期望的法律效果已经实现，没有继续存在的必要。

(二)行政法律行为废止的法律后果

行政法律行为废止的法律后果有：

(1)被废止的行政法律行为，自废止之日起丧失效力；

(2)原则上，行政法律行为废止之前给予当事人的利益、好处不再收回；当事人也不能对已履行的义务要求补偿。但是如果废止使当事人的合法权益受到严重损失，或者带来严重的社会不公正，行政主体应当给予受到损失的当事人以必要的补偿。

【引例分析】

前引案例的核心问题是明光市人民政府、明光市人民政府明光街道办事处与马某签订《征收集体所有土地房屋补偿安置协议书》是否有效。

行政法律行为无效是指该行为存在重大、明显地违法情形，自始至终不具有法律效力。行政法律行为无效的原因主要有主体、权限、内容、形式、程序等存在重大而明显的瑕疵。本案补偿安置协议是行政机关为实现公共利益，履行行政职权而签订的具有行政法上权利义务内容的行政协议，具体涉及集体土地上房屋征收的权利义务内容。明光市人民政府是征收集体土地上房屋的组织实施主体，而明光街道办事处是具体的实施单位，其所签订的补偿安置协议后果由明光市人民政府承受，且马某也是以明光市人民政府为被告提起的行政协议诉讼，故本案征收主体适格。

根据《中华人民共和国土地管理法实施条例》第25条规定，征收土地方案被批准后，方可由市、县人民政府组织实施，并要在被征收土地所在地的乡（镇）、村公告征收土地的用途、范围等，土地行政主管部门拟订征地补偿、安置方案，在被征收土地所在地的乡（镇）、村予以公告，并听取集体经济组织和农民的意见，征地补偿方案经市、县人民政府批准后，由土地行政主管部门组织实施。而本案明光市人民政府违反上述规定的程序，在征收土地申报未被批复前即组织实施征收土地行为，且在马某未提供有效权属证明的情况下，与马某签订补偿安置协议，该补偿安置协议在签订时缺乏依据且明显违反法律程序。依据该条及《行政诉讼法》第75条："行政行为有实施主体不具有行政主体资格或者没有依据等重大且明显违法情形，原告申请确认行政行为无效的，人民法院判决确认无效。"应确认明光市人民政府、明光市人民政府明光街道办事处与马某签订《征收集体所有土地房屋补偿安置协议书》无效。

第五节　具体行政（法律）行为的效力

具体行政（法律）行为的效力包括公定力、确定力、拘束力和执行力四个方面。

一、公定力

公定力是指行政主体作出的具体行政行为，在被有关机关予以撤销或变更前，不论其合法还是违法，都推定为合法有效，并要求所有国家机关、社会组织和个人予以尊重的一种法律效力。公定力是法律安定性的必然要求，是对权利义务关系的法律保护。公定力并不以具体行政法律行为的合法为前提，即使存在瑕疵或违法，在被有关机关予以撤销或者变更前，它在事实上依然有效，应该得到尊重。

二、确定力

确定力是指已经生效的具体行政法律行为对作出该行为的行政主体和行政相

对人所具有的不受任意改变的法律效力。这一效力亦来源于法律的安定性原则。确定力又分为形式确定力和实质确定力。形式确定力是针对行政相对人而言的，指行政相对人不得任意否认或者随意改变行政行为的内容，非依法也不得请求改变其内容。简言之，除无效行政行为外，超过法定的异议期，行政相对人不可再复议、诉讼，但行政主体仍可依法定职权和程序主动撤销或变更。实质确定力则是针对行政主体而言，也称"一事不再理"，指行政主体对有效成立的行政行为非依法不得随意重作、变更或撤销，否则应当承担相应的法律责任。

三、拘束力

拘束力指行政行为成立后，其内容对相关人员或组织所产生的法律上的约束效力，有关人员和组织必须遵守、服从。它是一种约束力、限制力，即要求遵守的法律效力。它与确定力不同，确定力所保护的是具体行政法律行为本身不受任何改变，而拘束力则是要求行为人的行为应当与具体行政法律行为相一致。具体行政法律行为的拘束力具体表现在对行政相对人的拘束力和对行政主体的拘束力两个方面。在行政行为没有被依法撤销或者变更之前，作出该行为的行政主体负有执行该行政行为的义务，并受该行为拘束；行政相对人有义务服从合法成立并生效的行政行为，并积极履行相应的义务。

四、执行力

执行力是指行政行为生效后，行政主体有权依法采取一定手段，使行政行为的内容得以实现的效力。执行力是对行政主体与行政相对人双方的一种法律效力，行政主体与行政相对人对于具体行政法律行为设定的内容都具有实现的权利或义务，它包括自觉执行与强制执行。当行政相对人不履行其应该履行的法定义务时，行政主体可以强制其实现该义务。而这种强制执行是由行政机关依据职权所作的行政执法的一种，并不需要法院的事先判决，但是并非所有的具体行政法律行为都必须强制执行，如行政登记、行政确认等。

【思考题】

1. 简述行政行为的含义及其特征。
2. 什么是行政事实行为？
3. 行政行为有哪些分类？
4. 简述行政法律行为的成立与合法要件。
5. 行政法律行为无效、撤销、废止的法律后果分别是什么？
6. 具体行政法律行为的效力有哪些？

【案例题】

贺某诉互助县东山乡人民政府行政确认案

2015 年 10 月 26 日原告贺某因不服互助县东山乡人民政府于 2013 年 3 月 22 日颁发的青互离字 2218(2013)003 号离婚证，向人民法院提起行政诉讼。原告贺某和第三人王某于 1998 年 1 月 4 日登记结婚，婚后生育两个子女。2013 年 3 月 5 日，双方以夫妻感情不和为由，到被告东山乡人民政府婚姻登记机关申请离婚登记。当日，互助县司法局东山司法所对双方当事人离婚、子女抚养、抚养费的承担进行了调解，双方达成了协议，并共同签署了自愿离婚协议书、申请离婚登记声明书、协议离婚告知书。2013 年 3 月 22 日，第三人王某一人到被告东山乡人民政府婚姻登记机关处并代替原告贺某在离婚登记审查处理表上签了名。被告东山乡人民政府婚姻登记机关的办证人员李积效(已判刑)向第三人王某颁发了双方的离婚证书，将持证人王某的离婚证登记日期写为 2013 年 1 月 3 日，并将离婚证字号写为青互结字 2218(2013)003 号。2015 年 8 月 4 日，第三人王某向原告贺某主张子女的抚养费时，原告贺某才知道被告向第三人王某颁发了离婚证。现原告贺某起诉要求撤销被告颁发的青互结字 2218(2013)003 号离婚证，确认其与王某的婚姻关系合法有效，并由被告承担本案诉讼费用。

问：被告颁发的青互结字 2218(2013)003 号离婚证的行为是否合法？请用行政行为合法要件理论进行分析。

分析提示：

行政行为的合法要件包括主体合法、权限合法、内容合法与程序合法。这几个要件缺一不可，只有同时具备了上述要件，行政行为才是合法的。根据《婚姻登记条例》第 10 条第 1 款规定："内地居民自愿离婚的，男女双方应当共同到一方当事人常住户口所在地的婚姻登记机关办理离婚登记。"另该条例第 11 条第 1 款规定："办理离婚登记的内地居民应当出具下列证件和证明材料：(一)本人的户口簿、身份证；(二)本人的结婚证；(三)双方当事人共同签署的离婚协议书。"本案中，第三人王某独自一人到被告处办理离婚登记手续，并代替原告在离婚登记审查处理表上签名，而被告处的办证人员未尽审慎审查义务，向第三人颁发了离婚证，并由第三人代替原告领取离婚证，属于明显的办证程序违法。故被告颁发的青互结字 2218(2013)003 号离婚证的行为不合法。

第五章 抽象行政(法律)行为

【本章重点】

(1)行政立法是特定的国家行政机关依照法律规定的权限和程序，制定、修改和废止有关行政管理方面的行政法规和行政规章的活动。行政立法的主体是特定的国家行政机关，具有从属性、适应性与针对性、多样性与灵活性等特征。

(2)根据行使行政立法权的主体不同，行政立法可以分为中央行政立法与地方行政立法；根据行政立法权来源的不同，行政立法可以分为职权立法与授权立法；根据行政立法目的和功能的不同，行政立法可以分为执行性立法、补充性立法和创制性立法。

(3)行政立法程序，是指行政立法主体依照宪法、法律、法规的规定，制定、修改和废止行政法规、规章的步骤。一般包括立项、起草、审查、决定和发布、备案。

(4)全国人大常委会有权撤销同宪法和法律相抵触的行政法规。国务院有权改变或者撤销不适当的部门规章和地方政府规章；地方人民代表大会常务委员会有权撤销本级人民政府制定的不适当的规章；省、自治区的人民政府有权改变或者撤销下一级人民政府制定的不适当的规章。

(5)其他规范性文件，是指行政机关及被授权组织为实施法律和执行政策，在法定权限内制定的除行政法规或规章以外的决定、命令等具有普遍适用性的行为规则的总称。其他规范性文件的制定主体广泛，具有行政性、规范性以及效力的多层级性与从属性等特征。

(6)其他规范性文件包括创制性行政规范、解释性行政规范、指导性行政规范和执行性行政规范。

(7)对其他规范性文件的监督主要包括立法监督、行政监督与司法监督三个方面。

【案例导入】

杨某诉山东省人民政府规范性文件审查告知案

杨某于2015年5月5日向济南市中级人民法院起诉称,《济南市人民政府征收土地公告》(济征公告(2014)60号)涉及杨某及其配偶的房屋拆迁补偿,其认为该公告依据的鲁价费发(2008)178号《关于济南等三市调整征地地面附着物和青苗补偿标准的批复》(以下简称178号批复)违法,于2014年2月25日依据《山东省行政程序规定》第55条的规定向山东省人民政府法制办公室提出审查申请。山东省人民政府法制办公室于2014年4月1日作出鲁府法备告字(2014)2号《规范性文件审查结果告知书》,确认178号批复合法有效。杨某认为山东省人民政府法制办公室的审查行为认定事实不清,处理结果错误,故起诉山东省人民政府,请求依法判决撤销鲁府法备告字(2014)2号《规范性文件审查结果告知书》。

济南市中级人民法院经审理认为,原告杨某申请审查的178号批复是行政机关制定的具有普遍约束力的规范性文件,其对原告的权利义务不产生实际影响。被告山东省人民政府依原告的申请对178号批复的合法性审查后,将规范性文件审查结果告知原告的行为,该审查结果对原告的权利义务明显不产生实际影响。依照《最高人民法院关于适用〈中华人民共和国行政诉讼法〉若干问题的解释》第3条第1款第8项之规定,裁定驳回原告杨某的起诉。杨某不服向山东省高级人民法院提起上诉。

问:本案中杨某能否就178号批复提起行政诉讼?

第一节　行政立法

一、行政立法的含义

行政立法是指特定的国家行政机关依照法律规定的权限和程序,制定、修改和废止有关行政管理方面的行政法规和行政规章的活动。它既具有行政行为的性质,又具有立法行为的性质,是一种准立法行为。与国家权力机关的立法相比,行政立法具有以下特征:

(1)行政立法的主体是特定的国家行政机关。在我国,能够进行行政立法的行政机关主要包括国务院、国务院各部委、设区的市以上人民政府以及自治州人民政府。

(2)行政立法具有从属性。行政立法从属于权力机关的立法，属于次要立法，是权力机关立法的延伸与具体化，不得与宪法、法律和同级地方性法规相抵触，也不得与上位行政立法相抵触。

(3)行政立法具有适应性与针对性。行政立法随着形势的变化，不断地设立、变更与废止，是一种适应性较强、比法律的稳定性差的立法。它还具有针对性，应需立法，以后可能会上升为法律。

(4)行政立法具有多样性与灵活性。由于行政管理的复杂和多层次性，使行政立法在内容、效力和形式方面具有多样性与灵活性。国家机关可以根据需要，采取灵活、多样的形式制定行政法规与规章。行政立法主体的多层次性，决定了行政立法在形式上的多样性，可以采取多样的发布形式。如国务院批准主管部门发布，主管部门直接发布、联合发布等；行政立法的名称有条例、规定、办法等。

二、行政立法的分类

依据不同的标准，行政立法有以下分类：

（一）中央立法与地方立法

根据行使行政立法权的主体不同，行政立法可以分为中央行政立法（简称中央立法）与地方行政立法（简称地方立法）。

中央立法是指中央行政机关，主要指国务院及其各部门依法制定和发布行政法规与部门规章的活动。中央立法所制定的行政法规和规章，在全国范围内都具有法律效力。地方立法是指特定地方行政机关依法制定和发布规章的活动。主要是指各省、自治区、直辖市的人民政府，以及社区的市、自治州的人民政府所进行的立法活动。地方立法所制定的规章，只在本行政区域内发生法律效力。

（二）职权立法与授权立法

根据行政立法权来源的不同，行政立法可以分为职权立法与授权立法。

职权立法是指行政机关依据《宪法》《立法法》和组织法所赋予的行政立法权所进行的制定行政法规与行政规章的活动。根据我国《宪法》《立法法》和组织法的相关规定，国务院、国务院各部委，以及省、自治区、直辖市和设区的市、自治州的人民政府可以进行职权立法。行政机关通过职权立法所制定的行政法规与规章一般不能变通法律和法规的规定。

授权立法是指行政机关依据特定法律、法规的授权或者依据国家权力机关或上级国家行政机关通过专门的决议的授权，制定规范性法律文件的行为。行政机关通过授权立法所制定的行政法规可以规定《立法法》保留给法律规定的事项，但是关于犯罪和刑罚、对公民政治权利的剥夺和限制人身自由的强制措施和处罚、司法制度等事项，授权立法不能规定。

(三)执行性立法、补充性立法和创制性立法

根据行政立法目的和功能的不同，行政立法可以分为执行性立法、补充性立法和创制性立法。

执行性立法是指为了执行法律或地方性法规以及上级行政机关发布的规范性文件而作出具体规定，以便于开展更切合实际情况的行政立法活动。执行性立法不得在法律、地方性法规以及上级行政机关规范性文件所规定的事项之外增加新的对行政相对人的权利义务产生实质影响的规定。通过执行性立法所制定的行政法规和规章的形式主要有：实施条例、实施细则、实施办法。

补充性立法是由于法律、法规对于某些情况不可能都预见到或者当时不宜规定得详细、具体，需要行政机关根据实际情况，予以适当补充，故行政机关根据原法律或法规所确定的原则，创设出某些新的法律规则。补充性立法必须得到法律、法规或有关机关的明确授权。补充性立法的主要形式有“补充规定”和“补充办法”。

创制性立法是指行政机关基于法律的特别授权，对本应由法律规定的事项，在条件尚不充分、经验尚未成熟或社会关系尚未定型的情况下，先由行政机关作出有关规定，经过一段试验期以后，再总结经验，由法律正式规定下来。创制性立法的主要形式有“暂行条例”和“暂行规定”。

三、行政立法的程序

行政立法程序，是指行政立法主体依照宪法、法律、法规的规定，制定、修改和废止行政法规、规章的步骤。

(一)立项

立项包括报请立项与汇总、审批两个环节。

1.报请立项

国务院于每年年初编制本年度的立法工作计划。国务院有关部门认为需要制定行政法规的，应当在每年年初编制国务院年度立法工作计划前，向国务院报请立项；国务院部门内设机构或者其他机构认为需要制定部门规章的，应当向该部门报请立项。省、自治区、直辖市和设区的市、自治州的人民政府所属工作部门或者下级人民政府认为需要制定地方政府规章的，应当向该省、自治区、直辖市或者设区的市、自治州的人民政府报请立项。

2. 汇总、审批

国务院法制机构应当根据国家总体工作部署对部门报送的行政法规立项申请汇总研究，突出重点，统筹兼顾，拟订国务院年度立法工作计划，报国务院审批。另外，国务院部门法制机构，省、自治区、直辖市和设区的市、自治州的人民政府法制机构，应当对制定规章的立项申请进行汇总研究，拟订本部门、本级人民政府年度规章制定工作计划，报本部门、本级人民政府批准后执行。年度规章制定工作计划应当明确规章的名称、起草单位、完成时间等。

(二)起草

起草是指对列入规划的需要制定的行政法规和规章，由人民政府各级主管部门分别草拟法案。

行政法规由国务院组织起草。国务院年度立法工作计划确定行政法规由国务院的一个部门或者几个部门具体负责起草工作，也可以确定由国务院法制机构起草或者组织起草。

部门规章由国务院部门组织起草，地方政府规章由省、自治区、直辖市和设区的市、自治州的人民政府组织起草。国务院部门可以确定规章由其一个或者几个内设机构或者其他机构具体负责起草工作，也可以确定由其法制机构起草或者组织起草。省、自治区、直辖市和设区的市、自治州的人民政府可以确定规章由其一个部门或者几个部门具体负责起草工作，也可以确定由其法制机构起草或者组织起草。

(三)审查

行政法规和规章的草案起草完后，一般要交由行政立法主体的法制机构进行审查。其中，行政法规草案的审查由国务院法制办进行，规章草案的审查由相应的行政主体的法制机构进行。法制机构审查后，书写审查报告，提出是否提交会议讨论通过的建议。若需讨论通过，应将行政法规、规章草案的上报稿和修改稿一并呈送。

(四)决定与公布

行政法规草案由国务院常务会议审议，或者由国务院审批。国务院常务会议审议行政法规草案时，由国务院法制机构或者起草部门作说明。发布是行政法规、规章生效的必经程序和必要条件。国务院法制机构应当根据国务院对行政法规草案的审议意见，对行政法规草案进行修改，形成草案修改稿，报请总理签署国务院令公布施行，并应及时在国务院公报和全国范围内发行的报纸上刊登。

部门规章应当经部务会议或者委员会会议决定。地方政府规章应当经政府常务会议或者全体会议决定。审议规章草案时，由法制机构作说明，也可以由起草单位作说明。法制机构应当根据有关会议审议意见对规章草案进行修改，形成草案修改稿，报请本部门首长或者省长、自治区主席、市长签署命令予以公布。部门规章应及时在国务院公报和全国范围内发行的报纸上刊登；地方各级政府规章应及时在本级人民政府公报和本行政区域范围内发行的报纸上刊登。

(五)备案

备案本身只是立法程序的一个后续阶段。它是指将已经发布的行政法规、规章上报法定的行政机关，使其知晓，并在必要时进行审查的程序。备案的法律意义在于有利于加强对行政法规和行政规章的监督管理，有利于行政法律规范本身的内部统一与协调，也有利于社会主义法制的统一。

四、对行政立法的监督

(一)对行政法规及法规性文件的监督

1. 监督主体

全国人大常委会有权撤销同宪法和法律相抵触的行政法规。根据《立法法》第96条的规定，行政法规出现下列情形的，可以由有关机关予以改变或者撤销：①超越法定权限的；②违反上位法规定的；③违背法定程序的。

2. 具体启动监督的主体及监督程序

(1)中央军委、最高人民法院、最高人民检察院和各省、自治区、直辖市的人民代表大会常务委员会认为行政法规同宪法或者法律相抵触的，可以向全国人大常委会书面提出进行审查的要求，由常务委员会工作机构分送给有关的专门委员会进行审查，提出意见；其他的国家机关和社会团体、企业事业组织以及公民，认为行政法规同宪法或者法律相抵触的，可以向全国人民代表大会常务委员会提出进行审查的建议，由常委会的工作机构进行研究，必要时送有关的专门委员会进行审查、提出意见；有关的专门委员会和常务委员会工作机构可以对报送备案的规范性文件进行主动审查。

(2)全国人民代表大会专门委员会、常务委员会工作机构在审查、研究中认为行政法规同宪法或者法律相抵触的，可以向制定机关提出书面审查意见、研究意见；也可以由法律委员会与有关的专门委员会、常务委员会工作机构召开联合审查会议，要求制定机关到会说明情况，再向制定机关提出书面审查意见。制定机关应当在两个月内研究提出是否修改的意见，并向全国人民代表大会法律委员会和有关的专门委员会或者常务委员会工作机构反馈。

(3)全国人民代表大会法律委员会、有关的专门委员会、常务委员会工作机构根据规定，向制定机关提出审查意见、研究意见，制定机关按照所提意见对行政法规进行修改或者废止的，审查终止；如果全国人大法律委员会、有关的专门委员会和常务委员会审查认为行政法规同宪法或者法律相抵触而制定机关不予修改的，应当向委员长会议提出予以撤销的议案、建议，由委员长会议决定提请常务委员会会议审议决定。

(二)对行政规章的监督

根据《立法法》第96条的规定，行政规章出现下列情形的，可以由有关机关予以改变或者撤销：①超越法定权限的；②违反上位法规定的；③规章之间对同一事项的规定不一致，经裁决应当改变或者撤销一方的规定的；④规章的规定被认为不适当，应当予以改变或者撤销的；⑤违背法定程序的。

我国有权改变或撤销规章的监督主体包括：①国务院有权改变或者撤销不适当的部门规章和地方政府规章；②地方人民代表大会常务委员会有权撤销本级人民政府制定的不适当的规章；③省、自治区的人民政府有权改变或者撤销下一级人民政府制定的不适当的规章。

国家机关、社会团体、企业事业组织、公民认为规章同法律、行政法规相抵触的，可以向国务院书面提出审查的建议，由国务院法制机构研究处理。

国家机关、社会团体、企业事业组织、公民认为地方政府规章同法律、行政法规相抵触的，或者违反其他上位法规定的，也可以向本省、自治区人民政府书面提出审查建议，由省、自治区的人民政府法制机构研究处理。

第二节 其他规范性文件的制定

一、其他规范性文件的含义

其他规范性文件，是指行政主体为实施法律和执行政策，在法定权限内制定的除行政法规或规章以外的决定、命令等具有普遍适用性的行为规则的总称。它具有以下特征：

(1)制定主体的广泛性。其他规范性文件的制定主体极其广泛，除了享有行政立法权的国家行政机关以外，其他行政主体亦可以在自己的职权范围内制定其他规范性文件。

(2)行政性。其他规范性文件的行政性是由其自身的地位决定的。首先，制定其他规范性文件的行政主体的性质就决定了其具有行政性；其次，行政主体制定其他规范性文件的目的就是为了执行相关法律规范，处理行政管理事务。

(3)规范性。其他规范性文件也规定行为规则，其效力所及范围内的单位和个人应当遵守，因而具有规范性。

(4)效力的多层级性与从属性。其他规范性文件制定主体的多层级性，决定了其效力的多层级性；同时，下级行政机关制定的其他规范性文件不能同法律、法规、规章以及上级行政机关制定的其他规范性文件内容相抵触，而且，具有行政立法权的行政机关制定的其他规范性文件效力要低于其自身所制定的行政法规或规章。

二、其他规范性文件的种类

(一)创制性行政规范

创制性行政规范指行政主体为了填补法律规范空白以确保行政职能的实现而依法制定的其他规范性文件。依据制定创制性行政规范的权力来源，它可以分为依职权的创制性行政规范和依授权的创制性行政规范。

(二)解释性行政规范

解释性行政规范，是指行政主体为了实施法律、法规和规章，或者为了统一各个行政主体及其公务员对法律、法规和规章的理解以及执行活动，对法律、法规和规章进行解释而形成的其他规范性文件。它是对已有行政法规范的具体化，细化权利义务的享有与承担。依据解释主体的不同，它可以分为法定解释性行政规范和自主解释性行政规范。

(三)指导性行政规范

指导性行政规范，是指行政主体对不特定行政相对人事先实施书面行政指导时所形成的其他规范性文件。例如，国务院发布的《关于发展高产优质高效农业的决定》《关于深化国有企业改革的指导意见》等都属于指导性行政规范。

指导性行政规范在内容上并不具体明确行政相对人的权利义务，或者即便明确也无法律上约束力、仅具指引性。

三、其他规范性文件的制定程序

我国并没有出台类似行政规范性文件制定程序之类的条例对行政规范性文件的制定主体和制定程序作出具体明确限定。目前我国约束其他规范性文件的程序主要参照《规章制定程序条例》。该条例自 2002 年 1 月 1 日起执行，对制定规章的程序进行了明确的规定。《规章制定程序条例》的第 36 条规定，依法不具有规章制定权的县级以上地方人民政府制定、发布具有普遍约束力的决定、命令，参照本条例规定的程序执行。故按照该规定，制定其他规范性文件程序主要也包括立项、起草、审查、决定和公布、解释与备案等。

另外，我国《国家行政机关公文处理办法》(2000)，《党政机关公文处理工作条例》(2012)对其他规范性文件的制定程序也有一定规范作用，主要是从公文格式、行文规则以及公文的处理程序等方面对行政机关公文做出一般性的规定。

四、对其他规范性文件的监督

(一) 立法监督

立法监督，是指国家的立法机关即各级人民代表大会及其常务委员会根据法律规定对其他规范性文件实行的监督。《宪法》第 67 条第 7 项规定，全国人大常务委员会有权撤销国务院制定的同宪法、法律相抵触的行政法规、决定和命令；撤销省、自治区、直辖市国家权力机关制定的同宪法、法律和行政法规相抵触的地方性法规和决议。根据《中华人民共和国地方各级人民代表大会和地方各级人民政府组织法》第 8 条、第 9 条、第 44 条的规定，地方各级人民代表大会以及县级以上地方各级人民代表大会常务委员会有权撤销本级人民政府不适当的决定和命令。另外，《中华人民共和国各级人民代表大会常务委员会监督法》亦对上述规定进行了细化，并规定可以组织关于特定问题的调查委员会展开调查。

(二) 行政监督

行政监督，是指各级人民政府发现其所属部门制定的其他规范性文件的内容和行政法规、规章以及上级规范性文件等相抵触时，有权撤销或者改变；上级人民政府发现下级人民政府制定的其他规范性文件与行政法规、规章以及上级规范性文件等相抵触时，亦有权撤销或者改变。这种监督主要是通过建立备案审查制度和行政复议制度来解决的。

(三)司法监督

司法监督，是指人民法院在通过司法审查活动审查行政机关具体行政行为的合法性的同时，对作出该具体行政行为所依据的各种规范性文件进行合法性审查。

新修订的《行政诉讼法》第 53 条规定，公民、法人或者其他组织认为行政行为所依据的国务院部门和地方人民政府及其部门制定的规范性文件不合法，在对行政行为提起诉讼时，可以一并请求对该规范性文件进行审查。前款规定的规范性文件不含规章。

根据上述规定，这种司法监督的提起必须以具体行政争议为前提，任何人都不能单独对其他规范性文件提起诉讼。并且，这种监督只能由受到以该其他规范性文件为依据所做出的行政行为影响的特定行政相对人，在针对该行政行为提起诉讼过程中才能提起。要明确的是，司法监督的作用是有限的。《行政诉讼法》第 64 条规定，人民法院在审理行政案件中，经审查认为本法第 53 条规定的规范性文件不合法的，不作为认定行政行为合法的依据，并向制定机关提出处理建议。

【引例分析】

行政相对人对行政法规、规章或者行政机关制定、发布的具有普遍约束力的决定、命令提起诉讼的，不属于人民法院行政诉讼的受案范围。依据现行法律规定，行政相对人如认为行政机关的行政行为所依据的行政规范性文件不合法，可以在对行政行为申请行政复议时，一并向行政复议机关提出对该规范性文件的审查申请，也可以在对行政行为提起诉讼时，一并请求对该规范性文件进行审查，而不能直接针对行政规范性文件提起行政复议或者行政诉讼。

本案中，杨某向山东省人民政府法制机构申请审查的 178 号批复即是行政机关制定的具有普遍约束力的行政规范性文件。《山东省行政程序规定》第 55 条规定：“公民、法人和其他组织认为规范性文件违法的，可以向制定机关或者本级人民政府法制机构提出书面审查申请。接到申请的制定机关或者政府法制机构应当受理，并自收到申请之日起 60 日内作出处理；情况复杂，不能在规定期限内处理完毕的，经审查机关负责人批准，可以适当延长，但是延长期限最多不超过 30 日。处理结果应当书面告知申请人。”行政相对人认为规范性文件违法，有权向制定机关或者人民政府法制机构提出书面审查申请，接到申请的制定机关或者政府法制机构应当受理，并依法作出处理。但由于规范性文件不属于行政复议和行政诉讼的受案范围，规范性文件制定机关或者政府法制机构针对规范性文件的审查处理行为同样也不属于行政复议和行政诉讼的受案范围。

山东省高级人民法院经审理认为，山东省人民政府对规范性文件的审查处理行为不属于行政诉讼的受案范围，原审法院以该审查处理行为对上诉人的权利义务不产生实际影响为由裁定驳回上诉人的起诉，虽然在理由表述方面欠妥，但裁判结果并无不当。杨某以规范性文件及山东省人民政府对规范性文件的审查结果对其权利义务产生实际影响为由，直接向人民法院提起诉讼，系对法律的误解，理由不能成立，不予支持，故裁定驳回杨某的起诉。

【思考题】

1. 简述行政立法的含义及其特征。

2. 行政立法有哪些分类？

3. 简述行政立法的程序。

4. 简述对行政法规与行政规章的的监督主体。

5. 其他规范性文件有哪些种类？

6. 试述对其他规范性文件的监督制度。

【案例题】

南京市某化工厂诉区政府行政补偿案

南京某区某化工厂厂长杨某于2003年3月接到通知，称该化工厂要拆迁。化工厂和某区政府在补偿数量上存在严重分歧，原因在于双方所依据的法律根据不同。政府根据1996年发布的《江宁县城镇房屋拆迁管理办法》，应补偿130万元，而原告杨某根据现行的《南京市城市房屋拆迁管理办法》，认为化工厂应得到的补偿是400多万元。经研究发现，1996年发布的《江宁县城镇房屋拆迁管理办法》是依据1996年3月《南京市房屋拆迁管理办法》制定的，然而该办法已于2000年3月废止。原告于2003年4月23日向南京市中级人民法院提出政府行政立法不作为之诉，状告南京市某区政府不按上位法规及时修改房屋拆迁管理办法，致使自己损失惨重。

南京市中级人民法院依据有关规定，将此案移交江宁区法院审理，2003年5月26日江宁区人民法院向原告发出受理通知书，并于2003年6月12日作出裁定，驳回起诉。理由是政府发布的1996年《江宁县城镇房屋拆迁管理办法》是属于抽象行政行为，被行政诉讼法排除在司法审查之外，同时向江宁区政府提出司法建议。

问：对不合法的《江宁县城镇房屋拆迁管理办法》，哪些监督主体有权改变或撤销？

分析提示：

1. 江宁县人民代表大会及其常委有权撤销江宁县政府制定的不合法的《江宁县城镇房屋拆迁管理办法》；

2. 南京市人民政府有权撤销或者改变江宁县政府制定的不合法的《江宁县城镇房屋拆迁管理办法》。

第六章　依职权的具体行政(法律)行为

【本章重点】

(1)行政命令是指行政主体要求行政相对人为或者不为一定行为的意思表示，是一种具体行政行为，常常带有强制性。行政命令虽然是由行政主体单方作出的，但是必须由行政相对人履行该义务才能实现效果。因而，行政命令仅是一种意思表示。

(2)行政处罚是指行政主体依法对违反行政法律规范尚未构成犯罪的行政相对人给予行政制裁的具体行政行为。行政处罚的目的是维护公共利益和社会秩序，保护公民、法人和其他组织的合法权益；其种类包含了警告、罚款等五类，实施主体有一般行政机关、综合执法机关、法律法规规章授权组织和受委托的组织；处罚程序包含简易程序、一般程序、听证程序和执行程序。

(3)行政强制是行政机关根据法律、法规的规定，对违反法律、法规的规定或者不履行行政机关依法为其设定的特定行政义务的行政相对人所采取的，通过一定的强制力迫使行政相对人遵守行政管理规范、履行法定义务或者实现特定的行政效果的行为。行政强制包含行政强制措施和行政强制执行，行政强制措施的设定可以是法律和法规，而行政强制执行的设定只能是法律。

(4)行政征收是指行政主体根据法律规定，以强制方式无偿或有偿取得行政相对人财产所有权的一种具体行政行为。行政征收根据征收有无补偿可以分为有偿征收和无偿征收，其中有偿征收在我国特指土地征收、房屋征收等，无偿征收则包含行政征税和行政收费。

第一节 行政命令

【案例导入】

张某诉安乡县国土局责令腾地决定案

湖南省安乡县国土局在2013年11月29日发布了拟征收土地告知书，拟征收安乡县深柳镇保堤社区部分集体土地12.8157公顷作为安乡县人民医院项目建设用地。2014年3月26日，湖南省人民政府以(2014)政国土字第516号农用地转用、土地征收审批单批准征收安乡县深柳镇保堤社区部分集体土地12.8157公顷，用于安乡县人民医院整体搬迁工程项目建设用地。2014年4月2日，县政府就该工程项目发布了安政发(2014)3号征收土地通告。2014年6月9日，县国土局发布了安国土征补字(2014)1号征地补偿安置方案公告，并于7月7日组织了补偿安置的听证会。2014年7月21日，县国土局与深柳镇保堤社区签订了征地协议书。张某的住宅用地位于该征收范围之内。县国土局在镇、社区工作人员参与下与张某协商其拟被征收房屋及附属物的补偿事宜，但张某拒不接受补偿且拒不腾交该房屋占用范围内的土地。2014年10月29日，县国土局向张某送达了领取房屋及附属物补偿费通知书，该通知按常德市征地拆迁补偿政策核算的补偿数额为280085元。张某拒不领取拆迁补偿款，也不腾交土地。2014年11月24日，县国土局依据《中华人民共和国土地管理法实施条例》第45条、《湖南省实施<中华人民共和国土地管理法>办法》第44条之规定，作出并于11月27日送达了安国土资执腾字(2014)第30号限期腾地决定，责令张某在7日内腾出土地。张某不服，遂提起行政诉讼。

问：本案中安乡县国土局的责令限期腾地决定属于什么类型的行政行为？

一、行政命令的含义与特征

“行政命令”这一概念可以用在行政管理上，也可以用在行政法上，行政管理的行政命令是指政府的一切决定或者措施，而行政法上的行政命令是指行政主体要求行政相对人为或者不为一定行为的意思表示，是一种行政行为，常常带有强制性。一个行为是否是行政命令，最重要的是看其是否具备设定义务的内容，而不是看形式或名称等。行政命令理论上可诉，实践中常常不必诉，因为行政命令多以行政处罚或行政强制执行为前提或保障，诉后者即可。行政命令具有以下特征：

第一，行政命令是一种意思表示。行政命令虽然是行政主体单方面作出的，但是行政命令的实现还是要通过行政相对人的作为或者不作为，而不能自己实现。

第二，行政命令带有强制性。行政命令通常以行政强制执行或行政制裁为后盾，行政相对人如果拒绝履行，那么行政主体可以采取相应的制裁措施，确保行政命令能够实现。

二、行政命令的种类

(一)形式意义上的行政命令和实质意义上的行政命令

1. 形式意义上的行政命令

形式意义上的行政命令指一切使用“令”作为形式或者名称的命令，譬如授权令、禁止令、公告令等等。通常表现为要求行政相对人必须进行某种行为，如责令限期出境等。

2. 实质意义上的行政命令

实质意义上行政命令是指行政主体依法要求行政相对人为或者不为一定行为的意思表示。其内容只涉及行政相对人的义务，既可以是书面形式，也可以是口头形式。责令当事人改正或者限期改正违法行为就是典型例子。

(二)要求行政相对人作为的命令和不作为的命令

这是根据行政主体作出的行政命令的内容区分的，行政命令给行政相对人设定一定义务，这种义务通常表现为作为或者不作为，要求行政相对人必须为一定行为或者禁止行政相对人为一定行为，前者属于要求行政相对人作为的命令，后者属于要求行政相对人不作为的命令。

【引例分析】

前引案例中，安乡县国土局的责令限期腾地决定属于行政命令，是行政主体依职权单方面作出的、要求张某为一定行为即腾地的命令。如果张某拒绝执行，行政主体在催告无效的情况下，可以申请人民法院强制执行。

第二节 行政处罚

【案例导入】

盐城市奥康食品有限公司东台分公司诉盐城市东台工商行政管理局工商行政处罚案

2011 年 9 月 1 日至 2012 年 2 月 29 日，奥康公司购进净含量 5 升的金龙鱼牌橄榄原香食用调和油 290 瓶，加价销售给千家惠超市，获得销售收入 34800 元，净利润 2836.9 元。2012 年 2 月 21 日，东台工商局行政执法人员在千家惠超市检查时，发现上述金龙鱼牌橄榄原香食用调和油未标示橄榄油的添加量。上述金龙鱼牌橄榄原香食用调和油名称为“橄榄原香食用调和油”，其标签上有“橄榄”二字，配有橄榄图形，标签侧面标示“配料：菜籽油、大豆油、橄榄油”等内容，吊牌上写明：“金龙鱼橄榄原香食用调和油，添加了来自意大利的 100% 特级初榨橄榄油，洋溢着淡淡的橄榄果清香。除富含多种维生素、单不饱和脂肪酸等健康物质外，其橄榄原生精华含有多本酚等天然抗氧化成分，满足自然健康的高品质生活追求。”

东台工商局于 2012 年 2 月 27 日立案调查，并于 5 月 9 日向奥康公司送达行政处罚听证告知书。奥康公司在法定期限内未提出陈述和申辩，也未要求举行听证。5 月 15 日东台工商局向奥康公司送达东工商案字〔2012〕第 298 号行政处罚决定书，认定奥康公司经营标签不符合《食品安全法》规定的食品，属于食品标签上特别强调添加某种有价值、有特性配料而未标示添加量的情形，依照《行政处罚法》《食品安全法》的相关规定，作出责令改正、没收违法所得 2836.9 元和罚款 57163.1 元，合计罚没款 60000 元的行政处罚。奥康公司不服，申请行政复议，盐城市工商行政管理局复议维持该处罚决定。奥康公司再次不服，向人民法院提起行政诉讼。

问：本案中被告的行政处罚行为是否合法？

一、行政处罚的含义与特征

行政处罚是指行政主体依法对违反行政法律规范尚未构成犯罪的行政相对人给予行政制裁的具体行政行为。行政处罚的特征包括：

第一，行政处罚的实施主体是行政机关或者法律、法规授权的具有管理公共事务职能的组织，行政机关也可以将行政处罚的实施权依法委托给其他组织。不过，不管是委托还是授权，行政处罚的范围和种类等都是由法律、法规或者规章明确规定的，其他规范性文件不得自行创设。

第二，行政处罚具有制裁性。行政处罚是一种以惩戒为目的的行政行为，惩戒措施包括限制或剥夺权利、课以义务等，以起到警戒和教育违法者，并预防新的违法行为发生。

第三，行政处罚的前提是具有违法性。只有在行政相对人实施了违反行政法律规范的行为，而且是在必须处罚的情况下，才能给予行政处罚。

二、行政处罚的分类

(一)行政处罚的理论分类

1. 申诫罚

申诫罚又称为精神罚或者声誉罚，是指行政主体对违法者发出警告或通报，通过对其声誉、荣誉、信誉等施加影响，引起其思想的警惕，督促其不再违法的处罚方式。主要包括两种形式：警告和通报批评。警告是行政主体对违法程度比较轻微的违法者作出的告诫和谴责，这种处罚一般不对外公开，仅针对违法者作出。通报批评是指行政主体以书面公开的形式告诫和谴责违法者的违法行为，以避免其再犯。以上两种形式既可以针对公民个人，也可以针对单位或组织，既可单独用，也可同时适用。

2. 财产罚

财产罚是指行政主体对违法者的财产权利或者利益作出的处罚，适用范围比较广泛。主要是要求违法者缴纳一定数额的金钱或者财物，并不剥夺违法者的人身自由。实践中常见的有罚款、没收、追缴非法所得等形式。

3. 资格罚

资格罚是指行政主体剥夺或者限制违法者特定资格的处罚。最常见的形式是：责令停产停业、吊销许可证、吊销驾驶证等。

4. 人身自由罚

人身自由罚是比较严厉的一种处罚，行政主体针对的是违法者人身自由，在一定期限内对其进行限制或者剥夺。主要有行政拘留、驱逐出境等形式。

(二)行政处罚的法律分类

1. 警告

警告是行政主体针对违法行为最轻微、没有造成实际后果的行为作出的处罚，通过这种轻微的告诫和谴责，给行政相对人施加思想压力，督促其不再违法。

2. 罚款

罚款是实践中最为常见的一种处罚方式，是行政主体针对违法行为课以一定数额金钱的处罚，不涉及违法者人身自由，只剥夺违法者一定数额的财产。行政主体根据违法程度、情节等决定罚款的数额，不得随意确定。

3. 没收

没收是行政主体将违法者的违法所得或者非法财物收归国有的一种处罚。违法所得主要是从事违法经营活动获得的利益，如赌博所获收益等；非法财物主要是违法者从事违法活动所用的物品或者工具等，如赌博的工具等。

4. 责令停产停业

责令停产停业是行政主体针对违法从事生产经营活动的行政相对人作出的、要求其停止生产和经营的处罚，是一种资格罚，以限制行政相对人的行为能力。责令停产停业并不是永久性的，而是附期限的，如果在期限内能够纠正违法行为，整顿生产，可以恢复生产经营。

5. 暂扣或吊销许可证、执照

行政主体对违反法律规定的行政相对人暂时扣押或者撤销其获得的从事某种活动的许可或者资格。暂扣是对许可的暂时终止，只要行政相对人在一定期限内能够纠正违法行为，行政主体应恢复其权利或资格，归还许可证，无需重新申请许可。吊销许可证、执照是对原执照的撤销，是行政相对人丧失了某种资格或权利，行政相对人必须重新申请才可获得许可。

6. 拘留

拘留是一种人身罚，是行政主体在一定期间内剥夺或限制行政相对人的人身自由，是最严厉的行政处罚。正是因为其严重，所以法律对行政拘留的规定也很严格，只有县级以上的公安机关才有拘留权，拘留期限在1日以上15日以下，在使用程序上须经过传唤、询问、取证、裁决、执行等程序。

7. 法律、行政法规规定的其他行政处罚

除了上述处罚形式之外，还有驱逐出境、撤销注册商标等，这是一个兜底条款，旨在包括其他未被列入《行政处罚法》的处罚种类。

三、行政处罚的设定权

行政处罚的设定是指通过立法规定何种情况、在何种条件下应予何种处罚，属于立法的范畴，《行政处罚法》第9条至14条对行政处罚的设定权有详细规定。

1. 法律的设定权

法律可以设定任何形式的行政处罚。

2. 行政法规的设定权

行政法规可以在法律尚未规定的情况下创设行政处罚，但是不得涉及人身自由，在法律有规定的情况下，行政法规还可以对行政处罚具体化，但是不得违反法律的规定。

3. 地方性法规的设定权

地方性法规是由省、自治区、直辖市、设区的市的人大及常委会制定的，在行政处罚上也具有一定的创设权和规定权。地方性法规在法律和行政法规没有规定的情况下，可以创设除了人身自由、吊销企业营业执照以外的行政处罚，在法律和行政法规有规定的情况下，可以将行政处罚具体化，但是不得违反法律、行政法规的规定。

4. 规章的设定权

规章也有一定的创设和规定行政处罚的权力。部门规章和地方规章在上位法律规范没有作出规定时，可以设定警告和一定数量罚款的行政处罚。部门规章罚款限额的设定由国务院规定。地方规章罚款限额的设定由省级人大常委会规定。规章还可以在法律、法规规定的给予行政处罚的行为、种类和幅度的范围内作出具体规定。

四、行政处罚的实施

(一)行政处罚的实施主体

行政处罚的实施主体有一般行政机关、综合执法机关、法律法规授权组织、受委托的组织等。

1. 一般行政机关

根据《行政处罚法》第15条的规定，能够行使行政处罚权的行政机关必须具备两个条件：其一，是履行外部行政管理职能的行政机关；其二，有法律、法规、规章的明确授权。只有同时具备这两个条件的行政机关才能行使有关处罚权。

2. 综合执法机关

根据《行政处罚法》第16条的规定："国务院或者经国务院授权的省、自治区、直辖市人民政府可以决定一个行政机关行使有关行政机关的行政处罚权，但限制人身自由的行政处罚权只能由公安机关行使。"由此可以看出：首先，综合执法机关必须国务院或经国务院授权的省、自治区、直辖市人民政府才能决定，其他机关无权决定；其次，综合执法机关不得行使涉及人身自由的行政处罚权，人身自由的处罚只能由公安执行。综合执法机关一经确定，便具有独立的法律地位，能够独立行使相关执法权。

3. 法律法规授权组织

《行政处罚法》第 17 条规定:“法律、法规授权的具有管理公共事务职能的组织可以在法定授权范围内实施行政处罚。”能够行使行政处罚权的被授权组织一般应当具备以下条件:其一,被授权的组织必须是合法成立的组织;其二,被授权的组织必须具有管理公共事务的职能;其三,必须是经法律、法规授权的,其他规范性文件不得授权。

4. 受委托的组织

《行政处罚法》第 18 条规定,行政机关可以将行政处罚权依法委托给其他组织。行政处罚权的委托必须符合以下要求:第一,只能由行政机关委托;第二,委托必须依法律、法规或者规章的规定进行;第三,必须在行政机关的权限范围内委托;第四,受委托的组织必须符合三项法定的条件,即是依法成立的管理公共事务的组织,有熟悉有关法律、法规、规章和业务的工作人员,对违法行为需要进行技术检查或者技术鉴定的应当有条件相应的技术检查或者技术鉴定;第五,受委托的组织不能将受委托的行政处罚权转委他人行使。

(二)行政处罚的实施规则

1. 一事不再罚规则

一事不再罚规则又称“禁止双重处罚原则”,其本意在于禁止国家对于人民的同一行为,以相同或类似的措施多次的处罚。《行政处罚法》第 24 条规定“对当事人的同一违法行为,不得给予两次以上罚款的行政处罚”,这是一事不再罚规则的具体体现。完整理解这一规则,可以从以下几个方面入手:其一,对于当事人的同一违法行为,不得给予两次以上罚款的行政处罚。其二,对于行政拘留处罚的人,在处罚前已经采取强制措施等限制人身自由的时间,应当折抵。其三,违法行为构成犯罪的,人民法院判处拘役或者有期徒刑的,行政主体已经拘留的,应当折抵刑期;人民法院判处罚金的,行政主体已经处以罚款的,应当折抵。其四,违法行为构成犯罪依法追究刑事责任后,行政主体不得再给予人身自由罚。

2. 从轻或者减轻处罚规则

此规则是指违反行政法律规范的行政相对人由于某种法定的原因而受到从轻或者减轻处罚。具体来说,从轻处罚是在法定幅度内、尽量地选择较轻的处罚;减轻处罚是在法定幅度最低限度以下选择行政处罚。《行政处罚法》第 25、第 27 条对从轻或减轻处罚的适用情形作出了明确规定:第一,已满十四周岁不满十八周岁的人有违法行为的;第二,主动消除或者减轻违法行为危害后果的;第三,受他人胁迫有违法行为的;第四,配合行政机关查处违法行为有立功表现的;第五,其他依法从轻或者减轻行政处罚的。

3. 不予处罚规则

对特定情形下违法的行政相对人,《行政处罚法》规定了不予处罚规则:一是违法行为轻微并及时纠正,没有造成危害后果的,不予行政处罚;二是不满十四周岁的人有违法行为的,不予行政处罚,但应责令监护人加以管教;三是精神病人在不能辨认或者不能控制自己行为时有违法行为的,不予行政处罚,但应当责令其监护人严加看管和治疗。

4. 罚缴分离规则

罚缴分离是指行政罚款的决定机关与收缴机关实行分离的原则,即罚款决定由法定机关作出后,罚款的收缴由另一法定的专门机关负责,一般指定银行作为收缴机构。

5. 处罚时效的规则

行政处罚时效规则是指行政主体实施行政处罚必须在规定的期限之内进行,超过法定期限未追究责任的,行政主体不得再对违法行为人实施行政处罚。《行政处罚法》第 29 条规定:“违法行为在 2 年内未被发现的,不再给予行政处罚。法律另有规定的除外。前款规定的期限,从违法行为发生之日起计算;违法行为有连续或者继续状态的,从行为终了之日起计算。”《治安管理处罚法》第 22 条规定:“违反治安管理行为在六个月内没有被公安机关发现的,不再处罚。”

(三)行政处罚的实施程序

1. 行政处罚决定的作出程序

(1)简易程序

第一,简易程序的适用条件。简易程序的适用条件包括以下三个方面:一是违法的事实清楚、证据充分,行政相对人没有异议;二是有法定依据,法律、法规、规章规定可以处罚的;三是仅限于对公民处 50 元以下、对法人或者其他组织处 1000 元以下的罚款或者警告。

第二,具体程序。简易程序包括以下步骤:其一,执法人员出示执法证明;其二,填写行政处罚决定书,并由执法人员签名或盖章;其三,当场交付行政处罚决定书;其四,行政处罚决定书必须报所属机关备案。

(2)一般程序

第一,立案。行政主体对于行政违法行为,认为应当追究法律责任、予以行政处罚的,决定进行调查处理。

第二,调查。行政主体在收到举报或者通过其他途径得知公民、法人或其他组织有违法行为且应受行政处罚的,应依据法律规定展开调查,收集证据。在调查过程中,执法人员不得少于 2 人,并向当事人出示相关证件,并自觉遵守回避制度。

第三，告知。行政主体在作出行政处罚决定之前，应当告知当事人作出行政处罚决定的事实，理由和依据，并告知当事人享有的相关权利。

第四，听取当事人陈述申辩。在行政处罚过程中，当事人有权陈述和申辩，行政机关应当听取当事人的意见，行政主体对当事人主张的事实、理由等应当进行复核，情况属实的，应当采纳。

第五，作出处理决定。行政主体在调查基础上进行审查，并作出处罚决定，制作书面的处罚决定书。在处罚决定书中载明当事人姓名、地址、处罚种类、处罚期限和当事人享有的权利，加盖印章。

第六，送达。行政处罚决定书应在宣告后当场交付，当事人不在场的，行政主体应在7日内送达给当事人。

(3)听证程序

听证程序指行政主体公开举行由全部利害关系人参加的，正式听取行政相对人的陈述、申辩，接受行政相对人对行政主体收集的证据的质证的程序活动。主要适用行政主体作出的责令停产停业、吊销许可证或者执照、较大数额的罚款等行政处罚，一般轻微的行政处罚不需要听证。听证程序有：第一，当事人要求听证的，在行政主体告知3日之内提出；第二，行政主体在听证7日前，通知当事人听证的时间、地点；第三，听证由行政主体指定非本案调查人员主持，当事人认为需要回避的，可以申请回避；第四，当事人可以亲自参加听证，也可以委托1至2人代理；第五，听证过程中，行政主体的调查人员提出违法事实、证据等，行政相对人有权申辩和质证；第六，制作听证笔录，并由当事人审核无误签字或盖章。

2. 行政处罚的执行程序

(1)当场收缴罚款的程序

行政主体可以当场收缴罚款的情形主要有：依法给予20元以下的罚款；不当场收缴事后难以收缴的；当事人在交通不便的地区，向指定的银行缴纳罚款确有困难的。收缴程序包括：第一，出具罚款收据，行政主体和执法人员必须向行政相对人出具正规的罚款收据，否则，行政相对人有权拒绝缴纳；第二，执法人员在收到罚款之后2日内，上交至行政机关，水上收缴在靠岸后2日内交到行政机关，由行政机关交付指定银行。

(2)强制执行的程序

当事人拒不履行或者逾期不履行行政处罚决定确定的义务的，行政主体可以采取相应措施。这些措施包括：第一，到期不履行的，每日按照罚款数额的3%处以执行罚；第二，将查封、扣押的财产拍卖或者将冻结的存款划拨抵缴罚款；第三，申请人民法院强制执行。

【引例分析】

前引案例中,《食品安全法》第 20 条第 4 项规定，食品安全标准应当包括对与食品安全、营养有关的标签、标识、说明书的要求。第 22 条规定，本法规定的食品安全国家标准公布前，食品生产经营者应当按照现行食用农产品质量安全标准、食品卫生标准、食品质量标准和有关食品的行业标准生产经营食品。GB7718 -2004《预包装食品标签通则》由国家质量监督检验检疫总局和国家标准化管理委员会制定，于 2005 年 10 月 1 日实施;《食品安全法》于 2009 年 6 月 1 日实施，新版的 GB7718 -2011《预包装食品标签管理通则》由国务院卫生行政部门制定，且明确是食品安全国家标准，于 2012 年 4 月 20 日实施。奥康公司违法行为发生在 2011 年 9 月至 2012 年 2 月，GB7718 -2004《预包装食品标签通则》属于当时的食品安全国家标准之一。因此，被告东台工商局适用 GB7718 -2004《预包装食品标签通则》对原告作出行政处罚，并无不当。

GB7718 -2004《预包装食品标签通则》规定:"预包装食品标签的所有内容，不得以虚假、使消费者误解或欺骗性的文字、图形等方式介绍食品；也不得利用字号大小或色差误导消费者","如果在食品标签或食品说明书上特别强调添加了某种或数种有价值、有特性的配料，应标示所强调配料的添加量。"这里所指的"强调"，是特别着重或着重提出，一般意义上，通过名称、色差、字体、字号、图形、排列顺序、文字说明、同一内容反复出现或多个内容都指向同一事物等形式表现，均可理解为对某事物的强调。"有价值、有特性的配料"，是指对人体有较高的营养作用，配料本身不同于一般配料的特殊配料。通常理解，此种配料的市场价格或营养成分应高于其他配料。本案中，奥康公司认为"橄榄原香"是对产品物理属性的客观描述，并非对某种配料的强调，但从奥康公司销售的金龙鱼牌橄榄原香食用调和油的外包装来看，其标签上以图形、字体、文字说明等方式突出了"橄榄"二字，强调了该食用调和油添加了橄榄油的配料，且在吊牌(食品标签的组成部分)上有"添加了来自意大利的 100% 特级初榨橄榄油"等文字叙述，显而易见地向消费者强调该产品添加了橄榄油的配料，该做法本身实际上就是强调"橄榄"在该产品中的价值和特性。一般来说，橄榄油的市场价格或营养作用均高于一般的大豆油、菜籽油等，因此，如在食用调和油中添加了橄榄油，可以认定橄榄油是"有价值、有特性的配料"。因此，奥康公司未标示橄榄油的添加量，属于违反食品安全标准的行为，东台工商局所作的行政处罚决定具有事实和法律依据。

第三节　行政强制

【案例导入】

姚某诉长沙市岳麓区洋湖街道办事处行政强制案

姚某在长沙市岳麓区洋湖街道湘坪社区半月巷(原坪塘镇坪塘社区半月巷)有一处主体房屋。2002 年之后，姚某在其主体房屋上加建了一层砖混结构建(构)筑物，加建面积为 97 平方米。姚某未提供其在主体房屋上加建部分的相关行政审批手续。2014 年 10 月 19 日，长沙市城乡规划局岳麓区分局依法认定姚某在其主体房屋上加建的一层砖混结构建(构)筑物未办理《建设工程规划许可证》，“系违法建设工程。该违法建筑位于长沙市潇湘大道南延线二、三段项目红线范围内，无法采取改正措施消除影响，不能补办《建设工程规划许可证》”，并作出处理意见(《关于对长综规字岳(2014)第 63 号建(构)筑物专业意见的复函》)。2014 年 10 月 24 日，岳麓区城市管理综合执法大队作出长综罚字岳 20(2014)第 53 号《岳麓区城市管理综合执法大队行政处罚决定书》，责令姚某限期 3 日内自行拆除其在主体房屋上加建的一层砖混结构建(构)筑物(违法建筑面积为 97 平方米)。2014 年 11 月 10 日，岳麓区洋湖街道办事处组织人员对姚某加建的该建(构)筑物进行了拆除。姚某认为强制拆除房屋的行为违法，遂诉至法院。

问：本案中岳麓区洋湖街道办事处采取的强制拆除房屋的行为是否合法?

一、行政强制的含义与特征

行政强制是行政机关根据法律、法规的规定，对违反法律、法规的规定或者不履行行政机关依法为其设定的特定行政义务的行政相对人所采取的，通过一定的强制力迫使行政相对人遵守行政管理规范、履行法定义务或者实现特定的行政效果的行为。包含了暂时性的行政强制措施和行政强制执行。

行政强制的特征有：

第一，行政强制的目标是保证社会安全，保护公民的人身权和财产权，维护正常的社会秩序。

第二，行政强制的对象是不履行法定义务的行政相对人，或者对社会秩序和他人人身安全有危害或正处于危险状态下的行政相对人，并不是针对所有的违法者。

第三，行政强制的实施主体是严格限制的，只能是行政机关或人民法院。

二、行政强制的分类

(一)行政强制措施

1. 行政强制措施的含义与特征

行政强制措施是指行政机关在行政管理过程中，为制止违法行为、防止证据损毁、避免危害发生、控制危险扩大等情形，依法对公民的人身自由实施暂时性限制，或者对公民、法人或者其他组织的财物实施暂时性控制的行为。其特征包括：一是临时性，行政强制措施是临时性的措施，危险状态一旦结束，行政机关必须立即解除行政强制措施；二是强制性，行政强制措施具有强制力，行政相对人负有容忍的义务；三是直接性，行政机关对于危害公共安全等行为可以直接采取强制措施；四是限权性，行政强制措施是对行政相对人权利的限制。

2. 行政强制措施的分类

第一，即时性强制措施。即时性强制措施是行政机关在紧急情况下，来不及作出具体行政行为时，为排除妨碍、消除危险而直接对行政相对人的财产、人身或行为采取的措施。例如，强制带离现场、盘问、约束、扣留等。

第二，执行性强制措施。又称为行政强制执行措施，是行政机关针对不履行具体行政行为所确定的义务的行政相对人而采取的措施，目的是督促其履行义务或者达到与履行义务相同的状态。例如，查封、扣押，划拨、冻结等。

第三，一般性强制措施。这类强制措施主要是行政机关为了保证管理工作，或者查明情况，或者预防、制止危害社会的行为等，而对行政相对人的人身、财产采取的措施。主要有以下几种形式：强制检查、强制戒毒、强制传唤与讯问、查封、扣押、冻结、隔离治疗、强行约束等。

(二)行政强制执行

1. 行政强制执行的含义与特征

行政强制执行是指行政机关或者行政机关申请人民法院，对不履行具体行政行为所确定的义务的公民、法人或者其他组织，依法强制其履行义务的行为。一般来说，行政强制执行具有以下特征：

第一，行政强制执行是以行政相对人不履行行政法上的义务为前提的。行政相对人必须是负有行政法上的义务，不管是作为还是不作为义务，而且还必须行政相对人拒不履行义务时，才能导致行政强制执行的启动。

第二，行政强制执行的对象广泛。行政强制执行的对象不仅可以是物，如，划拨银行存款；也可以是行为，如专利强制许可；还可以是人，如行政拘留。

第三，行政强制执行的主体具有特定性，主要是法律授权的行政机关或者人民法院。行政机关只有依照法律的授权才能享有强制执行权；法律没有规定行政机关强制执行的，作出行政决定的行政机关应当申请人民法院强制执行。

第四，行政强制执行具有执行性，其目的是迫使行政相对人履行行政法上的义务，或直接实现行政法上的义务内容，而不是预防、制止等管理性的强制。

2. 行政强制执行的分类

行政强制执行分为间接强制执行和直接强制执行。

(1)间接强制执行

间接强制执行是指行政机关通过间接的方式使义务人履行义务或达到履行义务的状态的行为，主要包括代执行和执行罚。

第一，代执行，又称为代履行，行政强制执行机关自行或者请他人代替义务人履行义务，再由义务人支付代为履行的费用。代执行必须具备以下几个条件才可适用：其一，义务人在法定期间内不履行法定义务；其二，代执行只能适用于可以代替的义务，不涉及人身义务；其三，代执行的主体必须是行政强制执行主体或其指定的第三人。

第二，执行罚，又称为强制金，指对拒不履行义务、而该义务又不能代履行的，行政强制机关通过课以义务人一定的金钱给付义务，以促使其履行义务的强制执行方式。执行罚适用的条件是：其一，义务人不履行法定义务；其二，义务人不履行的义务属于不作为义务或者不可代替的作为义务。

(2)直接强制执行

直接强制执行是指行政强制执行机关对不履行法定义务的行政相对人直接采取对其身体或财产的强制，以达到义务履行的状态的方式。直接强制执行具有比较严格的条件限制：其一，直接强制执行必须采取行政强制执行方式中损害最小的方式，不能给义务人的人身和财产造成超过其应承担的义务损害；其二，直接强制执行的主体必须是法律明确授权的；其三，直接强制执行应当是在穷尽其他的强制执行方式之后，且不能采取间接强制执行的情况下才可适用。

直接强制执行按对象不同一般可以分为 3 类：对人身的强制执行，如强制拘留、强制传唤等；对财物的强制执行，如强制拍卖、强制划拨等；对行为的强制执行，如强制许可、强制从事劳动等。

三、行政强制的设定权

(一)行政强制措施的设定权

法律可以设定任何种类的行政强制措施。

行政法规在法律尚未规定且属于国务院行政管理职权事项的范围内，可以设定除限制公民人身自由、冻结存款汇款和应当由法律规定的行政强制措施以外的其他行政强制措施。

地方性法规在法律、行政法规尚未规定且属于地方性事务的范围内，可以设定查封场所、设施或者财物以及扣押财物的行政强制措施。

法律、法规以外的规章、其他规范性文件不得设定行政强制措施。

(二)行政强制执行的设定权

行政强制执行只能由法律设定，法规、规章以及其他规范性文件不得创设。

四、行政强制的实施程序

(一)行政强制措施的实施程序

1. 一般规定

行政机关实施行政强制措施一般应遵循下列程序：第一，行政强制措施的启动必须向行政机关负责人书面或口头报告并批准，当场采取的强制措施，应当在事后立即报告；第二，执法时应出示身份证件，不得少于两人执法；第三，当场告知当事人采取强制措施的理由、依据和救济途径及当事人享有的权利；第四，执法过程中听取当事人的申辩和陈述；第五，实施查封、扣押的，制作清单，一式两份，由当事人和行政机关分别保管；第六，制作现场笔录，并由当事人、见证人和执法人签名或盖章，当事人不在现场或当事人、见证人拒绝签字或盖章的，应在笔录中注明；第七，法律、法规另有规定的除外。

2. 即时强制的特定程序

对于当场实施行政强制措施的，行政执法人员应在24小时内补办相关手续，在交通不便或者水上采取的措施，应在返回之后2日内补办相关手续。

3. 限制人身自由的特定程序

对于限制公民人身自由的强制措施，除了适用上述一般规定以外，还需要遵循以下程序：第一，当场告知或者实施行政强制措施后立即通知当事人家属实施行政强制措施的行政机关、地点和期限；第二，在紧急情况下当场实施行政强制措施的，在返回行政机关后，立即向行政机关负责人报告并补办批准手续；第三，法律规定的其他程序。

（二）行政强制执行的实施程序

1. 行政机关强制执行的实施程序

第一，行政强制执行决定的作出。行政强制执行决定是采取强制执行的直接依据，也是行政强制执行程序的首要环节。行政强制执行决定作出前行政机关应当对当事人逾期不履行义务的情况进行调查，了解其主观上有无故意、是不是行政机关自身的原因导致的无法履行等。通常行政强制执行决定以书面的形式公布，内容包括采取强制执行的事实和法律依据、执行人员和执行时间、执行方式和当事人救济的途径等。

第二，对义务人进行告诫。告诫是指当义务人逾期不履行义务时，行政机关应当通知义务人，催促其自动履行义务的一种措施。告诫是行政强制执行中的必经阶段，法律另有规定的除外。未履行告诫义务或者告诫期未满而采取强制执行的，构成程序违法。告诫必须以书面的形式进行，内容包含义务人应当履行的义务和期限、不履行的法律后果、告诫的日期等。

第三，执行决定。告诫期满以后，义务人仍然不履行行政机关依法作出行政行为所规定的义务，在这种情况下，行政机关就可以执行行政强制执行决定。执行步骤包括：出示执法身份证件，出示执行依据，说明有关情况，义务人不在场时邀请公民的亲属或单位人员到场作见证人，见证人有证明情况和在有关记录文件上签字的义务，强制执行结束后，执行人员应作出执行记录，有执行费用的还应征收费用。

2. 人民法院强制执行的程序

第一，行政机关提出申请。人民法院实施强制执行的前提是行政机关的申请，无申请则不能执行，行政机关向人民法院申请时，应提供以下材料：强制执行申请书；行政机关的行政决定书及作出决定的事实、理由和法定依据；当事人的意见和行政机关的催告；申请执行的标的；申请执行的期限；行政负责人的签名及印章和日期等。

第二，人民法院进行审查并作出相应裁定。人民法院在收到行政机关的申请书之后，应从法律和事实等方面进行审查：是否明显缺乏事实根据，是否明显缺乏法律、法规依据，是否存在其他明显违法并损害被执行人合法权益的情形。经审查如果不存在前述情形，执行申请程序也符合相关规定，人民法院应当作出准予执行的裁定；否则，作出不予执行的裁定。

第三，人民法院强制执行。人民法院作出执行决定之后，应当向当事人发出强制执行的通知，督促义务人履行义务，如果义务人仍然不履行，人民法院则强制执行。

【引例分析】

前引案例中，岳麓区城市管理综合执法大队于2014年10月24日作出长综罚字岳20(2014)第53号《岳麓区城市管理综合执法大队行政处罚决定书》，责令原告限期三日内自行拆除其在主体房屋上加建的一层砖混结构建(构)筑物(违法建筑面积为97平方米)。在姚某逾期不拆除的情形下，只能由岳麓区城管执法大队报请长沙市岳麓区人民政府决定，依法组织强制拆除。岳麓区洋湖街道办事处在没有法律明确授权的情况下于2014年11月10日对原告的上述违法建(构)筑物予以强制拆除，系超越职权的行为，违反了《行政强制法》的相关规定，不合法。

第四节　行政征收

【案例导入】

李某诉澧县国土资源局土地行政征收案

李某是澧县澧阳镇护城8组的村民，2006年4月在原宅基地翻建平房，建筑面积309平方米。2013年9月22日，澧县发展和改革局作出了澧发改投(2013)97号《关于核准新建澧县澧州实验学校项目的批复》。2014年1月23日，澧县规划局作出了建规(选择)字第4307233201400001号《建设项目选址意见书》。2014年6月5日，湖南省人民政府作出了“978批单”，批准征收护城、群星社区居委会集体土地120亩，建设澧州实验学校。2014年6月10日，澧县人民政府作出了澧政征土字(2014)8号征收土地公告，并在征用土地范围内张贴；2014年6月23日，澧县国土局作出了澧国土拟补字(2014)9号拟征收补偿安置方案公告，并在征收土地范围内张贴。2014年7月4日，澧县人民政府作出了澧政函(2014)43号关于同意征地补偿安置方案的批复，同日澧县国土局作出了澧国土征补字(2014)11号征地补偿安置方案公告，在征收土地范围内张贴。2014年5月7日，澧县国土局工作人员对李某所有的地上物进行了实地丈量，并邀请村干部刘某在场见证，李某没有在征地拆迁补偿调查登记明细表上签名。2014年7月8日，澧县国土局作出了澧国土资通字(2014)第5006号核对征地拆迁补偿内容、补偿金额及签订补偿协议通知书，依法向李某进行了送达，李某因拒绝签收而留置送达，并有居委会干部冯某、郭某签字见证。2014 年 7 月 21 日，澧县国土局作出了澧国土资通字(2014)第 5106 号领取补偿通知，并依法向李某进行了送达，李某因拒绝签收而留置送达，有居委会干部冯某、郭某签字见证。2014 年 8 月 14 日，澧县国土局作出了澧国土资告字(2014)第 12 号《责令限期交出土地告知书》，依法向李某进行了送达，李某因拒绝签收而留置送达，由居委会干部冯某、郭某签字见证。2014 年 8 月 20 日，澧县国土局作出了澧国土资交字(2014)第 12 号责令限期交出土地决定书，依法向李某进行了送达，因李某拒绝签收而留置送达，有居委会干部冯某、郭某签字见证，李某接到责令限期交出土地决定书后，向澧县人民政府申请行政复议。2014 年 9 月 11 日，澧县人民政府作出了澧政复决字(2014)11 号行政复议决定书，该复议决定根据《中华人民共和国行政复议法》第 28 条第一项第(一)款规定，决定维持澧县国土局作出的澧国土资告字(2014)第 12 号《责令限期交出土地告知书》。李某不服，于 2014 年 10 月 21 日，向法院提起行政诉讼。

问：本案中行政征收行为的程序是否合法?

一、行政征收概述

(一)行政征收的含义与特征

行政征收是指行政机关根据法律、法规的规定，基于公共利益的目的，以国家强制力为后盾，从公民、法人或其他组织处有偿或无偿获取财产权(金钱、有形财产、无形财产等)的行政行为。

行政征收的特征主要有：

第一，法定性。行政征收直接关涉行政相对人的基本权利即财产权，为了保证行政相对人的基本权利不受行政机关的肆意侵犯，必须确立行政征收法定原则。行政机关进行行政征收必须有法律法规依据，并严格按照法定的权限、幅度、程序等进行征收。

第二，强制性。行政征收是国家的一种强制行为，只要是基于公共利益的需要，行政机关依法作出的征收决定行政相对人必须服从。

(二)行政征收与行政没收的区别

第一，发生的前提不同。行政征收以行政相对人对公共利益所负的、法律规定的特定义务为前提；而行政没收以行政相对人违反了行政法律规范为前提。

第二，所针对的行政相对人的财物的性质不同。行政征收针对的是行政相对人的合法财产；而行政没收针对的是行政相对人的违法所得和非法财物。

第三，是否获得补偿不完全相同。除了税费等的无偿征收外，行政机关对行政相对人其他财产进行征收都必须是有偿的；行政没收则不存在补偿问题。

二、行政征收的分类

行政征收分为有偿征收和无偿征收。

1. 有偿征收

有偿征收是指国家在依法获得行政相对人的财产权时必须给其相应补偿的征收。在我国，对于不动产的征收多是有偿征收，如土地征收，房屋征收等。土地征收主要指国家根据公共利益的需要，依法将农村集体所有的土地转化为国有土地，并依法给予被征地的农村集体组织和被征地的农民以合理补偿和妥善安置的行为。房屋征收主要指国家根据公共利益的需要对国有土地上公民依法拥有的房屋进行征收并给予相应补偿的行为。我国《宪法》《物权法》《土地管理法》《城市房地产管理法》等都规定了有偿征收。

2. 无偿征收

无偿征收是指国家依法获得行政相对人的财产权而不给予任何补偿的征收。主要包括行政收费和行政征税。

(1)行政收费

行政收费是指行政机关依法为行政相对人提供一定的公益服务，或者授予其国家资源和资金的使用权，而收取相关费用的行为。主要包括：资源费征收(一般指因自然资源的开发而引起的收费，如矿产的开采等)、排污费征收、管理费征收、建设资金征收(如养路费)。

(2)行政征税

行政征税是税务机关为实现国家的社会经济目标，依法以强制的、无偿的方式征收纳税义务人税款的行为。在我国，征税权只能由特定的行政机关行使，即税务机关和海关，海关一般负责涉外征税，税务机关一般负责内税征收。行政征税具有强制性、无偿性和法定性特点。

三、行政征收的程序

(一)有偿征收的程序

迄今为止，我国并未就有偿征收制定统一的程序，相关规定散见于《土地管理法》《城市房地产管理法》等法律中。以《土地管理法》及相关法规中规定的农村集体土地征收为例，行政机关进行有偿征收一般要遵循以下程序：

第一，征地相关方案报批。市、县人民政府按照土地利用年度计划拟订农用地转用方案、补充耕地方案、征用土地方案，分批次逐级上报有批准权的人民政府批准。

第二，征地公告。征用土地方案经依法批准后，由被征用土地所在地的市、县人民政府组织实施，并将批准征地机关、批准文号、征用土地的用途、范围、面积以及征地补偿标准、农业人员安置办法和办理征地补偿的期限等，在被征用土地所在地的乡（镇）、村予以公告。

第三，补偿登记。被征收土地的所有权人、使用权人应当在行政机关公告规定的期限内，持土地权属证书到公告指定的人民政府土地行政主管部门办理征地补偿登记。

第四，征地补偿方案的拟订与公告。市、县人民政府土地行政主管部门根据经批准的征收土地方案，会同有关部门拟订征地补偿、安置方案，在被征收土地所在地的乡（镇）、村予以公告，听取被征收土地的农村集体经济组织和农民的意见。征地补偿、安置方案报市、县人民政府批准后，由市、县人民政府土地行政主管部门组织实施。

第五，征地补偿争议的处理。农村集体经济组织和农民对补偿标准有争议的，由县级以上地方人民政府协调；协调不成的，由批准征收土地的人民政府裁决。对裁决不服的，可以提起行政复议或行政诉讼。

（二）无偿征收的程序

以行政征税为例，行政机关进行无偿征收一般要经过以下程序：

第一，行政征收事项登记。凡是有纳税义务的公民、法人或者组织尤其是企事业单位都应向征税机关进行征收事项的登记。目的是为国家的征收管理工作积累资料，确保征税机关掌握应征收的款源。

第二，缴纳鉴定。主要是征税机关对缴纳主体应纳税款项的种类、比率、缴纳环节和缴纳方式等的鉴定。

第三，缴纳申报。缴纳义务主体应按期向征税机关申报纳税事项。

第四，款项征收。款项征收是行政征税的最后一个环节，是指征税机关将应征的税和费等各种事项，及时的、足额的收齐，并及时上交国库。

【引例分析】

前引案例中，澧县国土局是依法享有土地征收主体资格的行政机关，在依法征收李某所使用的土地和地上物的过程中，严格依照湖南省人民政府“978 批单”所批准的范围进行征收土地的工作。澧县人民政府于 2014 年 6 月 10 日作出《征收土地公告》，公告了具体征地的范围及登记日期等内容。澧县国土局于 2014 年

6月23日、7月4日分别作出了拟征地补偿安置方案公告、征地补偿安置方案公告，并在征地范围内进行了张贴。澧县国土局于2014年7月8日、7月21日分别将补偿金额及签订补偿协议通知书和领取补偿通知书送达给了李某。2014年8月14日和8月20日，澧县国土局又分别将《责令限期交出土地告知书》和《责令限期交出土地决定书》送达给李某。李某虽未在送达文书上签名，但澧县国土局工作人员在送达文书时，邀请了当地居委会的干部到场见证，该送达符合法律规定的送达方式。综上，本案中的行政征收行为程序合法。

【思考题】

1. 简述行政处罚的含义与特征。
2. 简述行政处罚设定权的分配。
3. 行政处罚听证程序的适用有哪些?
4. 行政处罚简易程序的适用条件有哪些?
5. 简述行政强制设定权的分配。
6. 简述行政强制执行的种类。
7. 行政强制措施有哪些?
8. 简述行政征收的含义与特征。
9. 简答行政征收与行政没收的区别。

【案例题】

卢某诉淳安县规划局规划行政处罚案

淳安县千岛湖镇东庄村因千岛湖镇撤村建居的需要而被确定为征收范围，卢某系该村村民，其集体土地上的房屋在征收之列。2014年2月，淳安县规划局对在东庄村浪达岭141号旁已建成的一处猪圈10.94平方米和一处厨房19.8平方米进行审查后，认定系卢某户未取得审批的建筑。同年3月4日，县规划局作出《责令(限期)拆除决定书》，认定该三处建筑未办理过审批手续而属违法建筑，限卢某在2014年3月8日前自行拆除违法建筑，逾期不拆除的，依法先行强制拆除。同年5月23日，涉案房屋被强制拆除。卢某不服县规划局作出的决定而提起行政复议。经杭州市城市管理行政执法局复议后，于2014年7月4日作出杭城法复决字[2014]第17号行政复议决定书，维持了县规划局作出的《责令(限期)拆除决定书》。卢某不服而诉请法院确认县规划局作出《责令(限期)拆除决定书》的行政行为违法并予撤销。

问：县规划局作出的《责令(限期)拆除决定书》的行为是否合法?

分析提示：

本案的关键之处在于分析县规划局作出的《责令(限期)拆除决定书》是行政

处罚还是行政命令，根据《土地管理法》第 83 条、《城乡规划法》第 64 条等相关规定，“责令限期拆除”具有制裁性和惩罚性，属于行政处罚，本案中规划局作出的决定书应遵行行政处罚的法定程序。根据《行政处罚法》第 31、第 32、第 41 条等规定，淳安县规划局作出《责令(限期)拆除决定书》的行为很明显没有遵循行政处罚的法定程序，不合法。

第七章　依申请的具体行政(法律)行为

【本章重点】

(1)行政许可是指在法律规范一般禁止的情况下，行政主体应行政相对人的申请，通过颁发许可证、执照等形式，依法赋予行政相对人从事某种活动或实施某种行为的权利和资格的具体行政行为。行政许可是依申请的行政行为，根据不同的标准可以分为不同的类型。

(2)行政确认是指行政主体依法对行政相对人的法律地位(法律关系)或有关法律事实进行甄别，给予确定、认可、证明并予以宣告的具体行政行为。行政主体不予确认，并不意味着行政相对人所作的相关行为一定违法。行政确认只是对行政相对人的相关权益给予更有力的法律保障而已。

(3)行政给付是指行政主体在公民年老、疾病或者丧失劳动能力情况下，以及失业、下岗等特殊情况下，依据申请人申请，依照有关的规定，给予其一定物质的帮助或者与物质有关的权益帮助的具体行政行为。行政给付的对象是特定的行政相对人，给付的内容主要是物质帮助，一般不涉及精神层面。

(4)行政奖励是指行政主体依照法定条件和程序，对为国家和社会作出重大贡献或模范地遵纪守法的单位和个人，给予物质或精神等方面奖励的具体行政行为。行政奖励的目的是表彰、激励、引导公众行为，调动、激发公众的创造性与积极性，奖励的内容不仅包括物质奖励，还包含精神方面的奖励。

(5)行政裁决是指行政主体依照法律规范的授权，对平等主体之间发生的、与行政管理活动密切相关的、与合同无关的民事纠纷进行审查并作出裁决的具体行政行为。行政裁决的种类包括损害赔偿裁决、权属纠纷裁决和侵权纠纷裁决。

第一节 行政许可

【案例导入】

衢州市新时空广告有限公司诉衢州市规划局行政许可案

2014 年 11 月 27 日，衢州市新时空广告有限公司向衢州市规划局递交户外广告申请及相关资料，要求在 G60 沪昆高速公路(杭金衢)沿柯城区沟溪乡、航埠镇路段设置 8 处高炮广告牌。规划局于同年 12 月 3 日受理新时空广告有限公司申请后，经审查，认为新时空广告有限公司申请的户外广告固定设施建设用地未落入相关户外广告专项规划，规划许可缺乏依据。根据《浙江省城乡规划条例》第 27 条、《浙江省广告管理条例》第 27 条的规定，于 12 月 5 日作出了衢规许不予字(2014)第 7 号不予行政许可的决定，并送达新时空广告有限公司。新时空广告有限公司不服，于 2015 年 3 月 5 日向法院提起行政诉讼。

问：规划局作出不予行政许可的行为是否合法?

一、行政许可概述

(一)行政许可的含义与特征

《中华人民共和国行政许可法》(以下简称《行政许可法》)由第十届全国人民代表大会常务委员会第四次会议于 2003 年 8 月 27 日通过，自 2004 年 7 月 1 日起施行。《行政许可法》的颁布、施行对于规范行政审批和行政许可，保护公民、法人和其他组织的合法权益，监督行政机关有着积极的意义。根据《行政许可法》第 2 条规定，可以将行政许可的概念界定为：在法律规范一般禁止的情况下，行政机关应行政相对人的申请，通过颁发许可证、执照等形式，依法赋予行政相对人从事某种活动或实施某种行为的权利和资格的行为。根据这一定义，可以将行政许可的特征归结为以下几点：

第一，行政许可的前提是法律一般禁止，是有限设禁和解禁的行政行为。行政许可存在的前提是法律规范的一般禁止，以个别解禁为行为内容。行政许可的设定就是对法律一般禁止事项的判断过程，对符合条件和具备资格的对象的解禁，使其享有特定的资格或权利，能够实施某项特定的行为。譬如，营业执照，国家出于规范市场经济秩序，保护消费者权益考虑，在领取营业执照领域实行一般禁止，对于审核符合标准的个人、组织，颁发相应的营业执照，赋予其营业的资格。也就是说，行政许可针对的是法律一般禁止事项，对于符合条件的个体在相关领域的解禁，如果没有一般禁止，也就无所谓行政许可了。

第二，行政许可针对的是外部行政相对人，属依申请的行政行为。行政许可产生的另一前提就是行政相对人的申请，而且根据《行政许可法》第3条第2款的规定，行政机关内部之间的人、财、物等事项的审批属于内部管理行为，不适用本法，也就是说，行政许可的对象必须是外部的行政相对人。行政机关根据行政相对人的申请条件，对于符合法律、法规、规章要求的行政相对人颁发相应的许可证或执照，赋予其实施某种行为的资格或权利。值得注意的是，行政机关不能主动地赋予行政相对人某种资格或权利，对行政机关而言是一种被动的职权，与行政处罚等主动职权还是有明显的不同。

第三，行政许可是授益行政行为，赋予行政相对人从事某种活动或实施某种行为的资格或权利。从行政许可的定义可以看出，行政许可的前提是法律一般禁止，也就是对法律禁止的解禁过程，行政机关依据行政相对人的申请，对符合条件的行政相对人颁发相应的许可证，赋予其从事某种活动或实施某种行为的资格或权利，也就意味赋予行政相对人某种“特权”。与行政处罚、行政强制不同，行政许可并不是课以行政相对人义务或惩罚，而是免除了行政相对人某种不作为的义务，赋予行政相对人某种“特权”，从这个层面说，行政许可是授益的行政行为。

第四，行政许可是一种采用颁发许可证、执照等形式的要式行政行为。行政许可是一种依申请的行政行为，行政相对人的申请必须以书面形式提出，而行政许可赋予行政相对人某种法律资格或权利，也要求以书面形式，在现实生活中常见的是许可证或执照。

(二)行政许可与行政审批的区分

第一，行政许可是一个行政法学的概念，更多的是在法律意义上使用；行政审批是一种行政管理学上的概念，更多的是在行政管理意义上使用。日常用语中，行政审批的适用范围比较广，既包括行政许可，也包括行政系统内部的批准、核准等行为。

第二，行政许可是一种外部行政行为，行政法上使用的“行政审批”应限于行政系统内部的批准、核准等行为，属内部行政行为。

第三，行政许可与行政审批的救济途径不同。行政许可是一种外部行政行为，行政相对人对于行政许可行为不服的，可以提起行政复议或行政诉讼；而行政审批是内部行政行为，不能提出行政诉讼或复议，一般是采取申诉的方式。

二、行政许可的分类

(一)一般许可与特别许可

以许可的范围为标准，可以将行政许可分为一般许可和特殊许可。一般许可主要是针对没有特殊限制领域对行政相对人直接发放许可证，通常没有数量限制，比如申请驾驶执照等。特别许可是指除了符合一般许可的条件，对申请人还规定有特别的限制，譬如海域使用许可、无线电频率许可就是典型的特别许可。特别许可的功能主要是分配稀缺资源，通常有数量控制。

(二)排他性许可与非排他性许可

以许可的排他性为标准，可以将行政许可分为排他性许可与非排他性许可。排他性许可又称为独占许可，顾名思义，就是指行政相对人在获得某种行政许可后，其他行政相对人不得再获得该项许可，典型例子就是商标许可，具有排他性。非排他性许可又称为共存许可，是指只要是符合法定条件的行政相对人都能获得许可，实践中的许可大部分是非排他性许可。

(三)行为许可与资格许可

以许可的内容为标准，可以将行政许可分为行为许可和资格许可。行为许可主要是针对申请人从事某项活动的许可，在内容仅限于许可被许可人进行某项活动，无需对申请人的资格权能进行审核。资格许可是行政机关依据行政相对人的申请，经过一定考核程序，对于符合要求的申请人，颁发一定的证明文书，赋予其相关的资格或具备某种能力的许可，如会计从业资格，律师从业资格等。一般来说，资格许可中同时蕴含了对申请人的行为许可。

(四)立法上的分类

在实定法上，《行政许可法》将行政许可划分为一般许可、特许、认可、核准、登记五类，并针对不同许可的特点规定了不同的特别程序。

1. 一般许可

一般许可是指行政机关在没有特殊限制领域，依行政相对人申请，经法定程序的审核之后，对于符合条件的申请人颁发许可证或执照。也就是说，申请人只要符合法定条件，行政机关就应当依法作出准予行政许可的书面决定，譬如营业执照等。《行政许可法》第 12 条第 1 项规定了一般许可的适用范围：直接涉及国家安全、公共安全、经济宏观调控、生态环境保护以及直接关系人身健康、生命财产安全等特定活动，需要按照法定条件予以批准的事项。

2. 特许

国家或行政机关基于社会、经济等公共事务的需要，将本来属于国家或行政机关的权力直接赋予行政相对人，是谓特许。《行政许可法》第12条第2项对特许的适用范围作了原则性的规定："有限自然资源开发利用、公共资源配置以及直接关系公共利益的特定行业的市场准入等，需要赋予特定权利的事项。"

3. 认可

认可主要是行政机关对申请人某方面技能的认定，譬如国家举行相关的考试，对于成绩合格者作出认定，赋予合格者从事某种活动的资格、资质。《行政许可法》第12条第3项对认可的适用范围作了规定："提供公众服务并且直接关系公共利益的职业、行业，需要确定具备特殊信誉、特殊条件或者特殊技能等资格、资质的事项。"由此可以看出，认可的主要功能是为了促进从业者提高水平或者某方面技能、信誉，没有数量限制。

4. 核准

核准是指行政机关对某些事项是否达到特定技术标准、经济技术规范的判断、确定，《行政许可法》第12条第4项对核准的适用范围作出了规定，"直接关系公共安全、人身健康、生命财产安全的重要设备、设施、产品、物品，需要按照技术标准、技术规范，通过检验、检测、检疫等方式进行审定的事项"。核准的功能是为了防止危险、保障安全，没有数量控制，没有经过核准的设备等不得投入使用。

5. 登记

登记是指行政机关确立个人、企业或者其他组织的特定主体资格。依据《行政许可法》第12条第5项和第56条的规定，登记事项没有数量限制，行政机关对申请材料一般进行形式审查，申请人对申请材料的真实性负责，对于符合法定条件的申请材料，行政机关应当当场予以登记。登记主要的功能在于确立申请人的市场主体资格，从而更好地规范市场秩序。

三、行政许可的设定

(一)行政许可的设定范围

《行政许可法》第12条对行政许可的范围作出了明确的规定，以下事项可以设定行政许可：

(1)直接涉及国家安全、公共安全、经济宏观调控、生态环境保护以及直接关系人身健康、生命财产安全等特定活动，需要按照法定条件予以批准的事项；

(2)有限自然资源开发利用、公共资源配置以及直接关系公共利益的特定行业的市场准入等，需要赋予特定权利的事项；

(3)提供公众服务并且直接关系公共利益的职业、行业，需要确定具备特殊信誉、特殊条件或者特殊技能等资格、资质的事项；

(4)直接关系公共安全、人身健康、生命财产安全的重要设备、设施、产品、物品，需要按照技术标准、技术规范，通过检验、检测、检疫等方式进行审定的事项；

(5)企业或者其他组织的设立等，需要确定主体资格的事项；

(6)法律、行政法规规定可以设定行政许可的其他事项。

同时，在列举上述可以设定行政许可的6类事项的基础上，《行政许可法》第13条确立了行政许可的补充性原则，即上述事项通过下列方式能够予以规范的，可以不设行政许可：

(1)公民、法人或者其他组织能够自主决定的；

(2)市场竞争机制能够有效调节的；

(3)行业组织或者中介机构能够自律管理的；

(4)行政机关采用事后监督等其他行政管理方式能够解决的。

(二)行政许可的设定权分配

1. 法律的设定权

法律可以就《行政许可法》第12条规定的所有事项设定行政许可，不过，法律的设定权也仅限于该第12条所列举的范围，而且必须遵循补充性原则。

2. 行政法规的设定权

《行政许可法》第12条规定的事项中，法律已经设定行政许可的，行政法规只能作具体规定；法律没有规定的事项，行政法规可以依法设定行政许可。

3. 国务院“决定”的设定权

根据《宪法》第89条的规定，国务院可以制定管理经济、文化、社会事务的行政法规以外的规范性文件，称之为国务院决定。《行政许可法》第14条第2款规定：“必要时，国务院可以采用发布决定的方式设定行政许可。实施后，除临时性行政许可事项外，国务院应当及时提请全国人民代表大会及其常务委员会制定法律，或者自行制定行政法规。”国务院“决定”设定行政许可的事项范围与行政法规的设定范围相同，但受到前述条款的限制。

4. 地方性法规的设定权

《行政许可法》第15条第1款规定“尚未制定法律、行政法规的，地方性法规可以设定行政许可”；第16条第2款规定“地方性法规可以在法律、行政法规设定的行政许可事项范围内，对实施该行政许可作出具体规定”。该法同时规定，地方性法规设定行政许可时不得限制其他地区的个人或者企业到本地区从事生产经营和提供服务，不得限制其他地区的商品进入本地区市场。另外，地方性法规不得设定应当由国家统一确定的公民、法人或者其他组织的资格、资质的行政许可和不得设定企业或者其他组织的设立登记及其前置性行政许可。

5. 省级政府规章的设定权

《行政许可法》第 15 条第 1 款规定："尚未制定法律、行政法规和地方性法规的，因行政管理的需要，确需立即实施行政许可的，省、自治区、直辖市人民政府规章可以设定临时性的行政许可。临时性的行政许可实施满一年需要继续实施的，应当提请本级人民代表大会及其常务委员会制定地方性法规。"对省级政规章设定行政许可的其他限制与上述地方性法规相同。

6. 其他规范性文件不得设定行政许可

《行政许可法》第 17 条规定："除本法第 14 条、第 15 条规定的外，其他规范性文件一律不得设定行政许可。"即部门规章、省级以下政府规章和国务院"决定"以外的其他规范性文件等无权设定行政许可，但可以在上位法设定的行政许可事项范围内，对实施该行政许可作出具体规定。

四、行政许可的实施

(一)行政许可的实施主体

1. 法定的享有行政许可权的行政机关

《行政许可法》第 22 条规定："行政许可由具有行政许可权的行政机关在其法定职权范围内实施。"由此可见，行政许可的实施主体一般是法定行政机关。

2. 法律、法规授权的具有管理公共事务职能的组织

《行政许可法》第 23 条规定："法律、法规授权的具有管理公共事务职能的组织，在法定授权范围内，以自己的名义实施行政许可。被授权的组织适用本法有关行政机关的规定。"可见，具有管理公共事务职能组织在法律、法规授权的情况能够以自己的名义，在授权范围内实施行政许可。《行政许可法》第 28 条中也对被授权组织作了限制："对直接关系公共安全、人身健康、生命财产安全的设备、设施、产品、物品的检验、检测、检疫，除法律、行政法规规定由行政机关实施的外，应当逐步由符合法定条件的专业技术组织实施。专业技术组织及其有关人员对所实施的检验、检测、检疫结论承担法律责任。"

3. 受委托的行政机关

《行政许可法》第 24 条规定："行政机关在其法定职权范围内，依照法律、法规、规章的规定，可以委托其他行政机关实施行政许可。委托机关应当将受委托

行政机关和受委托实施行政许可的内容予以公告。委托行政机关对受委托行政机关实施行政许可的行为应当负责监督，并对该行为的后果承担法律责任。受委托行政机关在委托范围内，以委托行政机关名义实施行政许可；不得再委托其他组织或者个人实施行政许可。”可见，行政机关可以接受其他机关的委托实施行政许可，但受委托实施行政许可有着严格的法律限制，比如，委托主体只能在法定职权之内实施委托，委托必须依据法律、法规和规章规定，对被委托机关的行为承担法律后果，被委托机关不得再转委托等。

4. 为相对集中实施行政许可而特设的行政机关

《行政许可法》第25条规定：“经国务院批准，省、自治区、直辖市人民政府根据精简、统一、效能的原则，可以决定一个行政机关行使有关行政机关的行政许可权。”也就是说，经过国务院批准，省、自治区、直辖市人民政府可以决定一个行政机关集中行使行政许可权，将行政许可权集中起来，既提高了行政效率，也方便了行政许可申请人。

（二）行政许可的实施程序

1. 申请

行政许可是已申请的行政行为，无申请则无行政许可，行政许可申请人依法需要取得某种行政许可，应该向行政机关提出申请。申请书必须是书面形式，行政机关应当向申请人提供行政许可申请书格式文本，申请人应当按照文本进行书写，不得包含无关的内容。申请人也可以采取电报、电传、电子数据、邮件等方式提出，或者委托他人提出许可申请，但是对于必须本人亲自到行政机关办公场所提出申请的除外。

2. 受理

行政机关在收到行政许可申请书之后，应当按照法律、法规、规章等规定进行审核，并依法作出如下处理：第一，对于申请事项不需要许可的，及时告知申请人不受理；第二，申请事项不属于本机关职权范围的，不予受理并告知正确的受理行政机关；第三，申请材料错误可以当场改正的，应当允许；第四，申请材料不齐全的，应当场或5日内一次性告知需要补正的内容，逾期不告知的，视为受理；第五，对与符合条件的材料或补正之后齐全的材料，应当受理，并加盖印章和注明日期的书面凭证。

3. 审查与决定

行政机关在收到申请之后，依照法定程序进行审查，对于符合条件的，应当当场作出书面决定。根据法定条件和程序，需要对申请材料的实质内容核实的，行政机关应当指派2名工作人员进行核查，并在法定期限内作出决定。对于应当由下级行政机关先行审查的申请，上级行政机关不得要申请人重新提供申请材料。对于行政许可事项直接关系他人重大利益的，应当告知利害关系人。申请人、利害关系人有权进行陈述和申辩，行政机关应当听取申请人和利害关系人的意见。行政机关对行政许可申请进行审查后，除当场作出行政许可决定，应当在法定期限内按照规定程序作出行政许可决定。行政机关作出准予的行政许可决定应当予以公开，公众有权查阅，不符合条件的申请，应当说明理由，并告知有行政复议和行政诉讼的权利。

4. 听证

行政许可认为需要听证的或者涉及公共利益的重大行政许可事项，应当向社会公布，并举行听证。对于涉及申请人和利害关系人重大利益事项，行政机关应告知申请人和利害关系人有要求听证的权利；申请人或利害关系人在被告知5日之内提出听证申请的，行政机关应在20日内组织听证，不需要承担听证费用。具体听证程序如下：第一，行政机关在7日内将听证的时间，地点等告知申请人、利害关系人，必要时公示；第二，听证应公开；第三，听证会主持人应当是行政许可审查之外人员，申请人或利害关系人有权申请回避；第四，举行听证时，行政机关应当提供相关证据等，申请人、利害关系人可以申辩和质证；第五，听证应制作笔录，并签字盖章。行政机关根据听证笔录作出行政许可决定。

5. 特别规定

实施有关有限自然资源开发利用、公共资源配置以及直接关系公共利益的特定行业的市场准入等方面的行政许可时，行政机关应当通过招标、拍卖等公平竞争的方式作出决定，法律、法规另有规定除外。行政机关按照招标、拍卖程序确定中标人、买受人后，应当作出准予行政许可的决定，并依法向中标人、买受人颁发行政许可证。行政机关不采用招标等方式或者违反招标等程序，损害申请人合法权益的，申请人可以提出行政复议或行政诉讼。

对于有数量限制的行政许可，2个以上申请人的申请符合法定条件的，行政机关应当根据受理行政许可申请先后顺序作出准予行政许可的决定。法律、行政法规另有规定除外。

五、行政许可的撤销与注销

(一)行政许可的撤销

1. 可以撤销的五种情形

具备下列五种情形之一的，作出行政许可决定的行政机关或者其上级行政机关，根据利害关系人的请求或者依据职权，可以撤销行政许可：

(1)行政机关工作人员滥用职权、玩忽职守作出准予行政许可决定的；主要是指行政机关没有按照法定程序和法定条件作出决定。

(2)超越法定职权作出准予行政许可决定的；行政机关必须在法定职权范围作出许可决定，不得超越自己的职权，一般越权的行为无非是越范围、越地域、越级别。

(3)违反法定程序作出准予行政许可决定的；显而易见，没有按照法定程序而作出的许可决定。

(4)对不具备申请资格或者不符合法定条件的申请人准予行政许可的；申请条件和标准只能有法律，法规，规章规定，行政机关不随意更改申请标准或者违法的核准申请材料。

(5)依法可以撤销行政许可的其他情形。

2. 应当撤销的情形

被许可人以欺骗、贿赂等不正当手段取得行政许可的，应当予以撤销，被许可人基于行政许可取得的利益不受保护。但撤销行政许可可能对公共利益造成重大损害的，不予撤销。

(二)行政许可的注销

有下列情形之一的，行政机关应当依法办理有关行政许可的注销手续：

(1)行政许可有效期届满未延续的。行政许可申请人在许可期限届满仍从事该行业，未进行延续，或者其延续申请未被核准或者不属于依法被视为自动延续的，行政机关应当依法注销行政许可。

(2)赋予公民特定资格的行政许可，该公民死亡或者丧失行为能力的。这类许可是基于人身条件作出的许可，是一种资格许可，不能转让和继承。

(3)法人或者其他组织依法终止的。法人和其他组织是许可的载体，既然载体终止了，许可自然应注销。

(4)行政许可依法被撤销、撤回，或者行政许可证件依法被吊销的。行政许可的取得不合法，依法被撤销的；或者取得行政许可的依据被废止或发生重大变化，导致许可被撤回的；或者取得行政许可后从事违法活动被吊销的，此三种情况下，行政许可都需要注销。

(5)因不可抗力导致行政许可事项无法实施的。

(6)法律、法规规定的应当注销行政许可的其他情形。

【引例分析】

前引案例中，《浙江省城乡规划条例》第36条规定在城市、镇规划区内进行建筑物、构筑物、道路、管线以及其他工程建设的，建设单位或者个人应当向城市、县人民政府城乡规划主管部门申请核发建设工程规划许可证。衢政办发

(2011)163号文件关于印发《衢州市规划局主要职责内设机构和人员编制规定》的通知，明确了衢州市规划局是城乡规划行政主管部门，具有负责组织编制城市总体规划、控制性详细规划、专项规划等规划的管理，以及负责城市规划区内建筑物、构筑物等(含大中型户外广告固定设施)规划方案审查和建设工程规划许可证的审查等职能。故衢州市规划局具有设置户外广告固定设施规划行政许可主体资格。本案主要争议的是规划局对新时空的户外广告设置许可申请作出不予许可决定的法律依据问题。《浙江省广告管理条例》第27条第1款规定：设置户外广告，应当符合户外广告的设置规划。户外广告的设置规划和管理办法，由当地县级以上人民政府组织有关部门统一制定。这就表明，户外广告的设置应当以有规划为前提。为此，衢州市人民政府于2013年12月24日，以衢政发(2013)81号文，对衢州市规划局、住建局《关于要求审批〈衢州市户外广告设置规划〉的请示》予以批复，确定了衢州市区户外广告设置规划的范围。而新时空申请设置户外广告的地址，不在《衢州市户外广告设置规划》规定的衢州市城市建设用地范围内。规划局作出不予行政许可的决定，符合法律、法规以及其他规范性文件的规定。

第二节　行政确认

【案例导入】

何某诉永嘉县人力资源和社会保障局工伤认定案

2014年12月26日，第三人杨某向永嘉县人力资源和社会保障局(以下简称人社局)提出工伤认定申请，同日，人社局向第三人送达了工伤认定申请材料补正通知书。12月29日，第三人作为申请人，何某作为被申请人，双方在永嘉县民商事纠纷人民调解委员会的调解下达成调解协议书，该协议书载明："案由：雇员人身损害赔偿纠纷。纠纷概况：2014年5月12日，被申请人何某雇佣申请人杨某从事安装水管工作，当日上午8时30分许，申请人杨某不慎跌落致颅脑受伤……经调解，双方自愿达成如下协议：一、被申请人何某自愿一次性赔偿申请人杨某医疗费、误工费、护理费、营养费、交通费及后续治疗费等共计人民币128000元，已垫付医疗费11万元予以扣除，实际再支付18000元，于协议书生效后当即付清。二、申请人杨某自愿放弃伤残等级评定。三、申请人杨某自愿放弃其他请求。四、本协议书第一项履行后，申请人杨某不再就该事故再行申诉或信访。……"后第三人向人社局补充提供了上述调解协议书和工作出勤记录本，人社局对第三人的工伤认定申请予以受理，并于2015年2月13日向何某送达了

《工伤认定协助调查核实及举证通知书》。此后何某未向人社局提供任何证据材料。人社局于2015年3月5日对第三人进行了调查并制作调查笔录一份。4月15日，人社局作出永人社工认(2015)210号《工伤认定结论通知书》，该通知书载明："何某没有在举证期限内提供任何证据材料证明杨某受伤不属于工伤。根据《工伤保险条例》第19条规定，职工或者其近亲属认为是工伤，用人单位不认为是工伤的，由用人单位承担举证责任。由于何某没有在举证期限内提供任何证据材料证明杨某受伤不属于工伤，所以应承担举证不能的后果。本机关依法对该案件进行了调查核实。经核实：何某于1年前雇佣杨某做安装水管工作，2014年5月12日8时左右，杨某在何某的客户处(黄田后垟路xx号)安装水管时，不慎从安装竹梯上摔下受伤，伤后在温州医科大学附属第二医院治疗，医院诊断：左颞顶急性硬膜外血肿、左颞顶急性硬膜下血肿、脑疝、左颞颅骨缺损。依据上述事实，据《工伤保险条例》第14条第1项规定，认定杨某属因工受伤。"该通知书于4月30日送达何某。何某不服，于6月15日向法院提起行政诉讼，要求撤销人社局于2015年4月15日作出的永人社工认(2015)210号《工伤认定结论通知书》，并责令人社局重新作出认定结论。

问：本案中人社局的工伤认定行为是一种什么性质的行政行为？

一、行政确认概述

(一)行政确认的含义与特征

行政确认是指行政主体依法对行政相对人的法律地位(法律关系)或有关法律事实进行甄别，给予确定、认可、证明并予以宣告的具体行政行为。行政确认具有以下特征：

第一，行政确认的主体是行政机关或被授权组织。

第二，行政确认的内容是认定或否定行政相对人的法律地位(法律关系)或有关法律事实。行政确认是对现有法律事实、行为、权利、资格等的证明，肯定或者否定。

第三，行政确认的效果只是对行政相对人权利义务关系或有关事实的法律上的认可。行政主体不予确认，并不意味着行政相对人所作的相关行为一定违法。行政确认只是对行政相对人的相关权益给予更有力的法律保障而已。

(二)行政确认与行政许可的区别

行政确认与行政许可有以下的区别：

(1)适用的对象不同。行政许可适用的范围是申请人从事某种特定的活动或行为；而行政确认是针对行政相对人的法律地位(法律关系)或有关法律事实。

(2)程序的启动方式不完全相同。行政许可是一种典型的依申请的行政行为，无申请则无许可，行政机关不得主动作出行政许可；行政确认的启动可以是依申请也可以依职权作出，例如交警可以依职权对交通事故责任进行行政确认。

(3)内容上不同。行政许可是一种解禁行为，针对的是法律的一般禁止，赋予的是行政相对人从事某种活动或实施某种行为的权利或资格；而行政确认只是对行政相对人的法律地位(法律关系)或有关法律事实的确认。

(4)法律效果不同。行政相对人获得行政许可后才能从事相关活动、实施相关行为，否则将受到法律制裁；而行政相对人在未获得行政确认的情况下从事相关活动，一般不会受到法律制裁，仅仅只是得不到法律的更有效保护而已。

(5)溯及力不同。行政许可针对的是许可取得之后的行为，不具备溯及既往的效力；而行政确认针对的就是确认之前的事实，具有溯及既往的效力。

二、行政确认的种类

实践中常见的行政确认有以下几种类型：

1. 确定

确定是指行政主体对行政相对人的相关权利义务关系的认定，譬如，房屋产权证、土地使用权证书等，确定行政相对人的所有权。

2. 认可

认可是指行政主体对有关事实、事物的品质与等级等是否符合法律规定的要求或标准进行确认的行为，例如产品质量认证等。

3. 鉴证

鉴证是指行政主体对某种法律关系的合法性予以审查后，确认或者证明其效力的行为。

4. 证明

证明是指行政主体对行政相对人的法律地位(法律关系)或有关法律事实进行的证明行为，例如公安机关出具无犯罪记录证明、居民身份、学历证明等。

5. 登记

登记是指行政主体依据行政相对人的申请，以登记在册的方式确认行政相对人的地位或资格等。常见的有工商登记、结婚登记、离婚登记、户籍登记等。

6. 鉴定

鉴定是指行政主体对行政过程中的专门问题进行检验、鉴别和评定，并作出有法律约束力的结论的行为。一般有伤残等级鉴定、医疗事故鉴定等等。

【引例分析】

前引案例中，人社局的工伤认定属于行政确认。它涉及对相关法律关系和法律事实的确认：一是杨某与何某之间是否存在雇佣劳动关系；二是杨某是否因从事雇佣劳动而受伤。人社局一旦对这两方面进行确认，如果何某没有预先给杨某购买工伤保险，何某就应当对杨某的受伤致损承担支付相关费用的责任。当然，即便没有人社局的工伤认定，何某主动自愿地承担相应责任也未尝不可。

第三节 行政给付

【案例导入】

任某诉巫山县社会保险局行政给付案

任某系第三人职工，第三人为任某申报办理了工伤保险，但自 2014 年 5 月起第三人欠缴工伤保险费用。2013 年 11 月 11 日，任某被重庆市疾病预防控制中心诊断为煤工尘肺壹期。2014 年 7 月 15 日，巫山县人力资源和社会保障局认定任某患煤工尘肺壹期属工伤。2014 年 8 月 28 日，巫山县劳动鉴定委员会评定任某的伤残等级为七级。后任某向巫山县社会保险局提出支付工伤保险待遇的申请，社会保险局收到申请后，经审查，认为第三人欠缴工伤保险费用。根据《重庆市工伤保险实施办法》第 51 条的规定，用人单位应当参加工伤保险而未参加，或少报、漏报参保职工以及未按时足额缴纳工伤保险费的，在 2011 年 1 月 1 日后受伤的工伤人员及工亡职工的供养亲属，按《工伤保险条例》第 62 条规定，在用人单位补缴工伤保险费和滞纳金后的次月起，新发生的除一次性工亡补助金、一次性丧葬补助金和一次性伤残补助金外的应由工伤保险基金支付的工伤保险待遇由工伤保险基金支付。社会保险局认为第三人存在未按时足额缴纳工伤保险费的情形，按前述规定，社会保险局只能针对第三人办理补缴手续后的次月起发生的工伤支付工伤保险待遇。据此，社会保险局于 2014 年 12 月 5 日作出《关于任某申请支付工伤待遇的处理决定书》，决定任某的工伤保险待遇不能从工伤保险基金中支付。

问：社会保险局作出不予行政给付的行为是否合法？

一、行政给付的含义与特征

行政给付有广义和狭义之分，广义上的行政给付又称为给付行政，包括社会保障行政、资助行政和供给行政。狭义的行政给付又称为行政物质帮助，是指行政主体在公民年老、疾病或者丧失劳动能力情况下，以及失业、下岗等特殊情况下，依据申请人申请，依照有关的规定，赋予其一定物质帮助或者与物质有关的权益帮助的具体行政行为。

行政给付具有以下特征：

第一，行政给付是行政主体所作的一种具体行政行为。行政给付是行政主体依据行政相对人的申请而作出的特定的行政行为，这区别于一般的社会或社会组织的物质帮助。

第二，行政给付的对象是特定的行政相对人，包括特定公民和组织。前者指年老、疾病或者丧失劳动能力的公民或者其他遭遇困难、盲聋哑等特定的需要帮助的人群。后者如福利院。

第三，行政给付是依申请的行政行为，紧急情况下的救灾除外。

第四，行政给付的内容是赋予被帮助的人以一定的物质权益或与物质相关的权益。后者如免费入学受教育、享受公费医疗等。

二、行政给付的分类

行政给付包括但不限于以下类型：

1. 抚恤金

抚恤金最为常见，主要是针对特定死者的家属或者伤残人员，一般包括：牺牲、病故人员抚恤金，残疾抚恤金，烈军属、复员退伍军人生活补助费，退伍军人安置费等。

2. 特定人员离退休金

主要是指行政主体给退休职工或者军队离退休干部以及其他退休人员发放离退休金、生活补助费、生活补贴等。

3. 社会救济、福利金

社会救济金是指对生活有困难、没有劳动能力的人群由民政部门给予的物质帮助；福利金是指社会福利院、敬老院等社会福利机构、社会残疾人团体、福利生产单位等给予的经费资助等。

4. 自然灾害救济金和救济物资

主要包括两个方面，其一，生活救济费和救济物资，用于灾民日常吃住，适当扶持灾民生产的自救经费和物资；其二，安置抢救转移费及物质援助，用于紧急情况下的灾民转移、抢救等事项。

三、行政给付的程序

行政给付一般包括以下程序：

(一) 申请

行政给付是依申请的行政行为，除了紧急情况下的救灾行为，大部分都是需要行政相对人向行政主体申请的。行政给付申请应当采取书面形式，行政主体应当提供申请书的文本，申请人须将自己的情况如实陈述，不得弄虚作假。申请人既可以采取邮件、电报、传真等方式申请，也可以委托他人申请，但是对于必须要申请人亲自到行政主体场所提出申请的除外。

(二) 审查

行政主体在收到申请书后，对申请书进行审查，审查的形式包括形式审查和实质审查，必要时，还应进行专业鉴定，或者委托其他专业组织进行鉴定。在审查的过程中，行政主体应该听取申请人以及利害关系人的意见。

(三) 决定与公示

行政主体在审查的基础上，对行政给付申请作出决定，给付决定必须以书面的形式作出，并以合适的方式送达申请人。对于不符合要求的申请，行政主体应当说明理由。行政主体作出决定之后，给付结果应当公示，供公众查阅。

(四) 发放

不同的行政给付类型给付的方式也不尽相同，主要有以下几种发放的形式：第一，定期发放，通常是由被给付本人或所在组织、单位提出申请，行政主体审查之后，符合要求的，以后定期(按月或按年)发放，如伤残抚恤金；第二，一次性发放，通常由被给付人提出，行政主体审查核实之后一次性发放，如丧葬费；第三，临时性发放，可以由被给付本人提出，也可以由所在基层组织提出，行政主体核实之后，可以直接发给本人，也可以经基层单位分发，如自然灾害救济金。

【引例分析】

前引案例中，社会保险局是依法设立的工伤保险经办机构，根据《工伤保险条例》第46条的规定，具有管理工伤保险基金的支出、核定工伤保险待遇的法定职责。工伤保险的立法目的是为了保障因工作遭受事故伤害或者患职业病的职工获得医疗救治和经济补偿，促进工伤预防和职业康复，分散用人单位的工伤风险。任某作为第三人职工，在发生工伤后有权要求工伤保险经办机构支付相应工伤保险待遇。

第三人为任某办理参保且至今在册，并为任某交纳工伤保险费，虽然第三人自2014年5月起欠缴工伤保险费用，但欠缴费用发生在工伤事故之后，不能作为拒付工伤保险待遇的理由，社会保险局应当遵循公平、合理、诚信原则，依法支付任某的工伤保险待遇。社会保险局作出的《关于任某申请支付工伤待遇的处理决定书》是不合法的，应当予以撤销。

第四节　行政奖励

【案例导入】

王某诉德清县安全生产监督管理局行政奖励案

案外人李某系盛立华公司员工。2013年7月27日，因在工作中操作失误导致左手2-5指损伤，缺损。2013年11月26日，王某向德清县安全生产监督管理局举报盛立华公司隐瞒该安全生产事故以及盛立华公司有职业危害因素，同时申请公开上述举报查处情况以及职业健康危害工种是否涵盖电工的结果。2014年1月2日，安全生产监督管理局口头答复王某将不同的举报事项分开。2014年3月11日，王某向安全生产监督管理局提出安全生产举报奖励申请，就其举报盛立华公司瞒报李某受伤一事，申请奖励5000元。2014年3月24日，安全生产监督管理局作出《关于王文书安全生产举报奖励申请的答复》，认为王某反映的事故基本属实，但根据《<生产安全事故报告和调查处理条例>罚款处罚暂行规定》第14条规定，3人以下重伤事故不作为一般事故予以处罚，因此王某的举报行为不属于举报奖励的范围。

问：德清县安全生产监督管理局作出不予行政奖励的行为是否合法？

一、行政奖励的含义与特征

行政奖励是指行政主体依照法定条件和程序，对为国家和社会作出重大贡献或模范地遵纪守法的单位和个人，给予物质或精神等方面奖励的具体行政行为。

行政奖励有以下特征：

第一，行政奖励是依申请或依职权的行政行为。行政奖励并非完全是依申请的行政行为，行政主体可以主动地对为国家和社会作出重大贡献或模范遵纪守法的公民、法人或其他组织，给予物质或精神奖励。

第二，行政奖励是非强制性的。公民、法人或其他组织有权决定是否接受行政奖励。

第三，行政奖励的内容不仅包括物质奖励还有精神奖励。

第四，行政奖励的目的在于表彰先进分子，弘扬社会正气，激发社会正能量。

第五，行政奖励的对象具有广泛性。不仅包括我国的公民、法人或其他组织，还包括外国人或无国籍人，只要符合法律规定要求，都可以成为奖励的对象。

二、行政奖励的分类

行政奖励一般可分为以下几种类型：

(一) 精神性奖励

精神奖励是指以表彰、授予荣誉称号、嘉奖或记功等方式进行的奖励。例如，授予“劳动模范”称号，颁发奖章。

(二) 物质性奖励

物质性奖励是指以给予物品、金钱等方式进行的奖励。例如，发给奖金或各种奖品等。

(三) 优待性奖励

优待性奖励是指给予一定的优惠性政策等。如在就业、晋升等方面给予优惠待遇，优先提供就业机会，破格予以晋升。

三、行政奖励的程序

行政奖励一般包括以下程度：

(一) 申请或推荐

行政奖励的提出有多种方式：一是自行申请。申请人认为自己符合奖励的条件时，可以自己向行政主体提出，一般要求以书面形式；二是民众评选。即在群众评选的基础上确定奖励者的方式；三是推荐。即由单位或个人向行政主体推荐符合奖励条件和标准的人的方式。

(二)审查

行政主体对奖励申请或奖励建议进行审查，审查的内容包括被推荐人或申请人是否具备法律规范所规定的应当给予奖励的条件。

(三)评议与公示

行政主体在审查的基础上，对于符合法定条件的申请人和被推荐人，经过行政主体内部会议评议确定。在评议拟定之后，应当公示，接受公众的监督。

(四)决定与授奖

在公示期间如有公众举报，经查实或存在不应该奖励的情形情况时，应该取消已经拟定的奖励；若在公示期间内没有出现上述情况的，公示期满，正式对外作出奖励决定。授奖一般要采取的一定仪式，颁发奖章证书、奖金。

【引例分析】

前引案例中，关于王某因举报盛立华公司存在瞒报安全事故而要求奖励的诉请，争议焦点在于王某举报的盛立华公司隐瞒李某受伤的事实是否属于《安全生产举报奖励办法》第12条第2项所规定的“对举报瞒报、谎报一般事故的，奖励3000元至5000元”中的一般事故。王某认为，李某受伤属于一般事故，应予以奖励。安全生产监督管理局认为，根据《〈生产安全事故报告和调查处理条例〉罚款处罚暂行规定》第14条“事故发生单位对造成3人以下死亡，或者3人以上10人以下重伤(包括急性工业中毒)，或者300万以上1000万以下直接经济损失的事故负有责任的，处10万元以上20万元以下的罚款”之规定，1人重伤不属于一般事故，故不予奖励。对此，笔者认为，根据《生产安全事故报告和调查处理条例》第3条第4项的规定，“一般事故，是指造成3人以下死亡，或者10人以下重伤，或者1000万元以下直接经济损失的事故”。法律规范中所称的“以上”包括本数，所称的“以下”不包括本数，故本项对“一般事故”的界定包含了有且至少有1人重伤的情形，即只要有1人以上10人以下重伤的情形存在，就属于“一般事故”；《〈生产安全事故报告和调查处理条例〉罚款处罚暂行规定》仅对需要进行处罚的标准进行了细化划分，并未对一般事故的划分进行更改。被告不能据此认为“3人以下重伤事故不作为一般事故”。由此，本案的关键问题应在于李某受伤是否属于重伤。根据司法部、最高人民法院、最高人民检察院、公安部于1990年联合发布的《人体重伤鉴定标准》第2条、第7条，“一手除拇指外，任何3指缺失均超过近侧指间关节”的即构成重伤。本案中李某左手2~5指损伤、缺损，如果缺损的任何3指缺失均超过近侧指间关节，则构成重伤，德清县安全生产监督管理局就应当依法给予王某相应奖励。

第五节　行政裁决

【案例导入】

张某诉彭水县人民政府、彭水县大同镇人民政府林权行政裁决案

张某与艾某均是大同镇大厂村1组村民。1986年落实林地责任制时，艾某之父艾某某取得该组小地名“粮仓后头半边弯”承包林地，确定了四至界址。2006年艾某取得该组小地名“生基坪”承包林地，亦确定了四至界址。1982年7月20日，张某之夫王某与所在集体经济组织签订《买卖房屋契约》，约定将原生产队集体瓦木结构粮仓四间、烤棚等折价1600元出卖给王某，明确了四至界。1990年王某将粮仓、猪圈拆后建成砖混结构房屋一幢。房屋建成前后，张某房屋周围的地形地貌并未改变。1997年，王某在其房屋周围修建围墙。2010年，艾某认为王某修建的围墙建在其林地范围内，因拆除其围墙引发纠纷。2011年5月17日，王某申请原彭水苗族土家族族自治县小厂乡人民政府（以下简称小厂乡政府）对争议林地进行裁决，小厂乡政府于2013年4月10日作出小厂府处(2013)1号处理决定。王某不服，申请复议和提起诉讼，后小厂乡政府自行撤销其处理决定，王某遂撤回起诉。2013年9月17日，张某作为申请人向小厂乡政府提出申请，要求对同一争议林地进行裁决。小厂乡政府于2013年12月更名为大同镇政府。2014年9月2日，大同镇政府作出大同府(2014)1号处理决定，决定内容与小厂府处(2013)1号处理决定一致。张某仍不服，遂提起行政复议和诉讼，在审理过程中，大同镇政府自行撤销其处理决定，张某撤回起诉。2015年3月18日，大同镇政府作出大同府处(2015)1号处理决定，张某不服，申请行政复议，彭水县政府维持该处理决定，张某仍不服提起本案诉讼。

问：本案中所涉行政裁决属于哪一种类型的行政裁决？

一、行政裁决的含义与特征

行政裁决是指行政机关依照法律规范的授权，对平等主体之间发生的、与行政管理活动密切相关的、与合同无关的民事纠纷进行审查并作出裁决的具体行政行为。

行政裁决具有以下特征：

(1)裁决的对象不是所有的民事纠纷，而是与行政管理活动密切相关的特定

的民事纠纷，以法律规范明确规定为依据；也不是行政争议。当然，行政裁决一般是非终局性的，法律保留了法院对行政裁决的结果的司法审查权。

(2)裁决者是法律规范授权的特定的行政机关。主要从两个方面理解：其一，行使裁决权的主体是对与民事纠纷有关的行政事项具有管理职权的行政机关；其二，这样的行政机关也只有经法律明确授权后，才拥有对该类民事纠纷的行政裁决权。

(3)裁决程序依当事人的申请开始。行政裁决程序的启动前提是当事人提出申请，当事人如果没有请求行政机关裁决，行政机关不能主动进行裁决。

(4)裁决结果具有法律效力，不服，可以向法院起诉。行政裁决具有准司法性，裁决是经过严格的法定程序作出的，在法律上具有强制性，一经作出，对双方都有约束力，当事人不服裁决结果的，可以依法申请行政复议或者行政诉讼，当事人不提出异议又不履行裁决的，行政机关可以采取强制措施或申请法院强制执行。

二、行政裁决与相关概念的区别

(一)行政裁决与行政调解的区别

第一，二者裁决的对象不同。行政调解主要是政府及其部门对平等主体间的民事争议所进行的调停、斡旋等解决纠纷的活动，是一种针对行政纠纷的措施；行政裁决针对的是法律规定的特定民事争议。

第二，二者的法律效力不同。行政调解不具有法律强制力，是一种自愿行为，只有经过司法确认之后才具有法律效力；行政裁决是准司法性质的行为，具有法律强制力，对双方都有约束力。

第三，二者救济途径不同。对行政裁决结果不服的，可以依法提起行政复议或者行政诉讼；对行政调解不服的，当事人可以直接就民事争议提起民事诉讼，无需针对行政调解寻求救济。

(二)行政裁决与行政仲裁的区别

第一，从法律后果上看，行政裁决是行政机关运用行政职权的过程，对其作出的裁决不服仍可申请复议或起诉；而行政仲裁则是基于双方当事人的自愿，由专门的行政仲裁机构运用法定的裁决权进行裁决，并非一般行政机关运用行政职权的过程，仲裁裁决通常一裁终局，特定情形下可以诉诸法院。

第二，从裁决机构上看，行政裁决由一般的行政机关进行；而行政仲裁则必须由专门的仲裁机构进行。

三、行政裁决的种类

行政裁决分为以下几类：

（一）确权纠纷裁决

确权纠纷裁决，是指平等主体之间因资源所有权、使用权的归属或行政机关管理的财物而发生争议，行政机关依申请作出的裁决。主要针对土地、草原、矿产等自然资源的争议，也可以发生在房产等非自然资源领域。

（二）侵权纠纷裁决

侵权纠纷裁决，是指一方当事人的民事合法权益遭到另一方侵犯时向有权行政机关提出申请，行政机关依法解决争议并作出的裁决。如，对专利权、商标权的侵权引起的纠纷，分别由专利管理部门和工商行政管理部门进行裁决。

（三）损害赔偿裁决

损害赔偿裁决，是指一方当事人的民事合法权益受到另一方损害引发赔偿问题时，行政机关依当事人申请作出的裁决。此类裁决常见于涉及食品安全、环境安全、医疗卫生、产品质量、社会福利等领域。

【引例分析】

前引案例中的行政裁决既属于确权纠纷裁决，亦属于侵权纠纷裁决，或者说是因为民事侵权行为引发的确权纠纷裁决。张某家与艾某家因为张某家修建围墙引发纠纷，艾某家认为张某家修建的围墙侵占了其林地，自行拆除了张某家的围墙，张某家遂向小厂乡人民政府（后更名为大同镇政府）请求行政裁决。政府进行此类裁决的法律依据是《土地管理法》第16条的规定，即“土地所有权和使用权争议，由当事人协商解决；协商不成的，由人民政府处理。单位之间的争议，由县级以上人民政府处理；个人之间、个人与单位之间的争议，由乡级人民政府或者县级以上人民政府处理。当事人对有关人民政府的处理决定不服的，可以自接到处理决定通知之日起30日内，向人民法院起诉”。

【思考题】

1. 什么是行政许可？
2. 行政许可与行政确认的区别何在？
3. 简述我国行政许可设定权的分配规则。
4. 什么是行政给付？

5. 什么是行政奖励?

6. 什么是行政裁决? 它有哪些类型?

7. 试述行政裁决与行政仲裁的区别。

【案例题】

唐某诉益阳市人力资源和社会保障局行政确认案

2011 年 11 月 7 日,唐某与第三人签订劳动合同,合同期限自 2011 年 11 月 7 日至 2014 年 11 月 30 日止。2013 年 12 月 16 日 18 时 25 分左右,唐某下班后驾驶电动车从单位回家,当行驶至益阳市朝阳高新区东部新区圆山路晨光机器有限公司附近路段时摔倒。唐某受伤后由 120 急救车接入益阳医专附属医院住院救治。经医疗诊断,唐某系外伤性脾破裂、肠系膜破裂并出血、腰尾挫伤、失血性休克、全身多处软组织挫伤并皮肤擦伤、头皮血肿。2014 年 6 月 12 日,唐某向益阳市公安局交通警察支队直属三大队报案,称不知是被其他车辆碰撞电动车摔倒,还是被其他车辆挂到身上的雨衣摔倒,或是自行摔倒,造成本人受伤的事故后果。2014 年 6 月 15 日,益阳市公安局交通警察支队直属三大队受理该案后,依法委托进行了司法鉴定,鉴定结论为电动车未发现明显与其他车辆相接触痕迹,雨衣表面未发现明显被其他车辆碰刮痕迹,说明唐某自行摔倒。针对唐某反映的路面有泥巴和土堆的情况,办案民警进行了事故现场勘查、调查走访后,于 2014 年 7 月 8 日出具了“因当事人相距近半年后报警,该交通事故的证据链无法有效链接,其事故成因无法完整查清”的道路交通事故证明。唐某后来向益阳市人力资源和社会保障局(简称人社局)申请工伤认定。2014 年 12 月 31 日,人社局作出益人社工伤受字(2014)1158 号工伤认定申请受理决定,接收了唐某的申请材料。人社局经审查,认为唐某的伤害不符合《工伤保险条例》第 14 条、第 15 条规定工伤或视同工伤的情形,于 2015 年 2 月 13 日作出益人社工伤认字(2014)1158 号不予认定工伤决定书,不认定唐某为工伤或视同工伤。唐某认为,其伤害符合认定工伤的规定,人社局的不予认定工伤决定没有依据,故于 2015 年 3 月 23 日向法院提出行政诉讼,请求撤销人社局的不予认定工伤决定,责令人社局依法认定自己为工伤。

问:本案中人社局作出不予确认工伤的行为是否合法?

分析提示:本案的焦点是唐某骑车回家摔伤是否属于工伤。根据《工伤保险条例》第 14 条及相关规定,职工在上下班途中,受到非本人主要责任的交通事故或者城市轨道交通、客运轮渡、火车事故伤害的,应当认定为工伤。唐某下班后驾驶电动车从单位回家应属于“在上下班途中”,由此,确定唐某是否构成工伤的关键在于其在交通事故中是否负主要责任。由于唐某在事发半年后才报案,交警已无法明确划分唐某在骑行摔倒事故中的责任。由于事故责任无法明确,人社局将难以认定唐某受伤是否为工伤。

第八章 行政主体实施的其他行为

【本章重点】

(1)行政协议又称行政契约、行政合同,是行政主体为了实现特定的行政管理目标,与公民、法人和其他组织,经过协商,基于双方意思表示一致所达成的协议。

(2)行政事实行为是指行政主体在行政管理过程中运用行政职权作出的,不以设定、变更、消灭行政法律关系为目的的行政行为。

(3)行政指导是指行政主体为实现一定的公共行政目的,在其法定的职权范围内或者依据法律、法规、规章和政策,以指导、劝告、提醒、建议等非强制性方式,引导公民、法人和其他组织作出或者不作出某种行为的活动。

【案例导入】

宋某诉林州市五龙镇政府行政协议案

宋某是林州市五龙镇花地村村民。1998年在五龙镇政府的主持及指导下,花地村对全部荒山承包权进行了拍卖,期限60年。宋某通过竞买取得了荒山的承包权。2003年,按照国家"退耕还林"的政策,将耕地改为林地,并按照国家政策领取退耕还林直补款。其后,宋某陆续在荒山上种植了多种树木。通过多年的辛勤劳动,终于把荒山绿化成林区。后因大型项目盘石头水库的建设,需要整体移民。2007年6月,包括原告在内的原林州市五龙镇花地村理峪自然村村民将户口迁移至浚县黎阳镇管理,浚县安置情况是:人均生活用地80平方米,人均生产用地1亩,2008年完成了整体搬迁,对原理峪自然村的集体林地和荒山未做处理。2009年4月13日,五龙镇政府与第三人薛某签订了将界定范围内的耕地、林地、荒山、原村庄旧址整体承包给第三人薛某的承包合同。2009年秋天宋某到林区收果实时,第三人称该林区已由五龙镇政府以150万元的价格承包给了第三人,期限30年。第三人薛某在去林区的路上设置大门,并派多人看守,不让收摘果实。

宋某于2014年向法院提起行政诉讼，请求依法撤销五龙镇政府与第三人签订的行政协议。

问：本案中宋某请求撤销五龙镇政府与第三人签订的行政协议有无法律依据？

第一节　行政协议

一、行政协议的含义与特征

行政协议又称行政契约或行政合同，是行政主体为了实现特定的行政管理目标，与公民、法人和其他组织，经过协商，基于双方意思表示一致所达成的协议。

行政协议具有如下法律特征：

(1)当事人一方必须是行政主体。

行政协议的一方必须是具有法定行政职权的行政机关或者法律、法规、规章授权的组织，在签订协议的过程中以行政主体的身份出现。行政机关以民事主体的身份与公民、法人或者其他组织签订的协议就不是行政协议而是民事协议。

(2)目的是为了实现特定的行政管理目标。

行政协议是行政主体进行社会公共事务治理的一种契约性手段。在市场经济条件下，合同以其不同于行政命令的自愿性、有偿性、竞争性的特点，成为当代政府实现特定行政管理目标的重要方式，有助于改善和提高行政效率。

(3)在行政协议的履行、变更或解除中，行政主体享有行政优益权。

行政机关在行政协议中享有行政优益权，行政协议的双方处于不平等的法律地位。行政协议的目的在于维护社会公共利益，行政主体有权基于社会公共利益的需要，单方面对行政协议中不符合社会公共利益的内容予以变更或解除。行政主体单方面变更或者解除合同的权利受到公平、合理、合法等原则的约束和调整，并且行政相对人有获取相应补偿的权利。

(4)除适用私法规则外，还适用公法规则。

行政协议仍属于合同的范畴，因此在行政协议签订履行的过程中要遵循平等协商、双方意思表示一致等私法原则；另外，由于行政主体在行政协议中处于优势地位并且拥有行政优益权，为规范行政主体的缔约行为，所以还要遵守一些公法规则，如适用《政府采购法》。

二、行政协议的分类

按照不同的标准可以将行政协议分成以下不同的种类：

(1)以行政协议的内容为标准，行政协议可分为计划生育协议、房屋征收补偿协议、国家订购协议、国有土地使用权出让协议、农村土地承包协议、公共工程建设协议、国有资产管理协议、国有不动产出卖协议、交通管理协议、人事聘用协议、国家科研协议等。

(2)以行政协议是否具有对价给付内容为标准，行政协议可分为给付性行政协议和非给付性行政协议。给付性行政协议是指具有对价给付内容的协议，如行政征用协议、国有土地使用权出让协议。非给付性行政协议，是指不具有对价给付内容的协议，如交通管理协议、计划生育协议等。

(3)以行政关系的范围为标准，行政协议可分为内部行政协议与外部行政协议。内部行政协议是指某一内部行政主体与其他行政主体或内部行政相对人之间签订的协议，如聘用协议；外部行政协议则是指外部行政主体与外部行政相对人之间签订的协议，如国家订购协议、国有企业承包管理协议等。

三、行政协议的缔结

尽管行政协议具有民事契约的某些特征，但是在订立方式及程序上与民事契约仍存在很大的差异。结合我国目前行政协议的理论与实践，行政协议的缔结方式主要有：

1. 招标

招标是指行政主体事先设定行政协议的标的，行政相对人依照法定程序进行竞投，行政主体在对竞投标书进行比较的基础上，选择最优者订立行政协议。招标是订立行政协议较为常见的方式，招标可以是公开的也可以是有限制的。公开招标时，符合相关条件的任何行政相对人都可以投标；有限制的招标指行政机关出于对实际行政问题的考虑，限制投标人的范围。

2. 拍卖

拍卖是指行政主体通过一定的拍卖程序处分标的物，与参加竞拍的出价最高者签订行政协议的一种方式。拍卖作为一种独立的且竞争公平的协议订立方式，其通常适用于国有土地使用权的出让等方面。

3. 直接磋商

行政主体可以根据协议的内容，直接与事先选定好的行政相对人进行协商，经协商一致后签订行政协议。直接磋商方式通常适用于需要保密、情况紧急或某些内容具有较强专业性的行政协议，因此在行政协议的订立过程中受到严格的法律限制。例如，需要利用专利或其他专有权利的协议、需要利用特殊的专门技术的协议等。

四、行政协议当事人的权利与义务

（一）行政主体的权利

行政协议中，行政主体通常享有以下权利：

（1）选择协议行政相对人的权利。无论是在哪一种协议缔结方式中，行政主体都有依法选择行政相对人的权利。行政主体选择协议行政相对人是为了挑选合适的行政相对人，以更好地实现行政管理目标。

（2）对协议履行的监督权。行政主体在行政协议中代表国家行使行政职权以维护社会公共利益，因此有权对行政相对人的协议履行情况进行监督，但不得影响行政相对人合同权利的正常行使，不得进行不适当的干预。

（3）单方面变更或解除协议的权利。在协议履行过程中，行政主体在国家法律或政策变更和公共利益需求变化的情况下，可以依法单方面变更或解除行政协议。但是，这种权利因可能被滥用对行政相对人造成损害而应当受到严格的限制。

（4）对不履行或不适当履行协议义务的行政相对人的制裁权。制裁权是行政主体保障协议得以全面履行的一种特权。针对协议履行过程中出现的拒不履行、不完全履行等行为，行政主体有权依法对其进行制裁，追究其行政责任。

（二）行政主体的义务

行政协议中，行政主体通常要履行以下义务：

（1）依法履行协议的义务。作为协议的当事人一方，行政主体应当全面履行协议中约定的义务，不得凭借自己在行政协议中的优势地位而不履行或怠于履行合同义务。

（2）保证兑现其应给予协议行政相对人的优惠或照顾的义务。

（3）给予行政相对人物质损害赔偿或补偿的义务。在协议履行过程中，因行政主体单方面的违约行为或变更、解除协议而给行政相对人造成损失的，应当予以赔偿或补偿。

（4）按照协议规定给付价金的义务。

(三)行政相对人的权利

行政协议中，行政相对人通常享有以下权利：

(1)取得报酬权。行政相对人在完成了行政协议约定的义务后，有权请求行政主体支付协议中约定的酬金或价金。行政相对人在协议中约定获得报酬的权利受法律保护。

(2)损害赔偿请求权和特权行为损害补偿权。行政相对人因行政主体的过错而受到损害时，可以要求行政主体予以赔偿或向法院起诉请求判决其赔偿。行政主体基于法律法规的修改或公共利益需求的变化，单方面变更或终止协议的特权行为给行政相对人造成损失或增加负担，无论具体的协议中有无相关条款，行政相对人都享有要求行政主体予以补偿的权利。

(3)不可预见的困难情况补偿权。在行政协议的履行过程中，发生不可抗力之事由从而加重行政相对人负担的情况下，行政相对人可以根据公平合理原则请求行政主体予以必要的补偿。

(四)行政相对人的义务

行政协议中，行政相对人通常要履行以下权利：

(1)按照协议规定的要求和期限认真履行协议的义务。

(2)接受行政主体管理、监督和指挥的义务。

【引例分析】

前引案例中，涉及两个法律关系，一是五龙镇政府与薛某签订行政协议所形成的行政合同关系，二是五龙镇政府与薛某签订行政协议损害宋某合法权益所形成的侵权法律关系。对于第一个法律关系，行政协议的双方是五龙镇政府和薛某，根据国务院令471号《大中型水利水电工程建设征地补偿和移民安置条例》第43条及其他法律法规规定，因国家组织移民、自然灾害等原因，农民成建制地集体迁移后不再使用的原属于迁移农民集体所有的土地，归国家所有。当地县级人民政府可以在服从水库统一调度和保证工程安全、符合水土保持和水质保护要求的前提下将水利水电工程建成后形成的水面和水库消落区土地优先安排给当地农村移民使用。由此可知，只有县级人民政府才有权对水利水电工程建成后形成的水面和水库消落区土地进行处分，因此五龙镇政府作为发包方与他人签订承包合同于法无据。在第二个侵权法律关系中，根据《中华人民共和国农村土地承包法》第57条的规定：任何组织和个人强迫承包方进行土地承包经营权流转的，该流转无效。五龙镇政府在原告承包权未被明确撤销、其权益未获相应补偿的情况下，与第三人签订承包合同，客观上直接损害了原告的合法权益。总之，宋某请求撤销五龙镇政府与第三人签订的行政协议于法有据。

第二节　行政事实行为

一、行政事实行为的含义和特征

行政事实行为是行政主体在行政管理过程中实施的一种不以产生法律约束力为目的的行政活动。

行政事实行为主要具有以下特征：

(1)行政事实行为具有行政性。行政事实行为是行政主体行使与行政职权相关活动的产物。

(2)行政事实行为不以设定、变更、消灭行政法律关系为目的。事实行为不具有意思表示，仅是事实上的有所作为，客观上可能会产生某种法律效果。

(3)行政事实行为可致权益受损。行政事实行为作为一种基于行政职权实施的行为，为了维持正常的社会秩序，虽然不具有法律上的拘束力，但是仍然有可能对行政相对人的人身权益和财产权益造成损害。

二、行政事实行为的分类

行政事实行为通常可作如下分类：

(一)执行性行政事实行为

执行性行政事实行为是指行政主体为实现行政法律行为所确定的法律效果而实施的职权行为。例如，对收缴伪劣产品的销毁、行政给付决定后的支付、行政处罚决定后的罚款收缴、返还解除扣押令中的被扣押物品等。

(二)服务性行政事实行为

服务性行政事实行为是指行政主体基于行政职权和服务行政的要求，为社会或者特定的行政相对人提供服务的行为。例如，交通标志的设置、清除路障、就业信息的发布、道路的开辟与维修、市民活动空间的设置、救火、空气质量检测及其他事务性工作。

（三）建议性行政事实行为

建议性行政事实行为是指行政主体通过建议、劝告、引导等没有拘束力的方式，指引、激励行政相对人为或不为一定行为的行政职权活动。例如，自然灾害高发区旅游的风险警告。

三、行政事实行为的法律责任

行政事实行为虽然不具有法律约束力，但是其在施行的过程中仍可能对特定行政相对人的权利和义务造成影响，甚至损害行政相对人的合法权益。因此，根据现代行政法治原理，当行政主体施行的行政事实行为对行政相对人的合法权益造成损害时，行政主体应当为此承担相应的法律责任，行政相对人可以向法院提起行政赔偿诉讼。

第三节　行政指导行为

一、行政指导概述

（一）行政指导的含义和特征

行政指导是指行政主体为了实现一定的公共行政目的，在其法定的职权范围内或者依据法律、法规、规章和政策，以指导、劝告、提醒、建议等非强制性方式，引导公民、法人和其他组织作出或者不作出某种行为的活动。

行政指导具有以下三个特征：

(1)行政性。行政主体基于信息、资源和政策等方面的优势实施指导，虽其本身不具有强制性，但是其行使行政管理职权的一种方式。

(2)非强制性。非强制性又称自愿性，指行政主体基于职权作出的行政活动是以指导、劝告、提醒、建议等非强制性方式，引导公民、法人和其他组织作出或者不作出某种行为的活动，不具有强制性。

(3)事实行为性。行政指导行为不会直接引起行政相对人权利义务的变化，不发生或者不直接产生法律效果。即使行政相对人不听从行政指导，行政主体也不能给予其法律制裁。

(二)行政指导的分类

以行政指导的功能为标准，行政指导可作如下分类：

(1)规制性行政指导。行政主体希望行政相对人不为某种妨害社会公共秩序或公共利益的行为，对此加以预防和抑制的行政指导。例如，行政主体就抑制物价暴涨而发出的提醒、警告。

(2)助成性行政指导。行政主体以促进行政相对人的利益为目的，为行政相对人提供咨询、技术帮助等服务的行政指导。例如，政府给企业提供技术指导。

(3)调整性行政指导。行政主体专门为调整相互对立的行政相对人之间的利益关系所实施的行政指导。例如，建筑起造人与附近居民产生建筑纠纷而又争持不下时，行政主体为促使双方自行化解矛盾而实施的劝告、协调行为。

二、行政指导的原则与实施方式

(一)行政指导的原则

行政指导除了应当遵循行政法的一般原则外，还应遵循以下原则：

1. 自愿原则

自愿原则要求行政主体不得强制行政相对人认同和接受行政指导。行政相对人可以纯凭自己的意志选择接受行政指导或者拒绝接受行政指导。

2. 必要性原则

行政主体在履行行政职能、进行社会治理时，只有在采用行政指导比采用其他行政行为效果更好时，行政主体才可以实施行政指导行为。

(二)行政指导的实施方式

实践中，行政主体实施行政指导行为的方式多种多样，常见的有：

1. 劝告

劝告是指行政主体通过向行政相对人动之以情、晓之以理，以此希望行政相对人接受行政指导的一种方式。由于行政指导行为不具有法律拘束力，行政主体若想行政相对人接受不具有强制力的行政指导，必须以理服人。

2. 警示

警示是指行政主体在实施行政管理的过程中对于行政相对人轻微的违规违章行为予以谴责和告诫，以防止行政相对人再次实施类似的行为。虽然此类警示本身不具有强制性，但警示与强制性惩罚之间往往只有一步之遥。

3. 建议

建议是指行政主体利用其所掌握的信息和资源为行政相对人提供讯息与指引，以引导行政相为或不为一定行为。

4. 诱导

诱导是指行政主体通过提供优惠政策、资金支持等，诱使行政相对人实施符合行政主体达成行政管理目标要求的行为。

三、行政指导的法律责任

行政指导行为作为一种行政事实行为，其本身不具有强制性和法律拘束力，行政相对人可以自由选择接受或者不接受行政指导行为。因此，传统上有观念认为，如果行政相对人因信赖行政指导行为而导致其自身合法权益遭受损害的，行政主体也无需承担法律责任。随着现代行政法治的发展，“有损害必有救济”“有权利必有救济”的理念已被广泛接受，行政相对人因信赖行政指导行为而遭受损害的，如果行政主体实施行政指导确实存在错误甚至违法情形的，行政相对人有权获得相应救济和赔偿。

【参考案例】

王某等因扶贫苗不结果诉市农业局行政赔偿案

某年，临安县(现为临安市)政府用专项资金以0.5元一株的价格从浙江萧山一家个体户手中购买了2万株当时十分紧俏的“小叶猪肝梅”和“大花梅”种苗，用于“综合开发低丘缓坡，发展多种经营”。当时的“纳税大户”王某，以扣除政府补助金的办法拿到了2400株种苗，投入30多万元承包了60亩山地，修通两个村子的机耕路，准备搞个青梅产供销一条龙。这60亩山地，还成了“县级示范林”。按照农技站的介绍，这种青梅树3年挂果，5年丰产。可是5年过去了，梅树没有挂果，农技站说是因为“倒春寒”；7年过去了，终于有几株梅树结果，可是打下的青梅一百颗还凑不足一斤，跟满山遍野的“野梅子”没什么两样。后来四处上访的农户拿到了浙江省农科院青梅专家夏起洲对此作的品质鉴定：“90%以上为实生梅，质差产量低，没有经济价值和效益，继续保留没有意义。”十多年的希望彻底化为了泡影，临安县的承包农户中，仅王某一户直接和间接损失就达100多万元。

这些曾被临安市60多户农民视作“摇钱树”的两万株青梅树苗，是当时的县农业局“好心”从杭州市有关部门争取到的农业开发资助项目之一。令临安县农业局意想不到的是，国家的扶农资金打了水漂，60多农户十多年的投入也血本无归。因为这批伪劣种苗，农业局还上了被告席，被村里的农民“索赔”100万元。

本案中临安县农业局为农户提供种苗、鼓励种梅的行为属于行政指导行为。因为，政府在整个过程中没有强制性要求农户必须接受种苗、种植梅树，只是采取了一些优惠措施，比如可以用政府补助金来抵扣苗款，政府负责提供信息支持等。不过，即便是没有强制力的行政指导行为，由于临安县农业局在引进种苗的过程中没有尽到应尽的注意义务，引进的种苗90%以上为实生梅，质差产量低，没有经济价值和效益，由此造成的损失，临安县农业局应当承担相应的赔偿责任。

【思考题】

1. 简述行政协议的特征。
2. 简述行政协议中双方的权利与义务。
3. 什么是行政事实行为？
4. 什么是行政指导？

【案例题】

柏某诉济南市教育局政府信息公开案

2015 年 5 月，原告柏某将一套位于济南纬三路小学学区房（某单位宿舍）出售。房屋出售后原告得知，2014 年 6 月，被告济南市市中区教育局已将该宿舍由原学区划归至新的经五路小学学区。被告将该学区调整情况于同年各小学招收新生前夕在经五路小学门口进行了公告张贴，但原告在出售房屋之前没有得知该信息。2015 年 8 月 5 日，原告向被告提交政府信息公开申请书，申请内容是："该学区房（即涉案房屋）是否为经五路小学学区房，何时划归该学区，以何种方式公布过该信息。"2015 年 8 月 17 日，被告书面答复："目前，该学区房（即涉案房屋）属于济南市经五路小学招生的学区范围。2014 年 6 月，按照市教育局有关规定及学校生源情况，为让更多的孩子享受优质教育，我局对部分学校的学区范围进行了动态调整，该处院落由济南市纬三路小学学区划归济南市经五路小学学区。济南市经五路小学以在学校门口醒目处张贴学区图的方式向社会公开了相关信息。"原告认为，由于被告未能在涉案房屋所在地，或者公众可以接触到的媒体公布学区房调整信息，使得自己在出售涉案房屋时，是以原纬三路小学学区房价格售卖，该售价仅仅为经五路小学学区房的一半，遭受重大损失。同年 11 月 9 日，柏某向法院提起行政诉讼，请求法院判决认定被告未将经五路学区房划分情况向社会公示之行为构成行政不作为，并判令被告赔偿原告在不知情的情况下出售学区房造成的 34 万元损失。同年 11 月，被告在其官方网站"www. jnszjy. net"再次将上述学区调整情况进行了公示。①

问：教育局信息公示的行为属于何种性质的行政行为？

分析提示：

政府信息公开行为一般被视为行政事实行为，是行政主体对行政决定过程中产生的不涉密信息向公众公开，其一般不直接涉及特定行政相对人权利义务的得丧变更问题。本案中市教育局的信息公示是对学区划分情况进行公开，是基于服务群众生产生活和经济社会活动的实施行政职权的行为，且该信息公示行为没有设定、变更、消灭与特定行政相对人的行政法律关系，属于行政事实行为。

① 信息公开不当的损害赔偿责任承担——山东济南市中区法院判决柏某诉济南市教育局政府信息公开案 2016 年 6 月 4 日 http：//www.chinacourt.org/article/detail/2016/06/id/1890053.shtml

第九章　行政程序

【本章重点】

(1)行政程序指行政主体实施行政行为所应遵循的方式、步骤、时限和顺序所构成的一个连续的过程，是行政行为空间和时间表现形式的有机结合。它具有法定性、参与性、反思性、包容性和控权性等特征。

(2)行政程序具有如下功能：有利于限制行政权力的恣意行使；有利于公民参与权、知情权、表达权、监督权等民主权利的实现；有利于保障行政相对人的合法权益；有利于提高行政效率。

(3)行政程序的基本原则是指贯穿于所有行政程序法规范的基本准则和内在精神。一般说来，行政程序的基本原则主要包括参与原则、公开原则、公平公正原则和效率原则。

(4)行政程序的基本制度包括回避制度、听证制度、信息公开制度、说明理由制度、时效制度、案卷制度等。

【案例导入】

田某诉北京科技大学拒绝颁发毕业证、学位证案

1994年9月，田某考入被告北京科技大学下属的应用科学学院物理化学系，取得本科生学籍。1996年2月29日，田某在参加电磁学课程补考过程中，随身携带写有电磁学公式的纸条，中途去厕所时，纸条掉出，被监考教师发现。监考教师虽未发现田某有偷看纸条的行为，但还是按照考场纪律，当即停止了田某的考试。北京科技大学于同年3月5日按照“068号通知”第3条第5项关于“夹带者，包括写在手上等作弊行为者”的规定，认定田某的行为是考试作弊，根据第1条“凡考试作弊者，一律按退学处理”的规定，决定对田某按退学处理，4月10日填发了学籍变动通知。但是，北京科技大学没有直接向田某宣布处分决定和送达变更学籍通知，也未给田某办理退学手续。

1996 年 3 月，田某的学生证丢失，未进行 1995 至 1996 学年第二学期的注册。同年 9 月，北京科技大学为田某补办了学生证。其后，田某继续在该校以在校大学生的身份参加正常学习及学校组织的活动。北京科技大学每学年均收取田某交纳的教育费，并为田某进行注册、发放大学生补助津贴，还安排田某参加了大学生毕业实习设计，并由论文指导教师领取了学校发放的毕业设计结业费。田某还以该校大学生的名义参加各类考试，并获得相应合格证书。田某在该校学习的 4 年中，成绩全部合格，通过了毕业实习、设计及论文答辩，获得优秀毕业论文及毕业总成绩全班第九名。1998 年 6 月，北京科技大学的有关部门以田某不具有学籍为由，拒绝为其颁发毕业证、学位证，田某不服向法院提起诉讼。

问：本案中北京科技大学违反了行政程序的哪些基本原则和基本制度？

第一节 行政程序概述

一、行政程序的含义与特征

行政程序是指行政主体实施行政行为所应遵循的方式、步骤、时限和顺序所构成的一个连续的过程，是行政行为空间和时间表现形式的有机结合。

行政程序具有以下特征：

（一）参与性

参与性是指行政主体在实施行政行为时行政相对人可以参与其中。参与性是现代行政程序非常重要的特征。行政主体在实施行政行为时，往往会对行政相对人的权利和义务造成影响，行政相对人参与到行政程序中积极陈述自己的意见，促进双方沟通与交流，一方面可以加强行政相对人对行政决定的理解，另一方面也可以使行政主体更为全面地了解相关信息，从而提高行政决定的合理性和可接受性。

（二）包容性

行政程序的参与性要求其具有包容性。允许受行政行为影响的各方当事人参与行政过程，就是给他们提供一个充分表达其不同意见或观点的机会。兼听则明，行政主体只有在此基础上综合考虑各方面的因素，才能做出让各方都能接受的行政决定。

（三）反思性

行政程序的参与者在掌握证据资料的基础上可以自由对话并充分表达自己的意见与观点，由于行政程序是公开的，所以行政决策的过程中出现的错误易于被发现和纠正，这样有利于实现行政决定的优化选择。

（四）控权性

遵循行政程序一方面要求行政主体按程序规定的方式、步骤、顺序、时限等进行决策，另一方面行政程序中行政相对人的参与能对行政主体的决策过程起到有效的监督作用，以达到控权的效果。

二、行政程序的分类

行政程序一般有以下分类：

（一）法定程序与非法定程序

以行政主体所遵循的行政程序是否由法律规范规定为标准，可将行政程序分为法定程序和非法定程序。法定程序指法律、法规、规章明确规定的程序，行政主体必须遵守，对违反法定程序的行政行为法院可以撤销。非法定程序指法律、法规、规章规定之外的行政程序，具有弥补法定程序不足的功能。

（二）强制性程序和任意性程序

以行政主体在遵守行政程序的过程中是否具有自由裁量权为标准，行政程序可划分为强制性程序和任意性程序。强制性程序指法律规范明确规定的、行政主体在实施行政行为的过程中必须遵循的行政程序。任意性程序指法律、法规、规章未作明确规定或者虽有明确的规定，但行政主体可以根据具体情况决定是否适用的行政程序。

（三）主要程序和次要程序

以对行政相对人的合法权益是否产生重大影响为标准，可将行政程序分为主要程序和次要程序。主要程序是指行政主体在实施行政行为的过程中若不遵守就可能对行政相对人的权益造成重大影响的行政程序。主要程序未得到遵循，将直接影响行政行为的合法性。例如，行政处罚中的听证程序。次要程序指行政主体在实施行政行为过程中虽然没有遵守，但一般不会对行政相对人的权益造成重大影响的行政程序。次要程序未得到遵循并不一定会影响行政行为整体的合法性。

三、行政程序的功能

行政程序一般有以下功能：

(一)有利于防止行政权力的滥用

行政程序本身具有控权性特征。一方面行政程序要求行政主体在行使行政职权的过程中要严格遵循法律规定的方式、步骤、顺序和时限；要明确告知行政相对人参加行政程序的权利和不参加的法律后果；要给予行政相对人同等、充分地表达自己意见、陈述自己理由的机会；等等。行政程序的这些规定旨在规范行政主体行使行政职权力，防止行政权的滥用。另一方面，行政程序保障行政相对人参与行政程序的权利，使得行政相对人能够参与到行政职权行使的利益博弈过程中来，从而有效地监督制约行政权力的行使。

(二)有利于保障行政相对人的合法权益

法律实体权利需要法律程序权利予以保障和落实。行政程序的参与性使得行政相对人的参与权、知情权与表达权等得到保障，行政相对人参与到行政过程中充分表达自己的意见和观点，一方面有利于监督、制止行政权的滥用，另一方面也有利于促使行政主体充分考虑相关因素，作出合理的行政决定。

(三)有利于促进民主政府的建设

民主政府要求政府对民众负责、受民众监督。行政程序保障民众参与行政过程的权利，民众在参与过程中监督政府行政权力的行使，促使政府本着对民众负责任的态度行使行政权力，这样有利于推动民主政府的建设。

(四)有利于提高行政效率

行政效率的提高反映在行政行为作出后的执行过程中。在作出行政行为的过程中允许行政相对人参与到行政程序中表达意见，行政主体听取行政相对人意见，这个过程虽然是低效率的，但是，在行政行为作出后，由于行政主体与行政相对人已经充分地交流过，所以，行政相对人对行政行为通常会比较认同并自觉履行，从而促使行政行为得到及时履行，行政效率也就得到了提高。

第二节　行政程序的基本原则

行政程序的基本原则就是本书第二章所述的行政公开原则和正当程序原则。其中，正当程序原则可以从三个次位原则角度去理解，即参与原则、狭义的正当性原则和效率原则。本节仅对这三个次位原则进行说明。

一、参与原则

参与原则指行政主体在作出行政行为的过程中，除法律有特别规定的外，应当尽可能地为行政相对人参与到行政程序中提供条件和机会，以确保行政相对人参与行政程序以实现相对应的行政实体权利。这一原则的法律价值在于，行政相对人参与行政程序时有独立的人格，而不至于成为行政权力的附属和随意支配的客体。

参与原则要求行政程序的设置与运行中至少赋予行政相对人以下程序权利：

(1)申请权。申请权是指行政相对人请求行政主体启动行政程序的权利。

(2)获得通知权。获得通知权是指行政相对人有要求行政主体及时通知其何时、何地、以何种方式参与行政程序的权利。

(3)调查取证权。调查取证权是指行政相对人有调查获取与行政主体将要作出的行政决定相关的事实证据的权利。

(4)陈述权。陈述权是指在行政主体作出行政行为时，行政相对人有就案件事实向行政主体陈述并要求行政主体听取的权利。

(5)申辩权。申辩权是指行政相对人在面对行政主体提出的对其不利的指控时，有权根据自己掌握的事实和证据向行政主体提出反驳、辩论的权利。

二、正当性原则

正当性原则是指行政程序的设置与运行不得违背自然正义，要确保参与行政程序的各方当事人享有公平、公正的参与权利和机会。

正当性原则对行政程序的设置与运行主要有如下要求：

(1)不能让与行政案件有利害关系的行政公务人员参与该行政案件的处理。

(2)行政主体在作出对行政相对人不利的行政决定时，必须告知其作出决定的依据与理由，并保证行政相对人进行有效陈述与申辩的权利。

(3)在行政决定涉及多方行政相对人的权益时，应当赋予他们公平、公正地参与权利和机会。

(4)行政主体必须就其行政行为说明理由，尤其应当对行政相对人在行政过程中的申辩理由进行回应。

(5)行政决定的作出必须遵循先取证后决定规则，行政主体事后调取的任何证据原则上都不能用来证明其已经作出的行政决定的合法性。

三、效率原则

效率原则是指行政程序的设置与运行不能过于繁琐、冗长，应当以必要为限度，要尽可能保证行政相对人获得“及时的正义”，促进行政效率的提高。行政活动不同于司法活动，行政主体负有积极维护社会正常秩序的义务，因此行政活动更注重效率。

效率原则对行政程序的设置与运行主要有如下要求：

(1)以必要为限度，行政程序当简则简。

(2)对行政法律关系各方当事人程序权利(力)的行使必须有时间的限制，期限届满后即对其产生不利的法律后果。

(3)允许行政法律关系的各方当事人聘请熟悉行政事务的代理人代为处理相关事务，以确保各方当事人有效及时地沟通。

(4)利害关系人提出异议原则上不停止行政行为的执行。

第三节 行政程序的基本制度

行政程序的基本制度包括回避制度、听证制度、信息公开制度、说明理由制度、时效制度、案卷制度等。

一、行政回避制度

行政回避制度是指行政公务人员在行使行政职权时，因与要处理的行政事务有利害关系，为保证程序和实体处理结果的公正，主动请求或者因行政相对人的申请依法终止其职务的履行，并由他人代理的一种法律制度。

(一)回避的缘由

回避的缘由是行政公务人员与行政相对人之间存在某种关系，导致行政公务人员认为自己不能公正处理行政事务或者行政相对人认为其不能处理行政事务。回避的缘由具有以下几种：

(1)利害关系。如果案件的处理结果影响到负责处理案件的行政公务人员的金钱、名誉、友情、亲情等，那么该工作人员与案件有利害关系。人所处的社会关系本质上就是利害关系，具有趋利避害的本性，当行政公务人员与案件有利害关系时，难免会有失公正。利害关系是法律规定回避的一个主要缘由。

(2)偏见。偏见是指行政公务人员在未了解全部案情之前，基于自己的知识积累、生活阅历或对民族、种族、性别等非人为因素的成见而形成的先入为主的看法。这种看法可能严重影响该工作人员对案件事实的全面把握以及判断，可能会导致其作出错误的或者不公正的行政决定。

(二)回避的情形

回避的情形是指与行政公务人员有利害关系的人作为案件当事人时，行政公务人员应当回避。回避的情形包括：

(1)行政相对人中有其亲属或被监护人；

(2)与行政相对人的代理人有亲属关系；

(3)在与本案有关的程序中担任过证人、鉴定人等；

(4)与行政相对人有亲密友谊或者公开敌意的；

(5)案件的处理结果将直接影响该工作人员权益；

(6)其他有证据可以证明行政公务人员不能公正处理案件的情形。

(三)回避的程序

按照申请的主体不同，回避可以分为自行回避和申请回避。二者所适用的程序大同小异。

(1)自行回避。自行回避是指行政公务人员认为自己与案件有法律规定的回避情形时，向所属机关或者组织的负责人主动提出要求回避的请求，该负责人对该行政公务人员的请求依法进行审查并作出是否准许的决定。

(2)申请回避。申请回避是指行政相对人认为处理案件的行政公务人员存在法律规定应当回避的情形时，在行政程序作出之前依法向行政主体提出要求该行政公务人员回避的申请，行政主体依法对此进行审查后作出是否准许的决定。

二、行政听证制度

行政听证制度是行政主体在作出影响行政相对人合法权益的决定之前，应当听取行政相对人的陈述、申辩和质证，并根据听取的情况作出相应决定的一种法律制度。这里的听证是一种广义上的听证，包括正式听证和非正式听证。其中，正式听证是指行政主体为了合理有效地制定或实施行政决定，公开举行有全部利害关系人共同参加的听证会，在辩论和质证的基础上进行相应决定的活动。

（一）行政听证的范围

根据英美法系的自然正义原则，行政主体在对任何人作出不利决定之前，都必须听取其陈述与申辩。从这一意义上说，只要行政决定可能对行政相对人不利，都必须实行行政听证制度。其中，需要举行正式听证的，主要包括行政立法和影响行政相对人重大权益的行政决定。

（二）行政听证的形式

如前所述，行政听证的形式可以分为正式听证与非正式听证。从各国的立法实践看，法律一般对正式听证都有严格规定，而对非正式听证仅作原则规定，非正式听证程序由行政主体根据具体情况自由裁量。其中，正式听证是借鉴司法审判程序而发展起来的一种听证形式，其内部结构为三角形模式。在这种模式中，听证主持人居中，行政主体的调查人员和行政相对人各为一方，指控与抗辩互相交涉。这种程序模式要求按部就班，缺乏灵活性，它会耗费大量的人力、物力和财力，因此，仅适用于法律明确规定的情形。

（三）行政听证的程序

行政听证的程序是由听证的方式、步骤、时限等构成的一个连续过程。非正式听证没有严格的程序要求，正式听证主要包括以下几个程序：

1. 申请

一般来说，只有行政相对人提出听证申请，才可能启动听证程序。但在行政主体应当依职权主动举行听证的情况下，没有申请这一程序。在行政听证程序的启动取决于行政相对人是否提出申请的法定情形下，行政主体首先必须告知行政相对人享有要求举行听证的权利，这是行政主体的义务。也只有行政相对人知道自己享有该权利，然后提出听证申请，听证程序才可能启动。

2. 通知

行政主体依法作出举行听证的决定后，应当在举行听证之前，将有关听证的事项依法定程序通知有关人员。行政主体依职权发动的听证程序，接到通知的有关人员有义务按时参加听证会或提出答辩书；行政相对人发动的听证程序，接到通知应当按时参加听证会，否则视为放弃听证权利。

3. 质辩

质辩是在听证主持人的主持下，由行政主体的调查人员与行政相对人就行政案件的事实和法律问题展开质证和辩论的过程。它是听证的核心。

4. 决定

质辩结束后，行政主体应当根据听证笔录，结合其他相关情况，作出行政决定。其中听证笔录是对质辩过程的一种书面记录，在质辩结束时交质辩双方阅读、补正后签名，便成为具有法律意义的文书，行政决定必须在此基础上作出。

【引例分析】

前引案例中，原告田某经考试合格，由被告北京科技大学录取后，即享有该校的学籍，取得了在该校学习的资格，同时也应当接受该校的管理。教育者在对受教育者实施管理中，虽然有相应的教育自主权，但不得违背国家法律、法规和规章的规定，应当遵循正当程序原则。田某在补考时虽然携带写有与考试有关内容的纸条，但是没有证据证明其偷看过纸条，其行为尚未达到考试作弊的程度，应属于违反考场纪律。北京科技大学以“考试作弊”论并作退学处理，明显重于《普通高等学校学生管理规定》第12条的规定，也与第29条规定的退学条件相抵触，应属无效。同时，按退学处理，涉及被处理者的受教育权利，从充分保障当事人权益的原则出发，作出处理决定的单位应当将该处理决定直接向被处理者本人宣布、送达，允许被处理者本人提出申辩意见。北京科技大学没有照此原则办理，忽视当事人的申辩权利，这样的行政管理行为不具有合法性。

三、行政信息公开制度

行政信息是行政主体在行使职权过程中所收集、形成的各种信息，体现于各种“记录”，如文件、现场笔录、调查笔录、统计资料以及可以识别、阅读的其他材料。行政信息公开制度是行政主体依职权或者根据行政相对人请求，将行政信息向行政相对人或者社会公开展示，并允许查阅、摘抄和复制的一种制度。

(一) 行政信息公开的范围

从世界各国已经制定的行政信息公开法来看，对行政信息公开的范围基本上都遵循了“公开为原则，不公开为例外”的基本原则。这一基本原则确立的理由在于，“因为行政资讯是由公民缴纳的税金而形成，应当属于公共财产，因此应当开放给公民使用，不应当由政府机关封存、废弃或处置”。在这一基本原则的指导下，各国立法采取概括规定加排除式列举相结合的模式，即除了明确列举的不公开的行政信息之外，其他所有行政信息都应当公开。因此明确了行政信息不公开的范围，就明确了行政信息公开的范围。

如何确定行政信息不公开的范围？这一问题涉及如何处理保证公民知情权与维护正常的行政秩序及保护其他公民的权利之间的关系。凡属影响正常的行政秩序或者侵犯其他公民权利的行政信息，在考虑是否公开的问题上都应当非常慎重。根据世界各国已经制定的行政信息公开法，下列行政信息属于不公开的范围：一是国家秘密，二是商业秘密，三是公民个人隐私。

（二）行政信息公开的方式

1. 依职权公开

依职权公开是指行政主体在没有行政相对人请求的情况下，主动将其所拥有的行政信息根据法定的方式向社会公开。所谓法定的方式主要有两种：第一种方式是将行政信息公布于某一法定的、连续公开出版的刊物上，以便让公众便利地了解、知悉。如我国国务院制定的行政法规应根据法律的规定公布在《国务院公报》和在全国范围内发行的报纸上。这一类行政信息对公民参与国家和社会事务管理具有重大的影响。第二种方式是将行政信息以其他方式公布于社会。随着 20 世纪末以来因特网的发展与普及，通过网站公开行政信息已成为一个相当重要的方式。

2. 依申请公开

依申请公开是指因行政相对人提出申请，行政主体公开相关行政信息，供行政相对人复印、摘抄、查阅等。

四、说明理由制度

说明理由制度是指行政主体在作出对行政相对人合法权益产生不利影响的行政行为时，除法律有特别规定外，必须向行政相对人说明其作出该行政行为的事实根据、法律依据以及进行自由裁量时所考虑的相关因素的一种制度。

（一）行政行为说明理由的内容与要求

行政行为说明理由就内容而言，可以分为合法性理由和合理性理由。前者用于说明行政行为的合法性，包括行政决定的事实根据、法律依据等；后者用于说明行政主体行使自由裁量权的合理性，包括行政决定所依据的政策、先例、习惯等。无论是合法性理由说明还是合理性理由说明，都必须遵循以下要求：

(1)明确、具体。行政主体就所作出的行政行为说明理由，在内容上必须明确、具体，避免行政相对人对行政行为的理由在理解上产生歧义。在法律规范的内涵和外延不确定的情况下，行政主体依据该法律规范作出行政行为时，应当将这一模糊的法律规范向行政相对人阐释清楚。行政主体在对可定案证据的选择上，如果要排除行政相对人提供的证据，必须明确地说明排除的理由，既不能言而不及，也不能及而不明。

(2)必须在作出行政行为的同时或之前进行说明。在程序上，行政主体就行政行为说明理由必须在作出行政行为的同时或在此之前进行，否则，任何事后说明理由都将构成程序违法，除非法律有特别规定。

(二)不说明理由或错误说明理由的行政行为的效力

1. 不说明理由的行政行为的效力

行政主体不说明行政行为的理由有三种情况：一是法定可以不说明理由的行政行为。对法定可以不说明理由的行政行为，行政主体不说明理由并不影响行政行为的效力。二是法定必须说明理由但行政主体没有说明理由的，原则上将导致行政行为的无效。但对于行政决定作出之后行政主体说明理由的，这种行政行为是否有效，各国做法不一。如日本，行政主体事后说明理由是行政行为的形式瑕疵，是引起行政行为无效的原因之一。德国，必须说明的理由行政机关在事后予以说明的，可视为程序上和方法上错误的更正，但这种更正必须在预审程序结束前，如未进行预审程序的，则必须在向行政法院起诉之前予以补做。三是法律没有明确规定是否应当说明理由而行政主体也没有说明理由的，原则上此种行政行为无效，但行政主体在行政相对人要求其说明理由时说明了行政行为理由的，行政行为应当有效。

2. 说明理由错误的行政行为的效力

错误说明理由可以分为两种情形：一是行政主体就行政行为所作的理由说明是错误的，但在复议或诉讼过程中提出的证据和规范性文件能支持行政行为的合法性和合理性。对于这种情形，一般不影响行政行为的效力。但这些证据和规范性文件不能是在作出行政行为之后收集的。这一结论的法理基础在于：行政主体的行政行为实质上是具有合法性和合理性依据的，错误说明理由并不改变该行政行为的合法性。二是行政主体就行政行为所作的理由说明是错误的，在复议或诉讼过程中提出的证据和规范性文件也不能支持行政行为的合法性和合理性。对于这种情形，应当认定该行政行为无效。

五、其他基本制度

(一)时效制度

时效制度是指行政行为的全过程或其各个阶段受到法定时间限制，行政主体必须在相应的期限内完成相关行政行为，否则可能导致行政行为的无效或行政不作为违法。所谓时效是指能够引起法律关系产生、变更或消灭的时间期限。

确立时效制度是为了促使行政主体提高行政效率，也是为了防止行政主体以拖延时日的方式侵害行政相对人的合法权益，同时也有利于督促行政相对人积极、主动地配合行政主体的行政活动，不能无故拖延行政决定的执行。

(二)案卷制度

案卷是指行政行为所依据的证据、记录和法律文书等，根据一定的顺序组成的书面材料。案卷是支持行政行为合法性与合理性的重要依据。案卷制度是指行政主体作出行政决定后必须将据以作出该决定的相关材料整理归档，以备行政相对人查阅及审查监督机关审查。一般来说，依法定正式行政程序作出的行政决定必须有案卷，否则有关机关可以以该行政决定没有根据和依据而依法予以撤销。

案卷必须具有以下特征：①案卷中的材料必须与行政决定有关，与行政决定有关的材料必须是通过合法手段获得的，对行政相对人不利的证据必须已在行政程序中质证过。②行政主体凡是在行政程序结束之后调取的证据或者其他书面材料，不得成为案卷的一部分，但不作为行政行为依据的例外。③案卷形成于行政程序结束之后，且案卷一旦形成便具有封闭性。

案卷制度的法律意义在于：①可以有效防止行政主体恣意行使行政职权。②有助于说服行政相对人接受行政行为，提高行政行为的可接受度。③为行政复议机关进行复议审查和法院进行司法审查提供事实根据和材料。

【思考题】

1. 简述行政程序的概念与特征。
2. 简述行政程序的分类。
3. 试述行政程序的功能。
4. 简述行政程序的参与原则。
5. 简述行政程序的正当性原则。
6. 简述行政程序的效率原则。
6. 试述行政程序的基本制度。

【案例题】

李某良、李某荣诉隆尧县国土资源局政府信息公开案

李某良、李某荣系隆尧县隆尧镇东河村村民，2010年5月18日开始，相关单位在李某良、李某荣承包的土地上开始施工，挖掘地基，严重侵犯了李某良、李某荣的土地承包经营权。2014年3月，李某良、李某荣用EMS向隆尧县国土资源局（以下简称县国土局）提交《政府信息公开申请书》，请求县国土局公开“关于隆尧县2009年第二批次建设用地置换的批复（冀政土地置换函（2010）48号）”所涉及被征收土地的具体建设项目用地的供地情况，并向李某良、李某荣提供上述资料的复印件。县国土局签收申请书后，没有给予书面答复。于是李某良、李某荣先后向邢台市国土资源局提出了复议申请，邢台市国土资源局受理后责令县国土局在15日内作出答复。但县国土局并未与李某良、李某荣及其代理人进行过有效的沟通，却在2014年7月31日发出了关于落实邢国土资复决字（2014）第8号《行政复议决定书》的答复，答复意见是：与李某良、李某荣所留的手机号码联系一直无法接通，且两人没有出具与该批复存在利害关系的证明。接到该答复后，李某良、李某荣一直积极与县国土局联系，但县国土局拒不接听电话，且县国土局一直没有给予书面答复。李某良、李某荣认为依据《政府信息公开条例》第9条规定，原告申请的事项属于被告重点公开的内容，被告应依职权或依申请公开。依据《政府信息公开条例》第24条规定，被告未在法定期限内进行答复，严重侵犯了原告的合法权益。遂将县国土局告上法庭。请求法院判决认定县国土局未在法定期限内向其公开相关信息的行政行为违法，并责令县国土局依法公开相关信息。

问：本案中隆尧县国土资源局的行为违反了行政程序的哪一基本原则和基本制度？

分析提示：本案中隆尧县国土资源局的行为违反了行政程序的行政公开原则和行政信息公开制度。

第十章　行政责任与行政救济

【本章重点】

(1)行政补偿是指行政主体及其工作人员的合法行政行为损害了行政相对人的合法权益,依法由国家给予补偿的法律制度。

(2)行政赔偿是指行政主体及其工作人员在行使职权的过程中因违法执行职务,对行政相对人的合法权益造成损害,由国家承担赔偿责任的制度。

(3)行政复议是指行政相对人认为行政主体的具体行政行为侵犯了其合法权益,依法向上级行政机关或者是法律规定的其他机关提出申请,由受理申请的行政机关对行政行为进行合法性、适当性审查,并作出行政复议决定的一种法律制度。

【案例导入】

金某诉杭州市西湖区人民政府行政赔偿案

2014 年 12 月 8 日,金某在住处门边看到贴有落款日期为 2014 年 12 月 8 日,落款单位为西湖区拆违小组的《公告》一份,《公告》中称:"对已经发出《责令(限期)改正通知书》的违建,至今未自行恢复的,将于 2014 年 12 月 11 日进行强制恢复。"此前,2014 年 12 月 4 日金某收到杭州市西湖区城市管理行政执法局(以下简称西湖区执法局)同时发出的两份通知书,分别是西城执法(北)接调字[2014]第 1209254 号《接受调查处理通知书》和西城法(北)责改字[2014]第 1206948 号《责令立即(限期)改正违法行为通知书》,其中,《责令立即(限期)改正违法行为通知书》认为:2014 年 12 月 4 日 9 时 05 分,西湖区执法局在西湖区松木场河西 67—1—×室发现金某未取得建设工程规划许可证进行建设,要求金某在 2014 年 12 月 7 日 7 时前改正违法行为,并接受复查。原告在收到这两份通知书后,立即向西湖区执法局反映自己在自有房屋西湖区松木场河西 67—1—×室院内的 6 平方米建筑建于 1993 年,经过当时的规划建设主管机关杭州市西湖区城乡建设委员会的书面同意，并提供书面材料证明，希望西湖区执法局能重新认定。当金某尚在等待西湖区执法局的回复时，收到的竟是被告拆违小组张贴在其住处，要实施强拆的《公告》，《公告》上未告知金某任何的救济方式、途径以及该领导小组的办公场所、联系方式等。2014年12月12日，在未向金某出示执法依据和证件的情况下，一群人进入金某松木场河西67—1—×屋内，对院内6平方米建筑实施了强制拆除。金某提起诉讼，请求法院：一、撤销被告下属机构西湖区拆违小组于2014年12月8日作出的《公告》；二、判令被告赔偿金某损失25912.15元；三、案件的诉讼费用由被告承担。庭审中金某请求变更诉讼请求中的第二项为：判令被告恢复金某被拆建筑物原状，如不能恢复原状，判令被告赔偿金某居住利益损失60000元和其他财物损失25912.15元，合计85912.15元。

问：本案中西湖区人民政府应否承担行政赔偿责任？

第一节　行政补偿

一、行政补偿的含义与特征

行政补偿是指行政主体及其工作人员的合法行政行为损害了行政相对人的合法权益，依法由国家给予补偿的法律制度。

行政补偿一般具有如下特征：

(1)行政补偿的前提是行政主体及其工作人员在行使行政职权过程中，因其合法行政行为给特定的公民、法人、其他组织的权益造成损害。这与因违法行为引起的行政赔偿不同。

(2)行政补偿是因为行政主体损害了行政相对人的合法权益。行政相对人的不合法权益被行政行为合法致损的，如行政相对人违法所得被依法没收的，不能获得行政补偿。

(3)行政补偿可以是在事先进行补偿，也可以在事后进行补偿，但一般情况下是依据确定的补偿条件、标准进行事先补偿。而行政赔偿只能是在违法行为发生后才产生。

(4)行政补偿的责任主体是国家，行政主体及其工作人员没有以自己的名义和财产给付行政补偿的义务，且不存在行政追偿问题。

二、行政补偿的范围

实践中引发行政补偿的情形很多，主要有以下几类：

（一）土地征收与土地征用补偿

土地征收补偿是指国家为了公共利益需要，依照法律规定的权限和程序将农民集体所有的土地予以征收转化为国有土地，并依据法律的规定给予被征地的农村集体经济组织和被征地农民合理补偿和妥善安置。土地征用补偿是指国家为公共利益的需要，依照法律规定的权限和程序将农民集体所有的土地予以短期征用，并给予一定的补偿。《土地管理法》第 47 条第 1 款规定：征收土地的，按照被征收土地的原用途给予补偿。

（二）城市房屋拆迁补偿

城市房屋拆迁补偿是指为了城市建设的需要，行政机关在办理房屋征收手续后，就被征收拆迁房屋依法给予被拆迁人的安置与补偿。《国有土地上房屋征收与补偿条例》第 2 条规定：为了公共利益的需要，征收国有土地上单位、个人的房屋，应当对被征收房屋所有权人给予公平补偿。

（三）公用征调补偿

公用征调补偿是指在国家处于紧急状态或者紧急需要的情况下，行政主体为了公共利益，依照法律、法规及政策规定，征用和调集个人和组织的财物或人力，并在事后给予相应的补偿。《突发事件应对法》第 12 条规定：有关人民政府及其部门为应对突发事件，可以征用单位和个人的财产。被征用的财产在使用完毕或者突发事件应急处置工作结束后，应当及时返还。财产被征用或者征用后毁损、灭失的，应当给予补偿。

（四）紧急避险补偿

紧急避险补偿是指公民、法人或其他组织为了使国家、公共利益免受正在发生的危险，采取了紧急避险行为，因该紧急避险行为而造成自身人身或财产损害的，行政主体依法给予的补偿。

（五）协助执行公务补偿

协助执行公务补偿是指公民、法人和其他组织因协助行政主体履行职责而造成人身伤亡或者财产损失，行政机关依法给予的补偿。《人民警察法》第 34 条第二款规定：公民和组织因协助人民警察执行职务，造成人身伤亡或者财产损失的，应当按照国家有关规定给予抚恤或者补偿。

（六）高度危险工程补偿

高度危险工程补偿是指公民、法人和其他组织的财产与人身安全因国有危险物发生意外遭受损害，行政主体对其损失给予的补偿。如国家对因国有核设施核泄漏而受到损害的个人和组织给予的补偿。

（七）其他情形的补偿

如国家对城市公共交通部门因实行低价运输而给予的补贴。

三、行政补偿的标准、方式与程序

（一）行政补偿的标准

当前我国法律没有对行政补偿的标准进行统一的规定。除了对国家建设征用土地和房屋补偿有详细规定外，其他有关行政补偿的法律、法规很少对补偿的标准作出具体规定。

以《土地管理法》规定的土地征收补偿为例，征收耕地的补偿费用包括土地补偿费、安置补助费以及地上附着物和青苗的补偿费。征收耕地的土地补偿费，为该耕地被征收前三年平均年产值的六至十倍。征收耕地的安置补助费，按照需要安置的农业人口数计算。需要安置的农业人口数，按照被征收的耕地数量除以征地前被征收单位平均每人占有耕地的数量计算。每一个需要安置的农业人口的安置补助费标准，为该耕地被征收前三年平均年产值的四至六倍。但是，每公顷被征收耕地的安置补助费，最高不得超过被征收前三年平均年产值的十五倍。

（二）行政补偿的方式

行政补偿的方式一般以金钱补偿为主。除金钱补偿外，还可以采取支付实物或有价证券等方式。如《国有土地上房屋征收与补偿条例》第 21 条规定：被征收人可以选择货币补偿，也可以选择房屋产权调换。再如《上海市城市房屋拆迁管理实施细则》第 28 条规定：拆迁补偿实行产权调换、作价补偿、或者产权调换和作价补偿相结合的形式。我国行政补偿的实践中还存在着安排就业、减免税费、给予额外的带薪休假等间接补偿方式。

(三)行政补偿的程序

目前尚没有法律、法规对行政补偿程序作统一的规定，相关规定散见于各单行法律、法规、规章中。

《土地管理法》和《土地管理法实施条例》对土地征收后的补偿程序作了如下规定：

(1)公告征地补偿标准和安置办法等。征收土地方案经依法批准后，由被征收土地所在地的市、县人民政府组织实施，并将批准征地机关、批准文号、征收土地的用途、范围、面积以及征地补偿标准、农业人员安置办法和办理征地补偿的期限等，在被征收土地所在地的乡(镇)、村予以公告。

(2)补偿登记。被征收土地的所有权人、使用权人应当在公告规定的期限内，持土地权属证书到公告指定的人民政府土地行政主管部门办理征地补偿登记。

(3)公告征地补偿安置具体方案，听取意见。市、县人民政府土地行政主管部门根据经批准的征收土地方案，会同有关部门拟订征地补偿、安置方案，在被征收土地所在地的乡(镇)、村予以公告，听取被征收土地的农村集体经济组织和农民的意见。

(4)报批征地补偿方案。征地补偿、安置方案报市、县人民政府批准。

(5)组织实施。由市、县人民政府土地行政主管部门组织实施。征收土地的各项费用应当自征地补偿、安置方案批准之日起 3 个月内全额支付。

(6)争议处理程序。对补偿标准有争议的，由县级以上地方人民政府协调；协调不成的，由批准征收土地的人民政府裁决。征地补偿、安置争议不影响征收土地方案的实施。

第二节　行政赔偿

一、行政赔偿概述

(一)行政赔偿的含义与特征

行政赔偿是指行政主体及其工作人员在行使职权的过程中因违法执行职务，对行政相对人的合法权益造成损害，由国家承担赔偿责任的制度。

行政赔偿主要有以下特征：

（1）行政主体及其工作人员是侵权行为的主体。行政赔偿主体的特定性是区分行政赔偿与民事赔偿和司法赔偿的主要特征。

（2）行政赔偿的请求人是合法权益受到侵权行政行为损害的公民、法人或其他组织。凡是合法权益受到行政行为侵害的人或者组织都可以申请行政赔偿，而并不局限于行政行为所指向的对象。

（3）行政赔偿的责任主体是国家，但行政赔偿的义务机关为致害的行政主体。行政机关及其工作人员代表国家，以国家的名义实施行政管理，因而其法律后果都归属于国家，所以国家是行政赔偿的责任主体。至于具体的赔偿事务，如确定是否赔偿和赔偿数额、出庭应诉、是否与受害人和解以及最后支付赔偿金都是由行政赔偿义务机关完成。

（4）行政赔偿是行政机关及其工作人员违法行使职权的行为造成损害所给予的赔偿。行政赔偿是由行政主体及其工作人员行使职权的行为所引起的，并且这种行使职权的行为是违法的侵权行为。

（二）行政赔偿责任的构成要件

国家只有在符合一定条件的前提下才承担侵权赔偿责任。行政赔偿责任构成要件包括以下四个方面：

（1）侵权行为主体。侵权行为主体必须是行政主体及其工作人员。

（2）侵权行为性质。侵权行为必须是行政机关及其工作人员违法行使行政职权、侵犯行政相对人合法权益的行为。

（3）侵权损害事实。侵权损害事实和后果是行政赔偿的前提。侵权损害事实包括人身伤害、财产损害和精神损害等。侵权损害事实必须是已经发生、客观存在、内容明确的。此外遭受损害的权益必须是合法的，不受法律保护的权益遭受损害是不予赔偿的。

（4）因果关系。行政侵权行为是原因，损害事实是结果，它们在逻辑上存在着直接因果关系。

二、行政赔偿的范围

行政赔偿范围是指国家对行政相对人因违法行政行为而受到的哪些损害应予赔偿。

（一）应予赔偿的范围

我国行政赔偿的范围包括侵犯人身权的行为和侵犯财产权的行为两类。

1. 侵犯人身权的行为

行政主体及其工作人员在行使行政职权时有下列侵犯人身权情形之一的，受害人有取得赔偿的权利：①违法拘留或者违法采取限制公民人身自由的行政强制措施的；②非法拘禁或者以其他方法非法剥夺公民人身自由的；③以殴打、虐待等行为或者唆使、放纵他人以殴打、虐待等行为造成公民身体伤害或者死亡的；④违法使用武器、警械造成公民身体伤害或者死亡的；⑤造成公民身体伤害或者死亡的其他违法行为。

2. 侵犯财产权的行为

行政机关及其工作人员在行使行政职权时有下列侵犯财产权情形之一的，受害人有取得赔偿的权利：①违法实施罚款、吊销许可证和执照、责令停产停业、没收财物等行政处罚的；②违法对财产采取查封、扣押、冻结等行政强制措施的；③违法征收、征用财产的；④造成财产损害的其他违法行为。

（二）不予赔偿的范围

属于下列情形之一的，国家不承担行政赔偿责任：

（1）行政机关工作人员与行使职权无关的个人行为；

（2）因公民、法人和其他组织自己的行为致使损害发生的；

（3）法律规定的其他情形。

三、行政赔偿请求人与行政赔偿义务机关

（一）行政赔偿请求人

行政赔偿请求人是指因其合法权益在行政主体及其工作人员行使行政职权的过程中遭受损害而向国家请求赔偿的公民、法人或者其他组织。《国家赔偿法》第6条规定：受害的公民、法人和其他组织有权要求赔偿。受害的公民死亡，继承人和其他有扶养关系的亲属有权要求赔偿。受害的法人或者其他组织终止的，其权利承受人有权要求赔偿。

1. 公民

一般情况下，行政赔偿请求人应是受害公民本人，但当受害公民是未成年人或者精神病人时，可以由其监护人作为赔偿请求人。如果公民因侵害而死亡时，其继承人和其他有赡养、抚养关系的亲属也可以成为赔偿请求人。

2. 法人或其他组织

企业法人或者其他组织被行政机关撤销、变更、兼并、注销，认为经营自主权受到侵害的，原企业法人或其他组织，或者对其享有权利的法人或其他组织均有权提出行政赔偿请求。

（二）行政赔偿义务机关

行政赔偿义务机关是指依法接受赔偿请求、履行赔偿义务、支付赔偿费用、参加赔偿诉讼程序的行政机关。根据《国家赔偿法》的规定：

（1）行政机关及其工作人员行使行政职权时对公民、法人和其他组织的合法权益造成损害的，该行政机关为赔偿义务机关。

（2）两个以上行政机关共同行使行政职权时对公民、法人和其他组织的合法权益造成损害的，共同行使行政职权的行政机关为共同赔偿义务机关。此时该共同赔偿义务机关之间的责任是连带责任。

（3）法律、法规授权的组织在行使授予的行政权力时对公民、法人和其他组织的合法权益造成损害的，被授权的组织为赔偿义务机关。

（4）受行政机关委托的组织或者个人在行使受委托的行政权力时对公民、法人和其他组织的合法权益造成损害的，委托的行政机关为赔偿义务机关。

（5）赔偿义务机关被撤销的，继续行使其职权的行政机关为赔偿义务机关；没有继续行使其职权的行政机关的，撤销该赔偿义务机关的行政机关为赔偿义务机关。

（6）经复议机关复议的，最初造成侵权行为的行政主体为赔偿义务机关，但复议机关的复议决定加重损害的，复议机关对加重的部分履行赔偿义务。

四、行政赔偿程序

行政赔偿程序是指行政相对人在受到违法行政行为的侵害时提出赔偿以及行政赔偿义务机关处理行政赔偿申请和人民法院解决行政赔偿纠纷所要遵守的步骤、方式、顺序和时限的总称。

（一）行政赔偿请求的提出

1. 提出行政赔偿请求的要件

（1）请求人必须具有行政赔偿请求权。合法权益受到行政主体及其工作人员的违法行政行为侵害的公民、法人或其他组织依法享有请求赔偿义务机关予以赔偿的权利。赔偿请求人不是受害人本人的，应当说明与受害人的关系，并提供相应证明。

（2）有明确的行政赔偿义务机关。要根据《国家赔偿法》规定的不同情形下对应的赔偿义务机关提出行政赔偿请求。

（3）提出的行政赔偿请求必须是在《国家赔偿法》明确规定的行政赔偿范围内。如果受害人所受损害不在法律规定的行政赔偿范围内，则行政赔偿请求将被驳回。

(4)必须在法定期限内提出行政赔偿请求。《国家赔偿法》第 39 条规定赔偿请求人请求国家赔偿的时效为两年，自其知道或者应当知道国家机关及其工作人员行使职权时的行为侵犯其人身权、财产权之日起计算，但被羁押等限制人身自由期间不计算在内。在申请行政复议或者提起行政诉讼时一并提出赔偿请求的，适用行政复议法、行政诉讼法有关时效的规定。赔偿请求人在赔偿请求时效的最后 6 个月内，因不可抗力或者其他障碍不能行使请求权的，时效中止。从中止时效的原因消除之日起，赔偿请求时效期间继续计算。

2. 行政赔偿的请求方式

行政赔偿请求人向赔偿义务机关提出赔偿请求，应以书面形式进行。并且申请书应当载明下列事项：①受害人的姓名、性别、年龄、工作单位和住所，法人或者其他组织的名称、住所和法定代表人或者主要负责人的姓名、职务；②具体的要求、事实根据和理由；③申请的年、月、日。赔偿请求人书写申请书确有困难的，可以委托他人代书；也可以口头申请，由赔偿义务机关记入笔录。赔偿请求人不是受害人本人的，应当说明与受害人的关系，并提供相应证明。

3. 单独提出行政赔偿请求的程序

赔偿请求人要求赔偿，应当先向赔偿义务机关提出，赔偿义务机关在规定期限内未作出是否赔偿的决定，赔偿请求人可以自期限届满之日起三个月内，向人民法院提起诉讼。赔偿请求人对赔偿的方式、项目、数额有异议的，或者赔偿义务机关作出不予赔偿决定的，赔偿请求人可以自赔偿义务机关作出赔偿或者不予赔偿决定之日起三个月内，向人民法院提起诉讼。前置程序要求赔偿请求人在单独提起行政赔偿请求时必须先向赔偿义务机关提出，一般适用于侵权行为已被确认为违法或已被撤销、变更或者被法院判决确认违法而撤销等情形。

4. 一并提出行政赔偿程序

赔偿请求人可以在申请行政复议中提起，也可以在提起行政诉讼时一并提出。《行政复议法》第 29 条规定，申请人在申请行政复议时可以一并提出行政赔偿请求，行政复议机关对符合国家赔偿法的有关规定应当给予赔偿的，在决定撤销、变更具体行政行为或者确认具体行政行为违法时，应当同时决定被申请人依法给予赔偿。一并提出行政赔偿请求呈现出以下特点：确认行政行为违法与请求行政赔偿一并提出；复议机关或人民法院通常先对行政侵权行为的违法性进行确认，再决定是否予以赔偿。

（二）行政赔偿义务机关的受案与处理

1. 行政赔偿义务机关的受案

赔偿请求人当面递交申请书的，赔偿义务机关应当当场出具加盖本行政机关专用印章并注明收讫日期的书面凭证。申请材料不齐全的，赔偿义务机关应当当场或者在 5 日内一次性告知赔偿请求人需要补正的全部内容。

赔偿义务机关收到申请书后应进行受案前的初步审查，主要包括以下几项：①申请书的内容和形式是否符合法律规定；②该申请是否符合行政赔偿的要件；③赔偿请求人所要求的行政赔偿是否属于《国家赔偿法》所规定的赔偿范围。如经过初步审查，所有这些要求均已达到，则应决定立案处理。

2. 行政赔偿义务机关的处理

赔偿义务机关应当自收到申请之日起两个月内，作出是否赔偿的决定。赔偿义务机关作出赔偿决定，应当充分听取赔偿请求人的意见，并可以与赔偿请求人就赔偿方式、赔偿项目和赔偿数额依照《国家赔偿法》第四章的规定进行协商。逾期不予赔偿或者赔偿请求人对赔偿数额有异议的，请求人可以自期限届满之日起 3 个月内向人民法院提起行政赔偿诉讼。

（三）行政赔偿诉讼

行政赔偿诉讼是指公民、法人或者其他组织认为其合法权益受到行政机关及其工作人员违法行使职权的侵害，依法向人民法院提起诉讼，人民法院根据赔偿请求人的诉讼请求，适用《行政诉讼法》的一般规定以及《国家赔偿法》的特别规定及有关司法解释，裁判赔偿争议的活动。行政赔偿是一种独立的特殊诉讼形式，在起诉条件、审理形式、证据规则等方面都有自身特点。

（1）从起诉条件看。单独提起的行政赔偿诉讼，要以行政赔偿义务机关先行处理为前置程序；一并提起赔偿请求的，起诉应符合《行政诉讼法》规定的起诉条件。

（2）从审理形式看。行政赔偿诉讼不同于一般行政诉讼，在行政赔偿诉讼过程中，人民法院可以进行调解，以解决赔偿争议；而一般行政诉讼除法定情形外不适用调解。

（3）从证据规则看。行政赔偿诉讼实行“谁主张，谁举证”规则，不同于一般行政诉讼实行的“原告主张，被告举证”规则。

（四）行政追偿程序

1. 行政追偿的概念

行政追偿是指赔偿义务机关在代表国家向行政赔偿请求人支付赔偿金后，依法责令有故意或者重大过失的行政机关工作人员、受委托的组织或者个人承担部分或者全部赔偿费用的法律制度。

2. 行政追偿的要件

行政赔偿义务机关行使追偿权需满足以下两个条件：

(1)行政赔偿义务机关已经向行政赔偿请求人支付了行政赔偿金。

(2)行政机关工作人员或受委托的组织或个人在行使行政职务的过程中存在主观的故意或者重大过失。故意，是指行政机关工作人员或受委托的组织或个人在行使行政职务的过程中明知其实施的行政行为将会对行政相对人的合法权益造成损害而希望或者放任损害结果的发生的主观心理态度。重大过失，是指行政机关工作人员或受委托的组织或个人在行使行政职务的过程中能预料到行政行为将会对行政相对人的合法权益造成损害，却因自己的疏忽大意没能预料到或过于自信能轻易避免的主观态度。

3. 行政追偿的范围和标准

赔偿义务机关在行使追偿权、确定追偿数额时，一般应遵循以下原则：

(1)追偿的范围，以赔偿义务机关支付的损害赔偿金额(包括赔偿金、恢复原状和返还财产所需费用)为限。如果请求人放弃部分请求权，赔偿义务机关也相应减少给付的，减少的部分不应追偿；如果请求人放弃全部请求权，赔偿义务机关全部未给付的，不能追偿。赔偿义务机关所支付的办案经费、诉讼费用等应从行政机关的财政经费中支付，不宜列入追偿范围。

(2)追偿数额的大小，要与过错程度相适应，同时要考虑被追偿者的薪金收入。

(3)如果赔偿义务机关因自己的过错而支付了过多的赔偿金时，超出赔偿额的部分不应追偿。

(五)行政赔偿的方式与计算标准

1. 行政赔偿的方式

国家赔偿以支付赔偿金为主要方式。能够返还财产或者恢复原状的，予以返还财产或者恢复原状。

(1)支付赔偿金。就是将受害人所受各项损害，通过换算折抵成金钱，以货币的形式进行赔偿的方式。支付赔偿金的方式快速、便捷，有利于国家机关正常工作的开展，因此支付赔偿金是主要的赔偿方式。

(2)返还财产。赔偿义务机关将其违法占有或控制的受害人的财产，返还给受害人。例如，解封商铺，返还没收的财物。

(3)恢复原状。赔偿义务机关将其违法损害的财产进行修复，并使之恢复到损坏前的状态。

上述三种方式，可以单独使用也可以并用。

2. 行政赔偿的计算标准

(1)侵犯公民人身自由的赔偿标准。侵犯公民人身自由的，每日的赔偿金按照国家上年度职工日平均工资计算。

（2）侵犯公民生命健康权的，赔偿金按照下列规定计算：①造成身体伤害的，应当支付医疗费、护理费，以及因误工减少的收入。减少的收入日赔偿金按照国家上年度职工日平均工资计算，最高额为国家上年度职工年平均工资的五倍；②造成部分或者全部丧失劳动能力的，应当支付医疗费、护理费、残疾生活辅助用具费、康复费等因残疾而增加的必要支出和继续治疗所必需的费用，以及残疾赔偿金。残疾赔偿金根据丧失劳动能力的程度，按照国家规定的伤残等级确定，最高不超过国家上年度职工年平均工资的20倍。造成全部丧失劳动能力的，对其扶养的无劳动能力的人，还应当支付生活费；③造成死亡的，应当支付死亡赔偿金、丧葬费，总额为国家上年度职工年平均工资的20倍。对死者生前扶养的无劳动能力的人，还应当支付生活费。生活费的发放标准，参照当地最低生活保障标准执行。被扶养的人是未成年人的，生活费给付至18周岁止；其他无劳动能力的人，生活费给付至死亡时止。

（3）侵犯公民、法人和其他组织的财产权造成损害的，依如下规则处理：①处罚款、罚金、追缴、没收财产或者违法征收、征用财产的，返还财产；②查封、扣押、冻结财产的，解除对财产的查封、扣押、冻结，造成财产损坏或者灭失的，依法赔偿；③应当返还的财产损坏的，能够恢复原状的恢复原状，不能恢复原状的，按照损害程度给付相应的赔偿金；④应当返还的财产灭失的，给付相应的赔偿金；⑤财产已经拍卖或者变卖的，给付拍卖或者变卖所得的价款；变卖的价款明显低于财产价值的，应当支付相应的赔偿金；⑥吊销许可证和执照、责令停产停业的，赔偿停产停业期间必要的经常性费用开支；⑦返还执行的罚款或者罚金、追缴或者没收的金钱，解除冻结的存款或者汇款的，应当支付银行同期存款利息；⑧对财产权造成其他损害的，按照直接损失给予赔偿。

【引例分析】

前引案例中，被告作出《公告》的行为因程序严重违法应当被撤销，但是否应当承担行政赔偿责任还取决于原告是否因此违法行政行为遭受了损失，被致损的权益是否是合法权益。在诉讼中，原告提交的相关建筑图纸件显示，图纸上有手写文字“同意松木场小区河西67 ＃ 1单元×室金某在图示位置保留6 ㎡”，图纸上所盖公章为杭州市西湖区城乡建设委员会规划管理专用章，落款日期为1993年4月14日。由此可见，原告实际上没有取得有关涉案建筑的、正式的房屋权属证书，故原告关于涉案建筑的赔偿请求不能成立。至于其他财物损失，本案被诉行为并未涉及该建筑内的财物，被诉行为与原告主张的财物损失之间没有因果关系，其赔偿请求应不予支持。

第三节　行政复议

一、行政复议概述

(一)行政复议的含义与特征

行政复议是指行政相对人认为行政主体的具体行政行为侵犯了其合法权益，依法向上级行政机关或者是法律规定的其他机关提出申请，由受理申请的行政机关对具体行政行为进行合法性、适当性审查，并作出行政复议决定的一种法律制度。

行政复议具有以下几个特征：

(1)行政复议是行政系统内部的自我纠错机制，由法定的行政机关负责处理行政争议；

(2)行政复议是由行政相对人启动的。行政复议由行政相对人申请才能启动，行政机关不能主动启动行政复议程序。

(3)行政复议以行政争议为处理对象。行政争议是指行政机关在实施具体行政行为过程中，行政相对人认为该具体行政行为侵犯了其合法权益而引发的争议。行政复议不解决民事争议和其他争议。

(4)行政复议以具体行政行为为审查对象，并附带审查部分抽象行政行为。行政复议以具体行政行为为审查对象，附带审查抽象行政行为中的其他规范文件，但不审查行政法规和规章。

(5)行政复议主要采用书面审查的方式。行政复议机关以书面审查为主要审查方式，必要时可以组织听证，结合听证情况处理相关行政争议。

(二)行政复议的基本原则

1. 一级复议原则

一级复议原则是指行政争议经过行政复议机关审查并作出决定之后，如果行政复议申请人对结果不满意，不能再向行政机关申请行政复议，要么复议终结，要么只能向法院提起行政诉讼。

2. 书面复议原则

书面复议原则是指复议机关对复议申请人和被申请人提交的书面材料进行审

查，一般无需召唤申请人和被申请人进行对质审查，在书面审查的基础上即可作出行政复议决定。

3. 复议不停止执行原则

复议不停止执行原则是指行政相对人若不服行政主体作出的具体行政行为向行政复议机关申请复议，行政复议机关受理后，在复议审理期间，一般不停止原具体行政行为的执行。

4. 被申请人负最主要举证责任原则

这是指不服具体行政行为的行政相对人在提出行政复议后，针对具体行政行为合法性和合理性的证明责任由被申请人承担。如若被申请人举证不能，具体行政行为将被行政复议机关撤销或变更。

二、行政复议范围

行政复议范围是指行政相对人可以向行政复议机关提出复议审查的行政行为的范围，又称行政复议的受案范围。

我国行政复议的范围非常宽泛。原则上，除法律明确规定不属于行政复议受案范围的行政行为外，其他所有(具体)行政行为都可以被申请复议。

(一)不能申请行政复议的行政行为

根据《行政复议法》的相关规定，以下几种行政行为不能申请行政复议：

(1)行政立法行为。即行政机关制定行政法规、规章的行为。

(2)内部行政行为。即行政机关作出的行政处分或者其他人事处理决定。

(3)居间行为。即行政机关对民事纠纷作出的调解或者其他处理。

(二)可以附带申请行政复议的抽象行政行为

公民、法人或者其他组织认为行政机关的具体行政行为所依据的下列规定不合法，在对具体行政行为申请行政复议时，可以一并向行政复议机关提出对该规定的审查申请：①国务院部门的规定；②县级以上地方各级人民政府及其工作部门的规定；③乡、镇人民政府的规定。以上所列规定不含国务院部、委员会规章和地方人民政府规章。规章的审查依照法律、行政法规办理。

我国对法律、法规、规章是否合法，《立法法》中有比较完整的监督制度。而行政规定不属于法，但是又有许多具体行政行为是依据行政规定作出的，通过行政复议制度对其进行审查，能更好地保护行政相对人的合法权益。

三、行政复议参加人

行政复议参加人一般包括申请人、被申请人、第三人、行政复议机关。

(一) 申请人

行政复议申请人是指对行政主体实施的损害其合法权益的具体行政行为不服，以自己的名义向行政复议机关提出行政复议的公民、法人或者其他组织。

申请人具有以下法律特征：首先，申请人应是行政相对人，即具体行政行为所针对或影响的对象。其次，申请人是认为其合法权益被具体行政行为侵害的人。这里的“认为”是一种主观的认识。最后，申请人必须以自己的名义向行政复议机关提出行政复议。《行政复议法》第 10 条规定：有权申请行政复议的公民死亡的，其近亲属可以申请行政复议；有权申请行政复议的公民为无民事行为能力人或者限制民事行为能力人的，其法定代理人可以代为申请行政复议；有权申请行政复议的法人或者其他组织终止的，承受其权利的法人或者其他组织可以申请行政复议。

(二) 被申请人

被申请人是指行政相对人认为自身合法权益遭受具体行政行为侵害，向行政复议机关指控的实施具体行政行为的行政机关，该行政机关即为被申请人。

除实施具体行政行为的行政机关可以作为被申请人外，其他情形下被申请人的确定规则如下：①法律、法规授权的行政主体作出的具体行政行为引起行政复议，该被授权行政主体为被申请人。②行政主体委托的组织所作具体行政行为引起行政复议的，委托的行政主体为被申请人。③两个或两个以上行政主体以共同名义作出同一具体行政行为引起行政复议的，共同作出该具体行政行为的主体是被申请人。④作出具体行政行为的行政主体被撤销的，继续行使其职权的行政主体是被申请人。

(三) 第三人

第三人是指与被申请复议的具体行政行为有利害关系、经复议机关的通知或者申请参加到行政复议过程中的除申请人和被申请人以外的公民、法人或者其他组织。第三人与被申请复议的具体行政行为有利害关系，如果不参加到行政复议过程中去，其合法利益可能会受到影响。第三人可以依申请或依行政复议机构的通知参加行政复议。

四、行政复议机关

行政复议机关是指有权受理行政复议申请人提出的申请，并依法对被申请复议的具体行政行为进行合法性、正当性审查并作出行政复议决定的行政机关。

行政复议机关的确定规则如下：

(1)对县级以上地方各级人民政府工作部门的具体行政行为不服的，由申请人选择，可以向该部门的本级人民政府申请行政复议，也可以向上一级主管部门申请行政复议。对海关、金融、国税、外汇管理等实行垂直领导的行政机关和国家安全机关的具体行政行为不服的，向上一级主管部门申请行政复议。

(2)对地方各级人民政府的具体行政行为不服的，向上一级地方人民政府申请行政复议。

(3)对国务院部门或者省、自治区、直辖市人民政府的具体行政行为不服的，向作出该具体行政行为的国务院部门或者省、自治区、直辖市人民政府申请行政复议。

(4)对上述规定以外的其他行政机关、组织的具体行政行为不服的，按照下列规定申请行政复议：①对县级以上地方人民政府依法设立的派出机关的具体行政行为不服的，向设立该派出机关的人民政府申请行政复议；②对政府工作部门依法设立的派出机构依照法律、法规或者规章规定，以自己的名义作出的具体行政行为不服的，向设立该派出机构的部门或者该部门的本级地方人民政府申请行政复议；③对法律、法规授权的组织的具体行政行为不服的，分别向直接管理该组织的地方人民政府、地方人民政府工作部门或者国务院部门申请行政复议；④对两个或者两个以上行政机关以共同的名义作出的具体行政行为不服的，向其共同上一级行政机关申请行政复议；⑤对被撤销的行政机关在撤销前所作出的具体行政行为不服的，向继续行使其职权的行政机关的上一级行政机关申请行政复议。

与行政复议机关相关的是行政复议机构，行政复议机构是指行政复议机关内部设立的专门负责处理行政复议事项的办事机构。其不拥有独立的法人地位，不能以自己的名义对外行使职权。

五、行政复议的程序

行政复议程序是指行政复议机关处理行政复议案件所应遵循的方式、步骤、时限和顺序的总称。行政复议主要包含以下程序：

(一)申请

行政复议申请是指行政相对人认为其合法权益遭受具体行政行为的侵害，向行政复议机关提出要求撤销或变更该具体行政行为的请求。行政复议的申请是行政复议程序的启动环节。

1. 申请行政复议的条件

行政相对人申请行政复议应满足以下条件：①申请人合格。申请人必须是认为其合法权益遭受具体行政行为侵害的公民、组织或者其他组织。②有明确的被申请人。③有具体的复议请求和事实依据。④属于行政复议的范围。⑤法律、法规规定的其他条件。主要包括复议在法定期限之内，未向人民法院提起行政诉讼等。

2. 申请行政复议的期限

行政相对人应当在知道相应具体行政行为之日起 60 日内提出复议申请，法律另有规定的除外。因不可抗力或者其他正当理由耽误法定申请期限的，申请期限自障碍消除之日起继续计算。

3. 申请行政复议的方式

行政复议申请人一般应采用书面形式提出申请。申请人也可以到行政复议机关口头申请复议。口头申请，行政复议机关应当场记录申请人的基本情况、复议请求、申请复议的主要事实、理由和时间。复议申请书应载明下列内容：申请人的名称等基本情况；被申请人的名称、地址；申请复议的要求和理由；提出复议申请的日期。

(二)受理

行政复议机关收到行政复议申请后，应当在五日内进行审查，并视不同情况进行处理：①对不符合本法规定的行政复议申请，决定不予受理，并书面告知申请人。②对符合本法规定，但是不属于本机关受理的行政复议申请，应当告知申请人向有关行政复议机关提出；已经接受的，应当自接到该行政复议申请之日起七日内，转送有关行政复议机关，并告知申请人。③公民、法人或者其他组织依法提出行政复议申请，行政复议机关无正当理由不予受理的，上级行政机关应当责令其受理；必要时，上级行政机关也可以直接受理。

(三)审理

行政复议审理是指行政复议机关对申请人提起行政复议的具体行政行为进行合法性、正当性审查的过程。

1. 审理前的准备工作

为了确保审理工作合法、顺利地进行，行政复议机关要做好以下审理前准备：①行政复议机关负责法制工作的机构应当自行政复议申请受理之日起 7 日内，将行政复议申请书副本或者行政复议申请笔录复印件发送给被申请人。②决定原具体行政行为是否应停止执行。

2. 审理的方式

行政复议原则上采取书面审理的方式。但是，申请人提出要求或行政复议机构认为有必要时，可以向有关组织和人员调查情况，听取申请人、被申请人和第三人的意见。

3. 审理的依据

行政复议机关审理行政复议案件，以法律、行政法规、地方性法规、规章及其他规范性文件为依据。行政复议机关认为依据不合法，本机关有权处理的，应当在 30 日内依法处理；无权处理的，应当在 7 日内按照法定程序转送有权处理的国家机关依法处理。处理期间，中止对具体行政行为的审查。

4. 附带审查其他规范性文件的处理程序

申请人在申请行政复议时，一并提出对国务院部门的规定、县级以上地方各级人民政府及其工作部门的规定、乡、镇人民政府的规定的审查申请的，行政复议机关对该规定有权处理的，应当在 30 日内依法处理；无权处理的，应当在 7 日内按照法定程序转送有权处理的行政机关依法处理，有权处理的行政机关应当在 60 日内依法处理。处理期间，中止对具体行政行为的审查。

(四) 决定

行政复议决定是指行政复议机关对行政相对人提出申请复议的被申请人的具体行政行为进行合法性、适当性审查后，作出的具有法律效力的决定。行政复议机关负责法制工作的机构应当对被申请人作出的具体行政行为进行审查，提出意见，经行政复议机关的负责人同意或者集体讨论通过后，根据不同情况在受理行政复议申请之日起 60 日内(法律另有规定的除外)，按照下列规定作出行政复议决定：

1. 维持决定

对被申请的具体行政行为，行政复议机关认为事实清楚，证据确凿，适用法律、法规、规章和其他规范性文件正确；作出具体行政行为符合法定程序且内容适当的，应当依法作出维持该具体行政行为的复议决定。

2. 履行决定

经复议机关审理认为被申请人应当履行职责而拒不履行法定职责或拖延履行法定职责的，决定其在一定期限内履行。

3. 撤销、变更和确认违法决定

如果被申请复议的行政机关在作出具体行政行为时存在以下情形之一的，可以决定撤销、变更或者确认该具体行政行为违法；决定撤销或者确认该具体行政行为违法的，可以责令被申请人在一定期限内重新作出具体行政行为：①主要事实不清、证据不足的；②适用依据错误的；③违反法定程序的；④超越或者滥用职权的；⑤具体行政行为明显不当的。

4. 赔偿决定

行政复议机关认为符合国家赔偿法有关规定应当给予赔偿的，在决定撤销、变更具体行政行为或者确认具体行政行为违法时，应当同时决定被申请人依法给予赔偿。行政复议机关在依法决定撤销或者变更罚款、撤销违法集资、没收财物、征收财物、摊派费用以及对财产的查封、扣押、冻结等具体行政行为时，应当同时责令被申请人返还财产，解除对财产的查封、扣押、冻结措施，或者赔偿相应的价款。

（五）执行

行政复议决定的执行是指有权行政机关或者人民法院依有关行政机关申请，对不履行行政复议决定的义务人采取强制措施，迫使其履行义务的行为。根据《行政复议法》第 32 条、第 33 条的规定，“义务人”包括作为被申请人的行政机关和作为申请人的公民、法人或者其他组织。

当被申请人应当履行行政复议决定而不履行或者无正当理由拖延履行的，行政复议机关或者有关上级行政机关应当责令其限期履行。对申请人逾期不起诉又不履行行政复议决定的，或者不履行最终裁决的行政复议决定的，按照下列规定分别处理：①维持具体行政行为的行政复议决定，由作出具体行政行为的行政机关依法强制执行，或者申请人民法院强制执行；②变更具体行政行为的行政复议决定，由行政复议机关依法强制执行，或者申请人民法院强制执行。

【思考题】

1. 什么是行政补偿？
2. 什么是行政赔偿？
3. 行政赔偿的构成要件有哪些？
4. 简述行政赔偿的范围。
5. 什么是行政复议？
6. 行政复议的基本原则有哪些？

【案例题】

张某不服县政府土地确权行政复议案

1985 年张某在户籍所在村建草房 3 间，宅基地总面积 182 平方米。1992 年全县进行地籍调查、确权颁证工作时，县政府为其颁发了集体土地建设用地使用证。1995 年张某全家到外地工作。2000 年县政府在全县开展新一轮换证工作，并通告逾期换证的全部作废。张某因不知情一直未申请更换新的土地使用证。2009 年 4 月，第三人推倒张某院墙并占用张某部分宅基地施工建造房屋。张某得知后回家予以制止，始知早在 2006 年 6 月县政府即为第三人颁发了集体土地使用证，该证涵盖了张某的部分宅基地，第三人才推倒张某院墙建房。张某于 2009 年 5 月申请复议。被申请人在行政复议过程中答复指出，2000 年申请人逾期不换证，其土地使用证已作废。其草房属危房且其宅基地早已闲置不用，被申请人确权给急需建房的第三人使用符合土地管理法的规定。市政府审查后，撤销了被申请人为第三人颁发土地使用证的具体行政行为。①

问：

(1) 县政府的具体行政行为是否是可申请复议的行政行为?

(2) 市政府做出的行政复议决定是否正确?

分析提示：

1. 根据《行政复议法》的规定，对行政机关作出的有关许可证、执照、资质证、资格证等证书变更、中止、撤销的决定不服的，公民、法人或者其他组织可以依照行政复议法申请行政复议。

2. 被申请人为申请人颁发的土地使用证，属行政许可行为，在未依照法定程序撤销以前仍属有效，不能仅以申请人逾期未换证为由宣布作废，况且申请人确实不知晓换证通知，情亦可谅。被申请人在未依照法定程序收回闲置宅基地的情况下，将该宅基地的部分土地使用权确权给第三人，其具体行政行为事实不清，证据不足，依法应予撤销。

---

① http://www.zaoqiang.gov.cn/zffz/alfx/2010/06/11/content_50675.shtml 2016/6/18

下篇　行政诉讼法

第十一章　行政诉讼法概述

【本章重点】

(1)行政诉讼是指公民、法人或者其他组织认为享有国家行政职权的机关、组织及其工作人员行使职权时作出的行政行为侵犯其合法权益，向人民法院起诉，人民法院依法定程序，在当事人及其他诉讼参与人的参加下，对行政行为的合法性进行审理并作出裁决的一种活动。

(2)行政诉讼的法律特征在于：①行政诉讼解决法定的行政争议；②我国行政诉讼的被告恒定为行政主体；③行政诉讼以审查行政行为的合法性为核心。

(3)行政诉讼的主要功能有：①控权功能；②保障人权功能；③促进依法行政功能。

(4)行政诉讼的特有原则包括：①司法介入有限原则；②被诉行政行为合法性审查原则；③被告负主要举证责任原则；④有限调解原则。

【案例导入】

李某诉章丘市公安局行政处罚案

2014年7月15日9时许，在山东省章丘市龙山街道办事处兰家村王某家门外，因邻里纠纷，李某将王某种植于其房屋南墙外侧的蔬菜破坏，经物价鉴定损坏财物价值122元，章丘市公安局依据《治安管理处罚法》第49条的规定，作出行政处罚决定，对李某处以行政拘留五日。李某由此提出诉讼，一审法院对该行政处罚决定予以维持，李某提出上诉。济南市中级人民法院以“上诉人是因原审第三人王某承认毁坏了其种植的作物，双方争吵后拔除了原审第三人王某的蔬菜，价值122元，情节特别轻微，被上诉人对上诉人作出拘留五日的行政处罚显失公正。”“依据《治安管理处罚法》第19条规定，对上诉人拔除原审第三人蔬菜的行为可以减轻处罚或者不予处罚。为有效化解邻里矛盾，本着教育与惩罚相结合的原则，对上诉人处以警告的行政处罚足以达到教育惩罚的目的。原审法院认定被上诉人作出的行政处罚决定适用法律、法规正确，显然不当”为由，作出：“撤销章丘市人民法院(2014)章行初字第58号行政判决；变更被上诉人章丘市公安局作出的行政处罚决定‘对李某处以行政拘留五日’为‘对李某处以警告处罚’。”

问：本案中济南市中级人民法院作出变更判决时主要应遵循行政诉讼法的哪一特有原则？

第一节　行政诉讼的概念与功能

一、行政诉讼的概念

(一)行政诉讼的含义

行政诉讼是指公民、法人或者其他组织认为享有国家行政职权的机关、组织及其工作人员行使职权时作出的行政行为侵犯其合法权益，向人民法院起诉，人民法院依法定程序，在当事人及其他诉讼参与人的参加下，对行政行为的合法性进行审理并作出裁决的一种活动。行政诉讼是与民事诉讼、刑事诉讼平行的一种司法诉讼活动，是旨在解决行政争议的重要法律制度。

(二)行政诉讼的特征

我国行政诉讼具有如下法律特征：

1.行政诉讼解决法定的行政争议

所谓行政争议，是指行政主体在行使行政职权的过程中与行政相对人之间发生的争执。行政诉讼虽然解决行政争议，但并非所有的行政争议都可以进入行政诉讼。行政争议涉及国家各方面的行政事务，都通过行政诉讼来解决显然是不适宜的，还需要行政复议、行政申诉、行政调解等其他非诉途径来解决。通过行政诉讼解决的只是行政争议中的一部分，即限于法定的属于人民法院受案范围的行政争议。

2.行政诉讼的被告恒定为行政主体

与民事诉讼中不特定的被告身份不同，在行政诉讼中，被告的身份一般是恒定的。行政诉讼的被告只能是作出被诉行政行为的行政机关或法律、法规、规章授权的组织。行政主体在行政管理中处于主导地位，行使的是国家公权力，一般无需通过诉讼的方式来实现行政行为。行政诉讼所要解决的是行政行为合法性问题，而行政行为是由行政主体作出的，因此，行政诉讼的被告具有恒定性。

3. 行政诉讼以审查行政行为的合法性为核心

行政诉讼活动及其过程都是围绕行政行为的合法性审查进行的。在行政诉讼中，人民法院审查行政行为一般仅限于合法性审查，原则上不涉及行政行为的合理性问题，除非行政行为的不合理达到了“明显”的程度。

二、行政诉讼的功能

行政诉讼的功能，是指行政诉讼制度在社会生活中的作用和产生的影响。行政诉讼的功能是多方位、多层面的，大致可以概括为以下三个方面：

（一）控权功能

行政诉讼的功能之一是控制行政权力。权力的运行规律告诉我们一切权力都有被滥用的可能，权力越大，越会被滥用，所以就越需要控制。法律赋予行政主体必要的强制性权力与手段，就无法避免行政主体利用这种权力、手段实施行政违法行为侵犯行政相对人合法权益的可能。行政诉讼作为一种司法审查制度，通过对行政争议进行审理，对行政行为的合法性进行评判，就能起到监督行政执法、控制行政权力滥用、保障人民权利的作用。

（二）保障人权功能

行政诉讼控制行政权力滥用的根本目的在于保障公民的合法权益。行政权具有主动性、强制性，是国家公权力中对公民影响最为直接、最为广泛的一种，也是对公民合法权益威胁最大的一种公权力。行政诉讼通过对行政主体行使行政职权的行为进行合法性审查，撤销、变更、确认违法的侵犯公民权益的行政行为等，就能起到保障公民权益的作用。

（三）促进依法行政功能

对于行政机关来说，行政诉讼制度也是一种法律监督制度，其功能主要是监督行政机关依法行使行政职权。一方面，人民法院依法独立公正行使审判权，通过司法审查机制，发现被诉行政行为违反法律、法规、规章时，可以运用国家司法权，作出撤销、变更行政行为等判决，从而起到司法权监督行政权的作用，以促使行政机关严格依法行政。另一方面，人民法院可以向行政机关提出“司法建议”，要求行政机关纠正行政过程中的不法行为，对行政机关依法办事，提高执法水平有着重要的作用。

第二节 行政诉讼的基本原则

一、行政诉讼基本原则的含义

行政诉讼的基本原则是指由行政诉讼法予以规定的，贯穿于行政诉讼活动整个过程或主要过程，指导和规范行政诉讼法律关系主体诉讼行为，体现和反映行政诉讼一般规律和理念的基本准则。

二、行政诉讼基本原则的内容

我国行政诉讼的基本原则分为两类：一类是和刑事诉讼、民事诉讼共同遵循的原则，即共有原则；另一类是行政诉讼自身所特有的原则，即特有原则。

（一）共有原则

1. 人民法院依法独立行使行政审判权原则

人民法院依法独立行使行政审判权原则具体包含以下内容：第一，只有人民法院享有行政审判权，任何其他国家机关、社会团体、个人都无权行使；第二，人民法院行使审判权必须“依法”，不能脱离法律规定独立进行；第三，人民法院行使审判权，不受行政机关、社会团体、个人的干涉，尤其是行政机关不得干预。

2. 以事实为根据，以法律为准绳原则

人民法院审理行政案件，以事实为根据，以法律为准绳。这一原则要求人民法院在审理行政案件时，要将相关事实调查清楚，遵循客观事实，不能主观臆断；审查、裁决必须依法进行，《行政诉讼法》第 63 条规定：“人民法院审理行政案件，以法律和行政法规、地方性法规为依据。地方性法规适用于本行政区域内发生的行政案件。人民法院审理民族自治地方的行政案件，并以该民族自治地方的自治条例和单行条例为依据。人民法院审理行政案件，参照规章。”

3. 当事人法律地位平等原则

当事人法律地位平等原则是指当事人享有平等的诉讼权利和承担平等的诉讼义务。行政主体和公民、法人或其他组织在行政诉讼中地位平等，但并不意味着双方的权利义务完全对等或相同。

4. 使用本民族语言文字进行诉讼原则

使用本民族语言文字进行诉讼原则是指各民族公民都有用本民族语言、文字进行行政诉讼的权利。在少数民族聚居或者多民族共同居住的地区，人民法院应当用当地民族通用的语言、文字进行审理和发布法律文书。人民法院应当对不通晓当地民族通用的语言、文字的诉讼参与人提供翻译。

5. 辩论原则

辩论权是诉讼中当事人所享有的基本权利，人民法院必须充分保障。在行政诉讼中，当事人有权针对案件事实的有无、证据的真伪、适用法律法规正确与否等问题进行辩论。

6. 人民检察院对行政诉讼实行法律监督原则

人民检察院是宪法确定的国家法律监督机关，其法律监督的主要方式是抗诉和提出检察建议，对人民法院已经发生法律效力的行政判决、裁定，发现存在法定的应当再审的情形或其他违法情形的，有权提出检察建议或者依照审判监督程序提出抗诉。

(二)特有原则

1. 司法介入有限原则

司法介入有限主要体现在：

(1)受案范围有限。我国《行政诉讼法》第 2、12、13 条及相关司法解释对行政诉讼案件的受案范围作出了概括性规定和正反面列举，明确划定了行政诉讼的受案范围。

(2)审查范围有限。除法律规定的特定情形外，行政诉讼中法院一般只审查行政行为的合法性，不审查行政行为的合理性。

(3)变更权力有限。司法变更权是指人民法院对被诉行政行为经过审理后，直接改变该行政行为的权力。在兼顾最大限度地保护当事人合法权益、保证司法权有效行使以及保障行政权功能的正常发挥等因素的基础上，我国《行政诉讼法》规定了法院仅在以下情况可以作出变更判决：行政处罚明显不当的，除行政处罚以外的其他行政行为涉及对款额的确定、认定确有错误的。

(4)对行政主体的执行手段有限。人民法院在行政机关拒绝履行行政判决、裁定时，不得查封、扣押、冻结、拍卖、变卖行政机关的财产；不得代行相关行为，只能在规定履行期限期满之日起，对行政机关按日处罚款；不便直接强制执行时，向该行政机关的上一级行政机关或者监察、人事机关提出司法建议，由接受司法建议的机关按规定处理。

2. 被诉行政行为合法性审查原则

行政诉讼中法院一般只审查行政行为的合法性，不审查行政行为的合理性。

合法性审查原则既是对司法权监督制约行政权的授权，也是对司法监督权的限制。司法权与行政权的不同功能定位，以及行政机关在行政管理上所具有的专门知识与经验，决定了行政行为是否适当、合理一般应由行政机关自行处理，法院不得代行。但行政行为明显不当的，法院可以介入审查并作出相应判决，这是例外。

3. 被告负主要举证责任原则

民事诉讼遵循“谁主张，谁举证”的原则，刑事诉讼中的举证责任由指控方即公诉机关或自诉人承担，行政诉讼的举证责任与之有很大不同。《行政诉讼法》第34条规定：“被告对作出的行政行为负有举证责任，应当提供作出该行政行为的证据和所依据的规范性文件。”据此，行政诉讼中主要举证责任由作为被告的行政主体承担。这是因为，第一，作为行政诉讼审查对象的行政行为是由被告即行政主体作出的。行政主体在作出行政行为时就对其合法性等有说明义务，因此，证明行政行为合法与否的证据应由被告提供。第二，作为原告的行政相对人的举证能力有限。在行政管理中，行政相对人处于被管理地位，很难从作出行政行为的行政主体处取得相关案卷材料和证据。当然，原告并不是不负任何举证责任，其应对诉讼成立要件等负举证责任。

4. 有限调解原则

人民法院审理行政案件不适用调解是由行政权的性质和行政案件的特点决定的。行政职权是国家法定权力，行政主体只能依法行政，一般不享有裁量处分权，行政主体不得放弃或让步。但在行政赔偿、补偿以及行政主体行使法律、法规规定的自由裁量权的案件中，由于行政主体有一定的裁量空间，所以可以调解。

【引例分析】

前引案例中，李某与王某发生争吵，拔除部分蔬菜，系损毁公私财物的违法行为，应当受到行政处罚，但系因是邻里纠纷，损毁财物价值不大，不具有严重的社会危害性，违法情形特别轻微，对李某处以警告的行政处罚足以达到教育惩罚的目的，不必适用最为严厉的人身自由罚。依据《治安管理处罚法》第5条规定，治安管理处罚必须以事实为依据，与违反治安管理行为的性质、情节以及社会危害程度相当；第19条规定，对于违反治安管理但情节特别轻微的，可以减轻处罚或者不予处罚；第17条规定的治安管理处罚种类中包含了“警告”这一处罚种类；以及《行政诉讼法》第77条的规定，济南市中级人民法院将章丘市公安局对李某作出的行政拘留变更为警告，系属司法裁量权的正常行使。

本案涉及行政诉讼中的司法介入有限原则。人民法院在判决行政案件时其司法变更权是有严格限制的。我国《行政诉讼法》第77条规定：“行政处罚明显不当，或者其他行政行为涉及对款额的确定、认定确有错误的，人民法院可以判决变更。”本案属于行政处罚明显不当的情形，所以法院行使了变更判决权，此判决是合法的。

【思考题】

1. 简述行政诉讼的含义与特征。
2. 行政诉讼有哪些功能？
3. 简述行政诉讼中的司法介入有限原则。
4. 简述行政诉讼中的合法性审查原则。
5. 简述行政诉讼中的被告负主要举证责任原则。

【案例题】

张某等十五人诉云岩区政府房屋行政征收案

贵州省贵阳市云岩区人民政府根据《贵阳市人民政府专题会议纪要》及《贵阳市棚户区城中村改造办公室关于将北京路江西村棚户区成片改造等项目列入贵阳市2012年的棚户区城中村改造计划的函》等相关文件规定，对贵阳市云岩区老百货大楼及周边地块进行棚户区改造建设。该项目红线范围内涉及被征收户共165户，张某等二十二人的房屋在该项目规划红线范围内。

2013年6月5日，云岩区政府将红线范围内房屋征收摸底调查结果、贵阳市云岩区老百货大楼及周边地块国有土地上房屋征收房地产价格评估机构拟选定情况告知书进行公示。经一系列相关合法程序后，于6月10日将房地产价格评估机构选定结果予以告知、公布。8月9日，制定了《贵阳市云岩区老百货大楼及周边地块国有土地上房屋征收与补偿方案》(征求意见稿)并进行公示。9月10日，制定并公布《关于老百货大楼棚户区改造项目国有土地上房屋征收征求意见及修改意见情况公布》。9月26日，拟定《老百货大楼地块棚户区改造建设项目国有土地上房屋征收稳定风险评估报告》。10月15日，作出《云岩区人民政府关于对老百货大楼及周边地块棚户区改造项目规划红线范围内房屋进行征收决定》及附件《贵阳市云岩区老百货大楼及周边地块国有土地上房屋征收与补偿方案》(以下简称《方案》)，经贵阳市人民政府及市规划局、市国土局批准，拟对贵阳市云岩区老百货大楼及周边地块进行棚户区改造，将对规划红线范围内国有土地上的房屋进行征收，依据《国有土地上房屋征收和补偿条例》等相关法律法规的规定，决定对该项目范围内房屋予以征收。

张某等人以云岩区人民政府的房屋征收决定及其附件《方案》颁发程序不合法，违反决策民主、程序正当、结果公开的原则，委托贵州瑞普房屋评估事务所的程序不合法，且评估机构的评估结果严重低于市场价值等理由，提起诉讼。

问：本案中，就云岩区政府制作的《方案》及贵州瑞普房地产评估事务所对涉案项目房屋价格作出评估结果的行为是否属于行政诉讼的受案范围的问题，体现了行政诉讼中的哪一特有原则？

分析提示：本案中，就云岩区政府制作的《方案》及贵州瑞普房地产评估事务所对涉案项目房屋价格作出评估结果的行为是否属于行政诉讼的受案范围的问题，体现了司法介入有限原则。行政诉讼受案范围有限是司法介入有限原则的其中一个内容。

第十二章　行政诉讼受案范围

【本章重点】

(1)行政诉讼受案范围，又称“可诉行政案件范围”，是指人民法院受理行政案件、裁判行政争议的范围，亦即法院受理并审判行政案件的权限。换言之，法院可以受理哪些行政案件，不可以受理哪些行政案件。

(2)制约行政诉讼受案范围的主要因素有：法院解决行政争议的能力，行政主体受约束的状况，人们权利意识的强弱程度等。

(3)行政机关和行政机关工作人员的行政行为侵犯公民、法人或者其他组织的合法权益，公民、法人或者其他组织有权向人民法院提起行政诉讼，除此之外，法律、法规、规章授权的组织作出的行政行为侵犯公民、法人或者其他组织的合法权益的，公民、法人或者其他组织也有权向人民法院提起行政诉讼。

(4)人民法院受理行政案件的范围仅限于公民、法人或者其他组织认为行政主体及其工作人员侵犯自己的合法权益的行政案件。非自己的合法权益受到侵犯的行政案件法院能否受理，取决于是否有其他法律、法规作出明确规定。

(5)下列9种行为不属于人民法院受理行政案件的范围：国防、外交等国家行为；抽象行政行为；内部行政行为；法律规定由行政机关最终裁决的具体行政行为；公安机关、国家安全机关等依照刑事诉讼法的明确授权实施的行为；调解行为以及法律规定的仲裁行为；不具有强制力的行政指导行为；驳回当事人对行政行为提起申诉的重复处理行为；对公民、法人或者其他组织权利义务不产生实际影响的行为。

【案例导入】

福鼎市点头隆胜石材厂不服福鼎市人民政府扶优扶强政策案

2001年3月13日，被告福建省福鼎市人民政府为了促进福鼎市的玄武岩石材企业上规模、产品上档次，由其下属的办公室作出鼎政办(2001)14号文件，批准下发《福鼎市工业领导小组办公室关于2001年玄武岩石板材加工企业扶优扶强的意见》。该文件中，确定2001年在全市扶持具有一定生产规模的31家石板材企业。文件规定，第三人福建玄武石材有限公司要为年销售收入1000万元以上的10家企业，每家全年增加供应玄武岩荒料500立方米；要为年销售收入500万元以上的21家企业，每家全年增加供应玄武岩荒料300立方米。该文件以通知的形式下发到福鼎市各乡（镇）人民政府、街道办事处、市直有关单位和龙安开发区管委会。

原告福鼎市点头隆胜石材厂诉称：矿山每年开采的玄武岩荒料仅有9万立方米，都由第三人福建玄武石材有限公司负责给本市的920余家石材加工企业供应，平均每个加工企业只能得到不足98方。2000年，被告曾通过下达鼎政办（2000）59号和60号文件，从全市玄武岩荒料总量中提留8000方，指定供应给22家所谓的扶优企业。2001年3月3日，被告又下达鼎政办（2001）14号文件，规定对31家企业要用倾斜增加供应荒料的办法扶优扶强。照这样计算，今年需要从玄武岩荒料总量中提留11300方去供应那些所谓的扶优扶强企业。平均到每家企业头上，就要被提留12.28方荒料。而且被告确定的这31家所谓的扶优扶强企业，就有26家产值低于500万元，根本达不到被告自己制定的扶优扶强条件。被告这种逐年提高扶优荒料提留量的做法，迫使原告逐年减产。原告认为，强劲、优势的企业只能通过公平竞争显露出来，不能通过行政手段扶持起来。被告的这种做法制造了不平等，破坏了公平竞争的社会经济秩序，使拉关系、走后门的腐败之风盛行，是违法行政。请求法院撤销被告的鼎政办（2001）14号文件。

问：本案中福鼎市人民政府办公室批准下发《福鼎市工业领导小组办公室关于2001年玄武岩石板材加工企业扶优扶强的意见》的行为是否可诉？

第一节　行政诉讼受案范围概述

一、行政诉讼受案范围的含义与意义

（一）行政诉讼受案范围的含义

行政诉讼受案范围，又称“可诉行政案件范围”，是指人民法院受理行政案件、裁判行政争议的范围，亦即法院受理并审判行政案件的权限。换言之，法院可以受理哪些行政案件，不可以受理哪些行政案件。

客观上看，无论是刑事诉讼还是民事诉讼因其制度设计的目的不同，均有自身特定的解决主题。刑事案件是刑事诉讼要解决的问题，而民事纠纷则是民事诉讼要处理的事项，它们分别构成了刑事诉讼和民事诉讼的主管或受案范围。不过，值得注意的是，受案范围问题在刑事诉讼和民事诉讼中并不是很重要，这主要是因为法律对刑事诉讼和民事诉讼的受案范围采取了概括规定方式，只要是刑事案件或民事纠纷，法院都可以受理。就民事诉讼而言，法院对所有的民事争议都有司法最终管辖权，在有些国家甚至还规定法院若拒绝受理民事案件要被追究刑事责任。行政诉讼则不然，世界上几乎所有国家，无论大陆法系还是普通法系，都有关于法院受理行政案件范围的限定，尽管限定范围的宽窄不同。

（二）行政诉讼受案范围的意义

行政诉讼受案范围的意义在于，它确定了司法权监督和制约行政权的范围，确定了公民、法人或者其他组织行政诉权的范围，同时也确定了行政终局裁决权的范围。因此，如何界定人民法院受理行政诉讼案件的范围是行政诉讼立法中争议最为激烈的问题之一。明确界定法院受理行政案件的范围，具有以下几方面的意义：

(1) 使公民、法人或者其他组织明确可以向人民法院提起行政诉讼的争议范围，便于他们进行诉讼，并有效地运用行政诉讼这一手段来维护自己的合法权益。

(2) 使行政主体明确可能使自己成为行政诉讼被告的行政行为的范围，促使行政主体依法谨慎地根据事实和法律作出这些行政行为，从而达到促进行政主体依法行政的立法目的。

(3) 使人民法院明确自己主管行政案件的范围，便于人民法院审查决定案件的受理，保证受案的准确性，防止人民法院与其他机关因管辖范围不明而互相推诿，有利于准确、及时地处理行政案件。

二、制约行政诉讼受案范围的主要因素

行政诉讼受案范围的宽窄不是立法者的随意选择，它是一个国家政治、经济、社会、文化等方面发展程度的综合反映。从各国对受案范围的规定情况及其背景看，制约行政诉讼受案范围的主要因素有以下几个方面：

（一）法院解决行政争议的能力

法院解决行政争议的能力通常受以下几个方面的影响：法院在国家权力配置模式中的地位；法院对行政事务进行有效监督的可能性；法院处理行政案件的经

验；法院的公信力；法院所拥有的司法资源等。上述几方面直接或间接影响着法院解决行政争议的能力。单就法院对行政事务进行有效监督的可能性而言，许多行政事务专业性、政策性很强，且需要现场处置经验，法官由于缺乏相关方面的知识与经验，又不在行政事务现场，并缺乏全面收集相关信息的能力，往往无从进行判断和审查，因而此类行政案件不宜纳入行政诉讼的受案范围。

（二）行政主体受约束的状况

行政系统内部如果自我约束或监督机制比较完善，如行政正当程序比较发达、行政复议制度公信力较高，那么行政诉讼就不可能成为一种普遍的社会需求，相应地，行政诉讼受案范围也就没有必要非常宽泛。行政主体如果受到其他方面强有力的约束，如媒体监督、舆论监督，扩大行政诉讼受案范围的社会需求也不可能很强烈，因为这些约束可以在相当范围和程度上防止行政权的滥用。

（三）人们权利意识的强弱程度

人们权利意识越强，为维护自身权利寻求司法救济的诉求就越强烈，行政诉讼的受案范围就会越宽广。如果人们还死守着臣民意识、清官意识，不认为政府是人民的政府，不认为政府应该对人民负责任，那么他们就不会想到通过行政诉讼来维护自身的权利，对行政诉讼制度的接受和支持程度就会很低，当然也就不会积极要求扩大行政诉讼的受案范围。

第二节　我国行政诉讼受案范围的肯定性规定

一、受案范围的概括性规定

我国《行政诉讼法》第 2 条对行政诉讼受案范围作出了概括性的规定：“公民、法人或者其他组织认为行政机关和行政机关工作人员的行政行为侵犯其合法权益，有权依照本法向人民法院提起行政诉讼。”“前款所称行政行为，包括法律、法规、规章授权的组织作出的行政行为。”

除了第 2 条第 1 款规定的情形，即行政机关和行政机关工作人员的行政行为侵犯公民、法人或者其他组织的合法权益，公民、法人或者其他组织有权向人民法院提起行政诉讼外，该条第 2 款明确了法律、法规、规章授权的组织作出的行政行为侵犯公民、法人或者其他组织的合法权益的，公民、法人或者其他组织也有权向人民法院提起行政诉讼。

应当如何理解该条中的“认为”？我们不能仅根据该条中的“认为”将我国《行政诉讼法》受案范围的认定解释为“主观说”，即只要公民、法人或者其他组织主观上觉得行政主体及其工作人员的行政行为侵犯了其合法权益而向法院起诉的，法院都应该受理。公民、法人或者其他组织向法院提起行政诉讼时，必须提供一些证据以证明行政主体及其工作人员的行政行为存在侵犯其合法权益的“可能性”，法院才可能受理其案件，即采用“可能性说”。

二、受案范围的肯定性列举

除了《行政诉讼法》第 2 条的概括性规定外，该法第 12 条对我国行政诉讼的受案范围还进行了肯定性列举，即人民法院受理公民、法人或者其他组织提起的下列诉讼：

(1) 对行政拘留、暂扣或者吊销许可证和执照、责令停产停业、没收违法所得、没收非法财物、罚款、警告等行政处罚不服的；

(2) 对限制人身自由或者对财产的查封、扣押、冻结等行政强制措施和行政强制执行不服的；

(3) 申请行政许可，行政机关拒绝或者在法定期限内不予答复，或者对行政机关作出的有关行政许可的其他决定不服的；

(4) 对行政机关作出的关于确认土地、矿藏、水流、森林、山岭、草原、荒地、滩涂、海域等自然资源的所有权或者使用权的决定不服的；

(5) 对征收、征用决定及其补偿决定不服的；

(6) 申请行政机关履行保护人身权、财产权等合法权益的法定职责，行政机关拒绝履行或者不予答复的；

(7) 认为行政机关侵犯其经营自主权或者农村土地承包经营权、农村土地经营权的；

(8) 认为行政机关滥用行政权力排除或者限制竞争的；

(9) 认为行政机关违法集资、摊派费用或者违法要求履行其他义务的；

(10) 认为行政机关没有依法支付抚恤金、最低生活保障待遇或者社会保险待遇的；

(11) 认为行政机关不依法履行、未按照约定履行或者违法变更、解除政府特许经营协议、土地房屋征收补偿协议等协议的；

(12) 认为行政机关侵犯其他人身权、财产权等合法权益的。

除前款规定外，人民法院受理法律、法规规定可以提起诉讼的其他行政案件。

上述条文具体列举了11种可诉的行政行为，并以"认为行政机关侵犯其他人身权、财产权等合法权益的"作为兜底条款。由此可见，不仅侵犯公民、法人或者其他组织人身权、财产权的行政案件属于法院的受案范围，侵犯公民、法人或者其他组织其他合法权益比如受教育权、劳动权等的行政案件，也属于法院的受案范围。总而言之，法院受理行政案件的范围并不限于上述条文中具体列举的11种可诉行政行为。

必须明确的是，人民法院受理行政案件的范围仅限于公民、法人或者其他组织认为行政主体及其工作人员侵犯自己的合法权益的行政案件。非自己的合法权益受到侵犯的行政案件法院能否受理，取决于是否有其他法律、法规作出明确规定，即上述第12条第2款的规定："除前款规定外，人民法院受理法律、法规规定可以提起诉讼的其他行政案件。"换言之，只要是《行政诉讼法》以外的其他法律、法规将"非自己的合法权益受到侵犯的行政案件"明确规定为法院受理行政案件的范围，法院就应当依法受理。这一开放式条款为我国未来建构行政公益诉讼、机关诉讼等制度提供了可能性。

第三节　我国行政诉讼受案范围的否定性规定

在公民、法人或者其他组织认为行政主体及其工作人员侵犯自己的合法权益的行政案件中，有一些案件可能并不适合由法院来处理，由代议机关或者上级行政机关等来处理也许更为合适。我国《行政诉讼法》第13条对这些不能由法院处理的行政案件进行了列举。另外，2000年开始施行的《最高人民法院关于执行〈中华人民共和国行政诉讼法〉若干问题的解释》（以下简称《执行解释》）列举了几类不能由法院处理的行政案件。

一、国家行为引发的行政案件不属于法院的受案范围

（一）国家行为的界定

根据《行政诉讼法》第13条第1项的规定，公民、法人或其他组织就国防、外交等国家行为提起的行政诉讼，人民法院不予受理。何谓"国家行为"，《执行解释》第2条对此作出了明确解释，"行政诉讼法第12条第1项规定的国家行为，是指国务院、中央军事委员会、国防部、外交部等根据宪法和法律的授权，以国家的名义实施的有关国防和外交事务的行为，以及经宪法和法律授权的国家机关

宣布紧急状态、实施戒严和总动员等行为。”常见的国家行为主要是国防行为和外交行为，比如对外宣战、宣布战争状态、采取军事行动、设立军事禁区、签订国际条约、与他国建交断交等。但并非所有与国防、外交有关的行为都是国家行为，判断一个行为是否为国家行为，主要看这个行为是否具有较强的政治性，是否涉及国家主权。如征兵、颁发护照等就不属于国家行为，公民、法人或其他组织对这些行政行为不服可以起诉。

（二）国家行为不可诉的理由

关于国家行为不可诉的理论，有的国家称之为“政治问题理论”或者“统治行为理论”，这些理论认为，国家行为之所以不宜纳入行政诉讼范围，主要理由在于：

（1）这种行为有其特殊性，它不仅仅涉及行政相对人的利益，而且涉及国家的整体利益和人民的根本利益，关系到国家的荣誉、尊严甚至存亡，在这种情况下，不能因为利害关系人的权益受到损害，而使国家行为无效。

（2）这种行为通常以国家对内、对外的基本政策为依据，以国际政治斗争的形势为转移，而法官并非有关政治或政策方面的专家，在有组织地汇集、整理、分析各种资料和情报方面能力有限，法院很难作出判断。

（3）法院并非民意代表，对与国家命运息息相关的政治问题，应由体现民意的代议机关或政府首脑作出最终判断，法院负不起这种政治责任。国家行为的失误通常只由有关领导人承担政治责任，而政治责任的承担只能通过代议机关才能进行追究。

（4）国家行为属于政治领域的问题，法院或法官若干预政治问题，必然导致法院卷入政治漩涡，难免使其自身的独立性、中立性以及司法权威受到影响。

我国目前国防、外交等国家行为虽然不具有可诉性，但任何人的人身和财产若因国家行为而受到损害，其应当有权请求补偿。因为，以国家利益或者人民根本利益为名任意牺牲特定个人的人身和财产而不予补偿，是不公平的。

二、抽象行政行为引发的行政案件不属于法院的受案范围

（一）抽象行政行为的界定

根据《行政诉讼法》第 13 条第 2 项的规定，行政法规、规章或者行政机关制定、发布的具有普遍约束力的决定、命令不属于行政诉讼的受案范围。这一条是说抽象行政行为不可诉。如何界定抽象行政行为？《执行解释》第 3 条明确规定：“行政诉讼法第 12 条第 2 项规定的‘具有普遍约束力的决定、命令’，是指行政机关针对不特定对象发布的能反复适用的行政规范性文件。”根据这一解释，结合

行政审判实践，判断一个行政行为是具体行政行为还是抽象行政行为，主要应从以下两个方面来把握：

(1)行政行为作出时所针对的对象是否确定。抽象行政行为和具体行政行为的区别不在于它所针对的人数的多寡，而主要在于对象的确定与否。抽象行政行为的对象是不确定的，具体行政行为的对象是确定的。尽管有时涉及的人可能很多，但人数是确定的，不能认为涉及人数多的是抽象行政行为，涉及人数少的就是具体行政行为。

(2)行政行为是否可以反复适用。具体行政行为原则上只对特定的对象或事件发生一次效力，不可以向未来反复适用；抽象行政行为则可以向未来反复适用，如有关某一领域事项的条例或规定，可以反复适用于该领域的相关事项。

(二)抽象行政行为不可诉的理由

我国立法机关作出这种规定主要是基于以下几方面的考虑：

(1)我国宪法对抽象行政行为已经设有救济途径，即由人大或上级行政机关依法撤销或改变。

(2)由于抽象行政行为不具有直接执行力，一般不会直接侵犯行政相对人的合法权益，因而也无法形成具体"争端"或"案件"。

(3)公民、法人或其他组织直接就抽象行政行为提起诉讼，法院对这类争讼进行处理，可能会使法院自身陷于抽象的行政政策争论中，并对行政过程构成不适当的干预。

公民、法人或其他组织虽然不能直接就抽象行政行为提起诉讼，但并不排斥公民等针对行政行为提起诉讼时一并就作为行政行为依据的有关抽象行政行为提出司法审查的请求。《行政诉讼法》第53条规定，"公民、法人或者其他组织认为行政行为所依据的国务院部门和地方人民政府及其部门制定的规范性文件不合法，在对行政行为提起诉讼时，可以一并请求对该规范性文件进行审查。"需要明确的两点是，这种附带审查请求不同于诉讼，因为它不需要该规范性文件的制定机关出庭以"对簿公堂"，法院依职权进行审查即可；同时，附带审查请求只限于针对规章之下的其他规范性文件。

【引例分析】

本章开头引例所涉及的主要问题是福鼎市人民政府办公室批准下发《福鼎市工业领导小组办公室关于2001年玄武岩石板材加工企业扶优扶强的意见》的行为是否是抽象行政行为，如果是，则不可诉。

如本章中所述，判断一个行政行为是否是抽象行政行为，应当从两个方面着手：一是行政行为作出时所针对的对象是否确定；二是行政行为是否可以反复适用。一个抽象行政行为必须同时具备对象不特定和可以反复适用两个要素，缺一不可。该案中，《福鼎市工业领导小组办公室关于2001年玄武岩石板材加工企业扶优扶强的意见》确定2001年在全市扶持具有一定生产规模的31家石板材企业，且规定第三人福建玄武石材有限公司要为年销售收入1000万元以上的10家企业，每家全年增加供应玄武岩荒料500立方米；要为年销售收入500万元以上的21家企业，每家全年增加供应玄武岩荒料300立方米。从这些情节来看，行政机关制定的该文件所针对的对象是特定的，即福建玄武石材有限公司和另外31家石板材企业；同时，该文件仅适用于2001年，福建玄武石材有限公司给31家石板材企业提供完相应立方米的荒料后，该文件即不再适用。所以，福鼎市人民政府办公室批准下发《福鼎市工业领导小组办公室关于2001年玄武岩石板材加工企业扶优扶强的意见》的行为是典型的具体行政行为，该具体行政行为直接侵犯了原告获得石材荒料进而进行正常生产的合法权益，所以可诉。

三、内部行政行为引发的行政案件不属于法院的受案范围

(一)内部行政行为的界定

根据《行政诉讼法》第13条第3项规定，行政机关对其工作人员的奖惩、任免等决定不属于行政诉讼受案范围。何谓"行政机关对其工作人员的奖惩、任免等决定"，《执行解释》第4条进行了解释，它"是指行政机关作出的涉及该行政机关公务员权利义务的决定"。意即它不仅指奖惩、任免这两类决定，而且包括行政机关作出的、涉及该行政机关公务员权利义务的各类决定。这些决定涉及的是行政机关的内部人事管理关系，属于内部行政行为，不属于行政诉讼受案范围。

(二)内部行政行为不可诉的理由

我国《行政诉讼法》之所以没有将这类行为纳入行政诉讼的范围，当时主要是基于以下几点考虑：

(1)我国行政诉讼制度实施时间还不够长，法院审判精力、经验不足，行政诉讼制度解决行政纠纷的重点应放在属于外部行政法律关系的争议上。

(2)内部行政行为属于行政机关自身建设问题。人民法院不宜对行政机关的组织建设事务通过审判程序来加以干预。

内部行政行为是否应当一概不可诉？这是一个值得研究的问题。如果行政机关的内部行政行为严重影响其工作人员的基本权利，应当将其纳入行政诉讼范围。这也是世界法治发达国家的普遍做法。那种认为人民法院绝对不能干预行政机关内部行政行为的观点在理论上和实践上都是不符合现代法治精神的。

四、行政终局裁决行为引发的行政案件不属于法院的受案范围

(一)行政终局裁决行为的界定

根据《行政诉讼法》第 13 条第 4 项规定，法律规定由行政机关最终裁决的行政行为不属于行政诉讼的受案范围。这里所称的“法律”，根据《执行解释》第 5 条规定，仅限于全国人民代表大会及其常务委员会制定、通过的规范性文件。也就是说，只有国家最高权力机关及其常设机关才能决定是否授予行政机关对行政案件的最终裁决权，行政机关不能自我授予对行政案件的最终裁决权而避开国家审判机关的司法审查。

(二)行政终局裁决行为的范围

目前，我国有关行政终局裁决行为的法律规定，可以分为两类：

(1)规定行政相对人仅有行政救济权而无司法救济权。换言之，法律赋予了行政机关对于某些行政争议拥有最终裁决权，当事人不服，只能向有权作出最终裁决的行政机关或其上级机关申诉，而不能向法院起诉。如，根据《行政复议法》第 30 条第 2 款规定：“根据国务院或者省、自治区、直辖市人民政府对行政区划的勘定、调整或者征用土地的决定，省、自治区、直辖市人民政府确认土地、矿藏、水流、森林、山岭、草原、荒地、滩涂、海域等自然资源的所有权或者使用权的行政复议决定为最终裁决。”

(2)规定行政相对人具有选择行政途径救济或司法途径救济的权利，行政相对人一旦选择了行政途径救济，就不能再寻求司法途径救济。如，《行政复议法》第 14 条规定：“对国务院部门或者省、自治区、直辖市人民政府的具体行政行为不服的，向作出该具体行政行为的国务院部门或者省、自治区、直辖市人民政府申请行政复议。对行政复议决定不服的，可以向人民法院提起行政诉讼；也可以向国务院申请裁决，国务院依照本法的规定作出最终裁决。”

(三)行政终局裁决行为不可诉的理由

《行政诉讼法》之所以规定行政终局裁决行为不可诉，主要是基于以下几方面理由：某些行政行为已有类似司法程序的行政程序作保障，行政系统内部已有充分的、能确保公正的救济手段。某些行政行为专业性很强而且非常复杂，法官缺乏这方面的能力进行审查；某些行政行为涉及国家重要机密，一旦进入诉讼，将会严重危害国家利益；等等。从根本上讲，让行政机关自己来对行政案件作最后

裁决，违背了“任何人不能做自己案件的法官”这一正当程序原则，因此必须对其作严格地限制。

五、行政主体其他行为引发的案件不属于法院的受案范围

（一）刑事侦查行为

1. 刑事侦查行为的界定

《行政诉讼法》并未明确规定刑事侦查行为属于不可诉行为，最高人民法院根据《刑事诉讼法》和司法实践的需要，将刑事侦查行为排除在受案范围之外。

根据《执行解释》的规定，刑事侦查行为指公安、国家安全等机关依照《刑事诉讼法》的明确授权实施的行为。实践中，判断某个行为是否是刑事侦查行为，应当把握以下三点：①行为主体仅限于公安机关、国家安全机关、海关、军队保卫部门、监狱等特定机关。②行为目的必须是为了准确、及时地查明犯罪事实。③行为类型必须是《刑事诉讼法》明确规定的类型，如拘留、执行逮捕、预审、拘传、取保候审、监视居住、通缉、搜查、扣押物证书证、查封、冻结存款汇款等行为。不属于刑事侦查行为的，上述机关行使一般行政职权的行为应当认定为行政行为。

2. 刑事侦查行为不可诉的理由

刑事侦查行为之所以不可诉，主要基于以下两点理由：①我国《刑事诉讼法》已经授权检察机关对刑事侦查行为进行监督。例如，《刑事诉讼法》第98条规定：“人民检察院在审查批准逮捕工作中，如果发现公安机关的侦查活动有违法情况，应当通知公安机关予以纠正，公安机关应当将纠正情况通知人民检察院。”②根据我国《国家赔偿法》的规定，因刑事侦查行为违法而致人损害的，受害人可以根据《国家赔偿法》的规定获得救济。

（二）调解行为及法律规定的仲裁行为

1. 调解行为及法律规定的仲裁行为的界定

《执行解释》第1条第2款将调解行为和法律规定的仲裁行为排除在行政诉讼受案范围之外。这里的“调解行为”是指行政机关在进行行政管理过程中，对平等主体之间的民事争议，在尊重当事人各方意志基础上所作的一种处理。“仲裁行为”是指行政机关根据法律的授权依法定仲裁程序居中处理特定争议的行为。

2. 调解行为以及法律规定的仲裁行为不可诉的理由

行政机关的调解行为是在尊重当事人意志的前提下完成的，它虽然由行政机关主持作出，但并不是行政机关把民事争议解决方案强加给当事人，而是基于双

方的合意。当事人如果对调解行为持有异议，完全可以拒绝在调解协议上签字，没有必要通过行政诉讼程序解决。而且，若有一方当事人事后反悔，仍可以通过民事诉讼来解决。

仲裁目前在我国已经逐步民间化，只是在个别领域保留了行政机关仲裁，即劳动争议仲裁和人事争议仲裁。对劳动争议仲裁不服，一方当事人可以直接提起民事诉讼。人事争议仲裁主要是政府人事主管部门对国家行政机关、事业单位和其工作人员之间、企业和其经营管理人员、专业技术人员之间等发生的人事争议进行仲裁。根据最高人民法院2003 年《对人事争议仲裁委员会的仲裁行为是否可诉问题的答复》，该类仲裁裁决由于直接涉及当事人的人身权、财产权，可依法提起行政诉讼，但国家行政机关与其工作人员之间发生的人事争议和事业单位与其工作人员之间因辞职、辞退及履行聘用合同所发生的争议除外。

(三)不具有强制力的行政指导行为

1. 不具有强制力的行政指导行为的界定

根据《执行解释》第 1 条规定，“不具有强制力的行政指导行为”不在行政诉讼受案范围之内。所谓“不具有强制力的行政指导行为”，并不是说除了不具有强制力的行政指导行为之外还有具有强制力的行政指导行为，加上这种限定，只是要特别强调行政指导行为是不具有强制性的。如果名为行政指导行为，实际上却具有强制力，要求当事人必须为一定行为或不为一定行为，行政相对人不遵守就要承担不利的法律后果，那么这种行为就不再是行政指导行为，当事人对这种行为不服，可以向人民法院提起行政诉讼。

2. 行政指导行为不可诉的理由

行政指导是当今政府对社会、经济领域实施的一种新型管理手段，目的在于利用政府所掌握的信息以及对信息的处理，引导个人、组织的行为，它在法律上没有强制性的约束力。当事人可以选择遵从，也可以选择不遵从。所以，行政相对人没有必要就行政指导行为违法提起行政诉讼。但是，如果因错误的或违法的行政指导行为造成行政相对人的合法权益受损，行政相对人可以提起行政赔偿诉讼，主张信赖利益。

(四)驳回当事人对行政行为提起申诉的重复处理行为

1. 驳回当事人对行政行为提起申诉的重复处理行为的界定

根据《执行解释》第 1 条规定，“驳回当事人对行政行为提起申诉的重复处理行为”不在行政诉讼受案范围之内。这里所谓“重复处理行为”，是指行政相对人对已经确定的(通常已过申请复议或者起诉期限)行政行为提起申诉，有关行政机关作出维持原行政行为或驳回其申诉的决定的行为。如果当事人提出申诉以后，行政机关改变了原来的行为，被改变的行为即不属于重复处理行为，属于可诉的行政行为，因为该行为属于一个新的行政行为。

2. 驳回当事人对行政行为提起申诉的重复处理行为不可诉的理由

《执行解释》之所以将此类行为排除出可诉范围，原因有三点。一是此类行为没有形成、变更或者消灭原有的法律关系，没有给行政相对人的权利义务产生新的实际的影响。二是这种行为通常发生在以下情形中：当事人对涉及历史遗留问题的行政行为、对已过争讼期间的行政行为或行政机关具有终局裁决权的行为不服，向行政机关提出申诉，行政机关经过审查，维持原有的行为，驳回行政相对人的申诉。如果允许行政相对人提起这样的诉讼，复议期限或者起诉期限等方面的规定就没有什么意义了。三是如果将这类行为纳入行政诉讼受案范围，不利于行政法律关系的稳定。

（五）对行政相对人权利义务不产生实际影响的行为

1. 对行政相对人权利义务不产生实际影响的行为的界定

《执行解释》第 1 条第 2 款将“对公民、法人或者其他组织的权利义务不产生实际影响的行为”排除在行政诉讼受案范围之外。这类行为通常是还没有最后成立（成熟）的行政行为或者还在行政主体内部运作的行为等，它对公民、法人或其他组织的权利义务还不可能产生实际有利或不利的影响。

2. 对行政相对人的权利义务不产生实际影响的行为不可诉的理由

《执行解释》之所以将这类行为排除在行政诉讼受案范围之外，主要是基于以下理由：①行政诉讼的主要目的就是要排除违法行政行为对行政相对人的权利义务产生的不利影响，如果某一行为没有对行政相对人的权利、义务产生实际影响，提起行政诉讼就没有实际意义。②避免滥诉，节约司法资源。③维护正常的行政秩序。

【思考题】

1. 行政诉讼受案范围的含义是什么？
2. 影响一国行政诉讼受案范围宽窄的因素有哪些？
3. 行政主体作出的哪些行为引发的争议不属于我国行政诉讼的受案范围？
4. 为什么国家行为不可诉？
5. 为什么抽象行政行为不可诉？
6. 内部行政行为不可诉的原因何在？
7. 什么叫重复处理行为？

【案例题】

朱某诉市公安局二分局限制人身自由案

2003年7月，原告朱某(北京某报记者)到广东甲市采访，住在长江宾馆608号房。7月13日乙市公安局二分局A派出所接到举报，称被公安机关通缉的林某现住在长江宾馆608号。二分局命令A派出所的民警前往缉捕。A派出所的民警到达长江宾馆时发现朱某在该房内住。于是对其进行盘查并经请示二分局将其带回乙市A派出所讯问。朱某在讯问笔录上签名后派出所将其送回甲市长江宾馆。2003年8月21日朱某以乙市公安局二分局的行为限制了其人身自由侵犯了记者的采访权利为由，向其住所地北京市某区人民法院提起诉讼，要求二分局赔偿损失并公开道歉。

问：本案是否属行政诉讼受案范围？请简述理由。

分析提示：

本案是否属于行政诉讼的受案范围，关键取决于公安派出所盘问、强制传唤、讯问朱某的行为是否属于刑事侦查行为。如本章所述，判断某个行为是否是刑事侦查行为，主要从三个方面来把握：一是行为主体是否是公安机关、国家安全机关、海关、军队保卫部门或监狱等特定机关；二是行为主体的行为目的是否是为了准确、及时地查明犯罪事实；三是行为类型是否是《刑事诉讼法》明确规定的类型，如预审、拘传、通缉、搜查、扣押物证书证、查封等行为。本案中公安派出所之所以盘问、强制传唤、讯问朱某，是因为他们接到举报，举报人称被公安机关通缉的林某现住在朱某所住的房间。应该说，前述判断刑事侦查行为三个方面的要素，本案被诉行为都具备，因此应当属于刑事侦查行为，不可诉，即不属于行政诉讼的受案范围。

第十三章　行政诉讼管辖

【本章重点】

（1）行政诉讼管辖是指各级人民法院之间或者同级人民法院之间受理第一审行政案件的权限分工。根据不同的分类标准，行政诉讼管辖可分为级别管辖和地域管辖，法定管辖和裁定管辖。确定行政诉讼管辖应当依据有利于法院公正审理原则、便利当事人诉讼原则、均衡人民法院负担原则和确定性与灵活性相结合原则。

（2）行政诉讼级别管辖是指不同审级的人民法院之间审理第一审行政案件的权限划分，是确定由哪一级别的法院管辖。我国行政诉讼法明确规定了不同级别法院对第一审行政案件的受理范围。应当特别注意中级人民法院的案件管辖范围。

（3）行政诉讼地域管辖是指同一审级的不同法院在受理行政案件上的权限分工，可分为一般地域管辖和特殊地域管辖。一般地域管辖以"原告就被告"为一般原则。特殊地域管辖又包括共同管辖和专属管辖等。

（4）行政诉讼裁定管辖是指人民法院在某些特殊情况下，以裁定的方式来确定行政案件的具体管辖法院。裁定管辖可分为移送管辖、指定管辖和管辖权的转移。移送管辖是指将案件移送给有管辖权的法院，而管辖权的转移是指对案件有管辖权的法院依法将案件转移给其他法院管辖。

【案例导入】

贺某诉宁波市高新区管委会、高新区人社局行政复议决定案

贺某不服宁波国家高新技术产业开发区人力资源和社会保障局（以下简称高新区人社局）于2015年11月20日作出的甬高新人社依申请（2015）1号《政府信息依申请公开公告书》，向宁波国家高新技术产业开发区管理委员会（以下简称高新区管委会）申请行政复议，高新区管委会于2016年2月4日作出甬高新复议字

(2015)7号行政复议决定，维持了高新区人社局作出的告知书。贺某对该复议决定不服，于2016年2月26日以高新区人社局、高新区管委会为共同被告向浙江省宁波市中级人民法院提起诉讼。

2016年3月3日浙江省宁波市中级人民法院作出裁定：不予立案。

问：宁波市中级人民法院对本案是否具有管辖权？

第一节 行政诉讼管辖概述

一、行政诉讼管辖的含义

行政诉讼管辖是指各级人民法院之间或者同级人民法院之间受理第一审行政案件的权限分工。它是划分人民法院之间对第一审行政案件的管辖范围的制度，在行政诉讼制度中具有重要地位。正确确定行政诉讼管辖，是人民法院作出合法有效裁判的前提条件，也是当事人有效行使诉权、保护自身权益的正确方式。

行政诉讼管辖与行政诉讼受案范围既有紧密联系，又有重大区别。行政诉讼受案范围是指人民法院依法受理并审理行政争议的范围。从概念上可以看出行政诉讼受案范围的核心是人民法院是否对争议享有审判权，而管辖则是在确定法院对行政争议有审判权之后，明确该行政争议由哪一级、哪一个法院进行审判。在行政诉讼实践中，通常首先要明确法院的受案范围，然后再确定管辖问题。因此，行政诉讼受案范围是行政诉讼管辖的前提和基础。

二、确定行政诉讼管辖的原则

确定行政诉讼管辖需要考虑多方面的因素，遵循一些基本的原则。根据现行行政诉讼法和司法解释，主要有以下原则：

1. 有利于人民法院公正审理原则

行政案件的特殊性体现为当事人一方为具有国家行政职权的行政机关或被授权组织，法官审理行政案件实质是司法权与行政权的博弈，在确定行政诉讼管辖时，要尽量减少和避免行政权干预人民法院的审理活动，保证行政审判的中立性和提高行政审判的独立性，保障人民法院公正、有效地行使行政审判权。因此，《行政诉讼法》第15条规定，对国务院部门或者县级以上地方人民政府所作的行政行为提起诉讼的案件由中级人民法院管辖；第18条规定，经最高人民法院批准，高级人民法院可以根据审判工作的实际情况，确定若干人民法院跨行政区域管辖行政案件。在我国法院的人财务受当地同级政府制约的背景下，这些规定有利于人民法院排除当地党政的干扰、公正审理行政案件。

2. 便于当事人诉讼原则

在行政诉讼管辖的具体制度设计上应体现便于当事人诉讼的原则，即要方便公民、法人及其他组织行使诉权和参加诉讼活动，保证让当事人以尽可能的成本付出获得公平、公正、及时的裁判。我国行政诉讼法规定大部分一审行政案件由基层人民法院和中级人民法院管辖，并采用“原告就被告”的原则确定管辖法院，这样既有利于原告就近提起诉讼，也有利于法院裁判的执行。此外，在特殊情况下，如对限制人身自由的行政强制措施不服提起的诉讼，原告可以向被告所在地或者原告所在地人民法院提起诉讼，这也是基于便利当事人诉讼的考虑。

3. 均衡人民法院负担原则

我国设有四级人民法院，每一级人民法院的管辖范围都有明确规定，但是由于每一级审判机关的功能和任务有所不同，在确定行政诉讼管辖时应当充分考虑各级人民法院的功能划分、审判水平和职业能力等，实现审判工作的合理化分工，避免让某一级人民法院的审判工作过于繁重，实现人民法院负担的均衡化，保证行政审判的效率。从各级法院的管辖案件的数量来看，基层人民法院和中级人民法院管辖的第一审行政案件相对较多，而高级人民法院管辖的第一审行政案件相对较少，最高人民法院管辖的第一审行政案件则非常少。这主要是考虑到高级人民法院和最高人民法院人员相对较少，除审判案件外，还有监督、指导下级法院审判工作的重要职能，最高人民法院还有制定司法解释、统一法律适用等职能。

4. 确定性与灵活性相结合原则

诉讼活动往往复杂多变，一方面，为了避免人民法院之间在管辖行政案件时出现权属争议或者相互推诿，管辖必须明确。但另一方面，要应对诉讼活动的复杂性，管辖也需要体现一定的灵活性，赋予人民法院在管辖问题上的变通权。因此，我国行政诉讼法在确定级别管辖、地域管辖的一般规则的同时，也规定了指定管辖、管辖权的转移等作为补充，体现了确定性与灵活性相结合的原则。

三、行政诉讼管辖的分类

按照不同的标准，可以对行政诉讼管辖进行不同的分类：

1. 级别管辖和地域管辖

行政诉讼管辖以上下级法院之间的权限分工还是同一级不同区域法院之间的权限分工为标准，可分为级别管辖和地域管辖。任何一个行政案件都可以从纵向和横向两个方面来确定其管辖问题。从纵向来看是级别管辖的范畴，我国设有四级人民法院，根据其分工确定上下级法院之间受理第一审行政案件的范围。从横向上来确定地域管辖，解决同一级别不同区域人民法院之间受理第一审行政案件的权限和分工。实践中一般先确定级别管辖再确定地域管辖。

2. *法定管辖和裁定管辖*

行政诉讼管辖以是否由现行法律明确规定为依据，分为法定管辖和裁定管辖。法定管辖是由现行法律明确规定案件管辖法院的方式。裁定管辖是指法律未作出明确规定，由人民法院以裁定方式来确定案件管辖法院的方式。行政诉讼法规定的裁定管辖包括移送管辖、指定管辖和管辖权的转移等。

第二节　行政诉讼的级别管辖

一、行政诉讼级别管辖的含义

行政诉讼的级别管辖，是指不同审级的人民法院之间审理第一审行政案件的权限划分，是从纵向上解决哪些第一审行政案件应由哪一级法院受理和审理的问题。确定级别管辖是明确行政案件管辖权的前提条件。根据《人民法院组织法》的规定，我国人民法院的设置分为四个级别：基层人民法院、中级人民法院、高级人民法院和最高人民法院。

二、基层人民法院管辖的第一审行政案件

《行政诉讼法》第 14 条规定：“基层人民法院管辖第一审行政案件。”这一规定表明，在我国行政诉讼中，第一审行政案件以基层人民法院管辖为原则。换言之，除了法律明确规定应由中级人民法院、高级人民法院和最高人民法院受理的第一审行政案件外，第一审行政案件一般应当由基层人民法院管辖。这样规定的主要理由是基层人民法院分布在全国各地，范围广、数量多，便于行政诉讼当事人进行诉讼；同时也便于人民法院调取证据，有利于及时处理争议和执行生效法律文书。

三、中级人民法院管辖的第一审行政案件

根据《行政诉讼法》和相关司法解释的规定，我国中级人民法院管辖下列第一审行政案件：

(1)对国务院部门或者县级以上地方人民政府所作的行政行为提起诉讼的案件。这些行政案件中被告的行政级别较基层人民法院高，干预司法的能力强，所涉行政行为往往有较大的社会影响力，无论是从理论上还是实践上讲，基层人民法院都不适合进行管辖。由中级人民法院管辖此类案件，有利于解决行政案件审理难问题，减少地方政府对行政审判的干预。

(2)海关处理的案件。海关的业务种类繁多，专业技术性较强，又涉及对外贸易和科技文化的交往；而且，从海关的设置上看，其机构多数设在大中城市。因此，由中级人民法院来管辖海关处理的案件更有利于提高办案质量。

(3)本辖区内重大、复杂的案件。主要包括：①社会影响重大的共同诉讼、集团诉讼案件；②重大涉外或者涉港澳台地区的案件，前者如国际贸易行政案件，反倾销、反补贴行政案件；③本辖区内其他重大、复杂的案件。

(4)其他法律规定由中级人民法院管辖的案件。

四、高级人民法院管辖的第一审行政案件

《行政诉讼法》第16条规定：“高级人民法院管辖本辖区内重大、复杂的第一审行政案件。”这类行政案件是指就全省、自治区、直辖市范围而言，案情重大，涉及面广，具有重大影响的案件。这类行政案件由高级人民法院作为第一审管辖法院更有利于案件审理和裁判的执行。

五、最高人民法院管辖的第一审行政案件

《行政诉讼法》第17条规定：“最高人民法院管辖全国范围内重大、复杂的第一审行政案件。”本条规定的“全国范围内重大、复杂的行政案件”，主要是指对全国有重大影响的案件，在国际上有重大影响的涉外案件等。

【引例分析】

级别管辖和地域管辖是确定行政案件具体管辖法院的基本方式，在实践中，一般是先确定级别管辖再确定地域管辖。《行政诉讼法》规定了一审行政案件的级别管辖，同时《最高人民法院关于适用〈中华人民共和国行政诉讼法〉若干问题

的解释》(以下简称《适用解释》)第8条的规定，即作出原行政行为的行政机关和复议机关为共同被告的，以作出原行政行为的行政机关确定案件的级别管辖。

前引案例中，宁波高新区管委会作出了维持高新区人社局行政行为的复议决定，根据《行政诉讼法》第26条第2款，高新区人社局和高新区管委会应当列为共同被告；再根据上述《适用解释》第8条，贺某以高新区人社局和复议机关高新区管委会为共同被告提起诉讼，本案依法应以作出原行政行为的行政机关即高新区人社局确定级别管辖。高新区人社局不属于县级以上人民政府范畴，其所涉案件显然不属于中级人民法院管辖的4类案件中的任一类案件，因此宁波市中级人民法院对本案没有管辖权。

第三节 行政诉讼的地域管辖

一、行政诉讼地域管辖的含义

地域管辖是指不同地域的同一层级人民法院在受理行政案件上的权限分工。我国行政诉讼地域管辖一般是按照人民法院的辖区与当事人所在地、诉讼标的所在地之间的隶属关系来确定的。

行政诉讼地域管辖分为一般地域管辖和特殊地域管辖。特殊地域管辖又包括共同管辖、专属管辖和相对集中管辖。

二、一般地域管辖

一般地域管辖是相对于特殊地域管辖而言的，它意指第一审行政案件地域管辖的一般性规则，适用于一般行政案件地域管辖权的确定。一般地域管辖的基本原则是“原告就被告”，只有在法律明确规定的情况下，才适用特殊地域管辖。《行政诉讼法》第18条第1款规定：“行政案件由最初作出行政行为的行政机关所在地人民法院管辖。经复议的案件，也可以由复议机关所在地人民法院管辖。”这一规定表明，一般地域管辖是以被告所在地为标准来确定的，体现了“原告就被告”的一般原则。按照该规定，凡是未经行政复议而直接向人民法院起诉，以及经过复议，无论复议机关决定维持还是改变原行政行为，行政相对人不服提起诉讼的行政案件，都可适用一般地域管辖原则，即由最初作出行政行为的行政机关所在地的人民法院行使管辖权。而经过复议的案件，还可以由复议机关所在地的人民法院管辖。

三、特殊地域管辖

特殊地域管辖，是对一般地域管辖原则的例外规定，必须在法律法规和司法解释中有明确规定的情况下才能适用。特殊地域管辖包括以下 3 种类型：

（一）共同管辖

共同管辖是指依照法律规定，两个或者两个以上的人民法院对同一行政案件享有管辖权，原告可以选择其中一个人民法院进行管辖。共同管辖并不意味着同一行政案件可以同时由两个不同的法院管辖。原告在不同法院都具有管辖权时选择其中一个法院来管辖，一旦原告选定，其他法院对原告提起的这一案件就不再有管辖权。共同管辖主要有两种情形：

（1）经复议的案件的共同管辖。根据《行政诉讼法》第 18 条的规定，经过行政复议的案件，可以由最初作出行政行为的行政机关所在地或者复议机关所在地的人民法院管辖。

（2）对限制人身自由的行政强制措施不服提起诉讼的共同管辖。《行政诉讼法》第 19 条对此作出了明确规定，即“对限制人身自由的行政强制措施不服提起的诉讼，由被告所在地或者原告所在地人民法院管辖”。这一特殊管辖规定体现的立法意图就是对人身自由权保护的高度重视，为了便于公民参加诉讼，保护其人身自由权，法律设定了更为方便、合理的管辖制度。2000 年《执行解释》第 9 条规定，原告所在地为原告的户籍所在地、经常居住地和被限制人身自由地。应当注意的是，如果限制人身自由的行政行为属于行政处罚，因《行政诉讼法》将行政拘留等行政处罚与限制人身自由的行政强制措施作了明确区分，所以，对属于行政处罚的限制人身自由的行政行为不服提起诉讼的，原告所在地法院没有管辖权，除非原被告属于同一县域。

（二）专属管辖

专属管辖是指法律强制规定某类案件只能由特定法院管辖，其他法院无权管辖，具有管辖上的排他性。《行政诉讼法》第 20 条规定，“因不动产提起的行政诉讼，由不动产所在地人民法院管辖”。因不动产的特殊性，不动产纠纷由不动产法院管辖便于就地就近调查、勘验、测量，更便于法院就地执行。

但是需要注意的是，司法实践中对“因不动产提起的行政诉讼”的管辖存在着严重分歧，导致行政诉讼不动产专属管辖制度在实践中的适用并不一致。例如最高人民法院 2001 年《关于国有资产产权管理行政案件管辖问题的解释》中规定：“产权界定行为直接针对不动产作出的，由不动产所在地人民法院管辖。产权界定行为针对包含不动产在内的整体产权作出的，由最初作出产权界定的行政机关所在地人民法院管辖。”由此可以看出，对涉及不动产的行政诉讼并不绝对地由不动产所在地人民法院管辖。

(三)跨区域集中管辖

跨区域集中管辖是指将部分基层人民法院或者中级人民法院管辖的一审行政案件，通过高级人民法院依法统一指定的方式，交由其他基层人民法院或中级人民法院集中管辖的制度。《行政诉讼法》第 18 条规定，“经最高人民法院批准，高级人民法院可以根据审判工作的实际情况，确定若干人民法院跨行政区域管辖行政案件。”根据此条规定，高级人民法院在经过最高人民法院批准的情况下，可以确定本辖区内的基层人民法院或者中级人民法院受理跨行政区域的行政案件。通过实行行政案件跨区域管辖和审理，实现司法审判区域与行政管理区域的相对分离，可以减少地方和部门保护主义的影响，排除对司法的不当干预。

第四节 行政诉讼的裁定管辖

一、行政诉讼裁定管辖的含义

行政诉讼裁定管辖是指由人民法院以裁定的方式确定行政案件的具体管辖法院。根据裁定管辖的原因不同，行政诉讼裁定管辖分为三种类型：移送管辖、指定管辖和管辖权的转移。

二、移送管辖

移送管辖是指人民法院发现受理的案件不属于自己管辖时，依法将案件移送给有管辖权的人民法院管辖的一种法律制度。移送管辖移送的是案件，而不是管辖权。它是人民法院在认为自己受理了不属于自己管辖的行政案件后采取的一种补救措施。移送管辖既可以发生在上下级法院之间，也可以发生在同级法院之间。

移送管辖的必备条件是：①案件已经被人民法院受理；②受理的人民法院对该案无管辖权；③受移送的人民法院对案件有管辖权。需要注意的是，受移送的人民法院接到移送案件后不得将案件再次移送，如果案件确实不属于本院管辖范围或者移送存在错误，应当报请受移送法院的上一级人民法院指定管辖。这样规定是为了防止法院相互推诿行政案件，保护当事人依法行使诉权。

三、指定管辖

指定管辖是指上一级人民法院以裁定的方式，将某一案件指定由某一个下级人民法院进行管辖的制度。指定管辖主要发生在以下几种情形：

(1)有管辖权的人民法院由于特殊原因不能行使管辖权的。“特殊原因”包括法律原因和事实原因。如当事人请求法院审判人员整体回避、自然灾害等，这些原因致使有管辖权的人民法院无法继续审理案件，该法院可以报请上一级人民法院指定管辖。

(2)人民法院对管辖权发生争议，争议双方法院协商不成的。在司法实践中，存在着不同法院对同一行政案件都主张管辖权或者都认为对案件没有管辖权的情形，为保障原告的诉权得到有效实现，发生这种管辖权争议时先由争议的法院进行协商，无法协商解决的报请共同的上级人民法院指定管辖。

(3)人民法院既不立案，又不作出不予立案裁定的。在这种情形下，当事人可以向上一级人民法院起诉。上一级人民法院认为符合起诉条件的，应当立案、审理，也可以指定其他下级人民法院立案、审理。

(4)其他情形。如根据2008年《最高人民法院关于行政案件管辖若干问题的规定》的第2条，当事人以案件重大复杂为由或者认为有管辖权的基层人民法院不宜行使管辖权，直接向中级人民法院起诉的，中级人民法院可以指定本辖区其他基层人民法院管辖。

四、管辖权的转移

管辖权的转移是指经上级人民法院决定或者同意，将行政案件的管辖权由下级人民法院移交到上级人民法院。管辖权的转移只能发生在不同级别的法院之间，在本质上转移的是对案件的管辖权，与移送管辖不同。根据《行政诉讼法》第24条的规定，管辖权的转移主要发生在以下几种情形：

(1)上级人民法院主动调审下级人民法院管辖的第一审行政案件。

(2)下层人民法院对其管辖的第一审行政案件，认为需要由上级人民法院审理或者指定管辖，报请上级人民法院决定的。

可见，管辖权的转移的最终决定权属于上级人民法院，下级人民法院应当服从上级人民法院对管辖权转移作出的决定。

【思考题】

1. 简述行政诉讼确立管辖法院的原则。
2. 简述行政诉讼管辖的分类。
3. 简述我国行政诉讼的级别管辖制度。
4. 试述我国行政诉讼特殊地域管辖规则。
5. 裁定管辖有哪些类型?

【案例题】

李某诉市公安局行政拘留案

公民李某是重庆市A区居民。2015年9月,李某到广东B市旅游,因违反治安管理秩序被B市公安机关处以治安拘留15日。因李某不能提供保证人,也不能交付保证金,被执行了行政拘留处罚。在被拘留的第3天,李某以邮寄的形式向重庆市A区法院提起诉讼,要求法院撤销B市公安机关的拘留决定并赔偿其损失。但是,重庆市A区法院对李某的起诉作出裁定不予受理。

问题:本案中A区法院的裁定是否正确?

提示:《行政诉讼法》第19条规定:对限制人身自由的行政强制措施不服提起诉讼,由被告所在地或者原告所在地的人民法院管辖。此种情形下,原告有选择管辖法院的权利。但是在本案中,B市公安局对原告李某实施的是行政处罚而不是行政强制措施,对行政处罚不服而提起行政诉讼,原告没有选择管辖权,只能向被告所在地的法院起诉。因此,本案中A区法院裁定不予受理是正确的。

第十四章　行政诉讼参加人

【本章重点】

(1)行政诉讼参加人是指依法参加行政诉讼活动，享有诉讼权利，承担诉讼义务，并且与诉讼争议或诉讼结果有利害关系的人。它包括当事人、诉讼第三人和诉讼代理人。当事人有广义与狭义之分。狭义当事人仅指原告和被告，广义当事人还包括诉讼第三人。

(2)行政诉讼原告是认为行政主体的行政行为侵犯了自己的合法权益，向人民法院提起诉讼的组织和个人。行政机关或法律、法规、规章授权的组织也可能具备原告资格。原告资格在特殊情况下可发生转移。

(3)行政诉讼被告是指作出被诉行政行为，由法院通知应诉的行政机关或者法律、法规、规章授权的组织。行政诉讼的被告恒定为行政主体。

(4)共同诉讼是指当事人一方或者双方为两人以上的诉讼。共同诉讼人是指在共同诉讼案件中，人数在两个或者两个以上的原告或者被告。诉讼代表人是指为了方便诉讼，由人数众多的一方当事人推选或由人民法院指定，代表当事人进行诉讼活动的人。

(5)行政诉讼第三人是指同被诉行政行为有利害关系或者同案件处理结果有利害关系，为了维护自己的合法权益，而参加他人已经开始的诉讼中的个人或组织。“利害关系”既包括直接的利害的关系，也包括间接的利害关系。行政机关也可以以第三人的身份参加诉讼。

(6)诉讼代理人是指依法律规定或由法院指定，或受当事人、法定代理人的委托，以当事人名义，在代理权限范围内，为当事人进行诉讼活动，但诉讼法律后果由当事人承受的人，包括法定代理人、委托代理人、指定代理人。

【案例导入】

郭某诉汉中市人民政府行政复议决定案

陕西省勉县人民政府于2014年12月29日作出《关于宣告“补发(91)元字001号”(山林、树木权属所有证)无效的决定》，郭某不服向汉中市人民政府申请复议，汉中市人民政府于2015年4月13日作出汉政复决字(2015)9号行政复议决定书，决定维持勉县人民政府作出的《关于宣告“补发(91)元字001号”(山林、树木权属所有证)无效的决定》。郭某不服，向人民法院提起诉讼，认为汉中市人民政府于2015年4月13日作出的汉政复决字(2015)9号行政复议决定书认定事实错误，请求法院依法撤销陕西省勉县人民政府作出的《关于宣告“补发(91)元字001号”(山林、树木权属所有证)无效的决定》。

法院经询问当事人，听取代理人的意见后查明：《山林、树木权属所有证》[补发(91)元字001号]载明的权利人是勉县元墩镇喇家寨村八组村民郭臣录。另查明，郭臣录(已故)有三个儿子：郭宗贤(已故)、郭宗义和郭宗仁。原告郭金平是郭臣录的侄子。

问：本案中起诉人郭某是否具有原告资格?

第一节 行政诉讼参加人概述

一、行政诉讼参加人的含义

行政诉讼参加人是指依法参加行政诉讼活动，享有诉讼权利，承担诉讼义务，并且与诉讼争议或诉讼结果有利害关系的人。诉讼参加人包括当事人和诉讼代理人。当事人与案件有直接的利害关系，是行政诉讼最核心的参加人，诉讼代理人参加诉讼是为了维护被代理人的权益，支持被代理人的诉讼主张。

在行政诉讼中，参加诉讼的除了诉讼参加人外，还包括证人、勘验人、鉴定人、翻译人员等诉讼参与人，与诉讼参加人不同，诉讼参与人参加诉讼的目的既不是为了自己的利益，也不是为了任何一方当事人的利益，而是为了协助人民法院查明案件的事实真相，使诉讼活动得以顺利进行。

二、行政诉讼当事人

（一）行政诉讼当事人的含义

行政诉讼当事人指因行政行为发生争议，以自己的名义起诉或应诉、参加诉讼活动，并受法院裁判约束的个人或组织。当事人有广义和狭义之分，狭义的当事人仅指原告和被告，广义的当事人除原、被告之外，还包括第三人，本书采用广义说。在不同的诉讼阶段，当事人有不同的称谓：在第一审程序中，称为原告、被告、第三人；在第二审程序中，称上诉人、被上诉人、原审原告、原审被告或原审第三人；在审判监督程序中，称为申诉人与被申诉人等；在执行程序中，称为申请执行人与被申请执行人。

（二）诉讼当事人具有以下特征：

（1）参加诉讼的目的是为了维护自己的合法权益。凡参加诉讼的目的是为了保护他人的合法权益，或是为了向法院提供客观事实及翻译等服务的人，如诉讼代理人、证人、鉴定人、翻译人员等，均不是当事人。

（2）以自己的名义进行诉讼。凡不以自己的名义而以他人的名义参加诉讼，如诉讼代理人，不是当事人。

（3）与行政案件有直接或间接利害关系。行政案件的处理结果会影响当事人的权益，凡权益不受法院裁判影响的人，如证人、鉴定人等，不是当事人。

（4）受法院裁判的约束。法院的裁判是为了解决当事人的行政争议而作出的，因而对他们有拘束力，不履行生效裁判，将承担相应的法律责任。

第二节　行政诉讼原告

一、行政诉讼原告的含义

行政诉讼原告是指认为行政主体的行政行为侵犯了自己的合法权益，而依法以自己的名义向法院提起诉讼，请求法院保护其合法权益的个人或组织。理解这一概念时应注意以下两点：

（1）行政诉讼的原告是公民、法人或其他组织，而不能是作出行政行为的行政机关和被授权组织。

公民指具有中华人民共和国国籍的自然人；法人指依法成立的具有民事权利能力和民事行为能力，依法独立享有民事权利承担民事义务的组织；其他组织指不具有法人资格的机关、事业单位和社会团体等。公民、法人或其他组织在自己的合法权益受到行政主体的侵害时，凭借自己的力量往往难以获得有效保护，故需请求人民法院加以保护；而行政主体作为行使行政管理权的机关或组织，在作出行政行为以后，如果行政相对人不履行行政义务，一般可以直接采取强制措施或申请人民法院强制执行，因而没有必要向人民法院提起诉讼。

需要注意的是，在具体的行政法律关系当中，如果行政机关或被授权组织是作为行政相对人接受其他行政主体的管理，认为后者的行政行为侵犯其合法权益，可以作为原告提起诉讼。

(2)原告与行政行为有利害关系。

享有原告资格者必须与被诉行政行为有“利害关系”，亦即其自身的合法权益受到了被诉行政行为的损害。若起诉人不是主张自己的权益受到了被诉行政行为的损害，而是主张他人的权益或公共利益受到损害，按我国现行《行政诉讼法》的规定，不具有原告资格。

二、行政诉讼原告资格的确定

(一)行政诉讼原告资格的确定标准

设立行政诉讼原告资格确定标准的意义在于：便于法院准确把握起诉人的原告资格，防止滥诉，确保司法资源被有效合理利用。

《行政诉讼法》第 25 条确立了较为宽松的原告资格标准，即“利害关系”标准。即只要与被诉行政行为有利害关系，不论是行政行为的直接行政相对人，还是间接行政相对人，都有权提起诉讼，享有原告资格。所谓“与被诉行政行为有利害关系”，是指起诉人自身的合法权益因为被诉行政行为受到了损害，发生了得丧变更的法律效果。这种损害应当具有现实性，而不能是起诉人主观臆测的。当然，不限于已经发生或存在的损害，也包括虽然尚未发生但将会发生的损害。

(二)实践中原告资格的确定

根据 2000 年最高人民法院《执行解释》第 13 至 18 条的规定，除了行政行为的直接行政相对人享有原告资格外，以下情形中的当事人也具有原告资格：①被诉的行政行为涉及其相邻权或者公平竞争权的；②与被诉的行政复议决定有法律上利害关系或者在复议程序中被追加为第三人的；③要求主管行政机关依法追究加害人法律责任的；④与撤销或者变更行政行为有法律上利害关系的；⑤联营企业、中外合资或合作企业的联营、合营各方，认为联营、合资、合作企业权益或自己一方合法权益受行政行为侵害的；⑥农村土地承包人等土地使用权人对行政机关处分其使用的农村集体所有的土地的行为不服的；⑦股份制企业的股东大会、股东代表大会、董事会等认为行政机关作出的行政行为侵犯企业经营自主权的。

从理论上讲，行政诉讼的原告资格应尽可能的放宽，使得任何合法权益受到行政行为不利影响的行政相对人都可获得司法救济，任何违法的行政行为都受到司法审查。因为行政诉讼既是一种权利救济机制，也是一种控权机制，即控制行政权力的滥用。但从实践上讲，由于各国国家权力配置模式的不同、法院解决行政争议的能力存在差异、公权力机关和民众对行政诉讼的接受程度不同，使得不同国家、不同时期对行政诉讼原告资格的把握宽严不一。

我国从 1990 年实施行政诉讼制度至今，对原告资格的限制，应该说，越来越少。今后，除了上述当事人享有原告资格外，其他情形下，只要起诉人自身的合法权益受到了被诉行政行为的损害，都应当赋予其原告资格。

三、行政诉讼原告资格的转移

（一）有权提起诉讼的公民死亡的，其近亲属可作为原告提起诉讼

根据《执行解释》第 11 条的规定，近亲属是指配偶、父母、子女、兄弟姐妹、祖父母、外祖父母、孙子女、外孙子女和其他具有抚养、赡养关系的亲属。需要注意的是，近亲属是以自己的名义提起诉讼，而不是作为已死亡的公民的代理人代为提起诉讼，因此，近亲属应承担相应的法律后果，享有相应的权利。若通过诉讼获得赔偿，由近亲属根据遗产继承的规则分配；若败诉，行政行为未执行的财产，则应当从死亡的公民的遗产中支付，若不足以支付，法院不得执行近亲属的财产。行政机关对死亡公民未执行的人身处罚，不得由近亲属代为接受处罚，这是由人身权的特性所决定的。

（二）有权提起诉讼的法人或其他组织终止的，承受其权利与义务的法人或者其他组织可以提起诉讼

法人或者其他组织终止是指法人或者其他组织注销、撤销、强令兼并、合并或分立等，终止可能出于两种原因：一是自行终止，二是主管行政机关决定终止。对于第二种原因发生的终止，如果该法人或组织是非国有企业，仍可以以自己的名义提起诉讼。

在诉讼过程中，公民死亡或法人与其他组织终止的，公民的近亲属、承受权利和义务的法人或其他组织可以以自己的名义继续已经开始的诉讼。

【引例分析】

前引郭某诉勉县人民政府行政确认案中，《山林、树木权属所有证》上载明的权利人是郭臣录，而起诉人郭某是郭臣录的侄子，郭臣录2010年11月去世后，郭某既不是《继承法》第10条所规定的郭臣录的合法继承人，也不是《最高人民法院关于执行〈中华人民共和国行政诉讼法〉若干问题的解释》第11条所规定的“近亲属”，其与陕西省勉县人民政府作出的《关于宣告“补发(91)元字001号”(山林、树木权属所有证)无效的决定》没有利害关系，也就是说，该无效宣告行为并没有损害到郭某本人的利益。据此，郭某不是行政行为的利害关系人，也不是汉中市人民政府作出的“汉政复决字(2015)9号”《行政复议决定书》这一行政行为的利害关系人。所以，郭某不具备《行政诉讼法》第25条规定的原告主体资格，无权提起本案诉讼。

第三节 行政诉讼被告

一、行政诉讼被告的含义与特征

行政诉讼被告是指作出被诉行政行为，由法院通知应诉的行政机关或者法律、法规、规章授权的组织。

被告具有以下特征：

(1)被告是行政主体，包括行政机关和法律、法规、规章授权的组织。行政诉讼中的被告具有恒定性，只能是以自己的名义行使行政管理权、作出行政行为的行政机关或法律、法规、规章授权的组织。要注意的是：①行政主体委托的组织不能成为被告，因为他们是以行政主体的名义作出行政行为。②行政公务人员不能成为被告，他们是代表行政机关、以行政主体的名义行使行政职权。

(2)被告作出的行政行为被原告指控侵犯其合法权益，即行政行为引发了争议。只有原告认为行政主体作出的行政行为侵犯了其合法权益，向法院提起诉讼，该行政主体才可能成为被告。

(3)被告是被原告起诉且由人民法院通知应诉的行政主体。原告的起诉对象并不必然成为被告，原告的起诉被法院受理后，法院还应对被起诉的对象进行审查，被起诉的对象可能被确认为被告，也可能经原告同意，法院会变更或追加被告，因此被告的最终确定需以“法院通知应诉”为准。

二、行政诉讼被告资格的确定

（一）确定行政诉讼被告资格的原则

我国行政诉讼中通常按照“谁主体，谁被告”的原则来确定被告。即必须具有行政主体资格的法人或组织才可能成为被告。行政机关的内设机构、临时机构以及被授权组织的工作部门以自己的名义作出相关行政行为时，一般只能以他们所属的行政机关或被授权组织作被告。这种做法的缘由在于：其一，一般只有行政主体才具有承担相应法律后果的能力；其二，强化行政主体对其内设机构、临时机构或者工作部门的管理与约束。

同原告资格的确定情形相同的是，行政机关被撤销时也会发生被告资格转移的情况，一般由继续行使其职权的行政机关作被告。

需要明确的是，作为被告的行政主体的诉讼活动由其法定代表人实施。法定代表人依据行政组织法或组织章程来确定。行政机关法定代表人按如下原则确定：实行委员会制的机关，由委员会主任出任；实行首长负责制的由行政首长出任；正职缺位的由主持工作的副职作为法定代表人的代位人。法律、法规、规章授权的组织作为被告时，其法定代表人或代位人根据其组织章程确定。在诉讼期间，被告法定代表人更替时，由新法定代表人继续参加诉讼，已进行的诉讼活动对继续参加诉讼的法定代表人或代位人具有约束力。

（二）实践中行政机关或被授权组织成为被告的一般情形

（1）公民、法人或其他组织直接向法院起诉的，作出行政行为的行政主体是被告。

“直接向法院起诉”是指没有经过复议径直向法院提起诉讼。在我国，行政复议与行政诉讼的关系有三种：一是必须先复议才能提起诉讼；二是可复议，也可诉讼，若先复议，对复议决定不服，还可提起诉讼；三是可复议，也可诉讼，若先复议，对复议决定不服，则不可提起诉讼。在第二种情况下，行政相对人对行政行为不服，可直接以作出该行为的行政主体为被告，向法院提起诉讼。

（2）经复议的案件，复议机关维持原行政行为的，复议机关和作出原行政行为的行政主体为共同被告；复议机关改变原行政行为的，复议机关为被告。“复议机关改变原行政行为”是指复议决定改变了原行政行为的处理结果。

如果复议机关在法定期间内不作出复议决定，当事人对原行政行为不服提起诉讼的，应当以作出原行政行为的行政主体作为被告；当事人对复议机关不作为不服提起诉讼的，应当以复议机关作为被告。

(3)对由行政机关委托的组织作出的行政行为原告不服的，委托的行政机关是被告。

(4)当事人不服经上级行政机关批准的具体的行政行为，向人民法院提起诉讼的，应当以在对外发生法律效力的文书上署名的机关为被告。

(5)行政机关组建并赋予行政管理职能但不具有独立承担法律责任能力的机构，以自己的名义作出行政行为，当事人不服提起诉讼的，应当以组建该机构的行政机关为被告。

(6)行政机关在没有法律、法规或者规章规定的情况下，授权其内设机构、派出机构或者其他组织行使行政职权的，应当视为委托。当事人不服提起诉讼的，应当以该行政机关为被告。

(7)法律、法规或者规章授权行使行政职权的行政机关的派出机构或者其他组织，超出法定授权范围实施行政行为，当事人不服提起诉讼的，应当以实施该行为的机构或者组织为被告。

比如根据《治安管理处罚法》的规定，公安派出所可以自己的名义作出警告、500 元以下的罚款的行政处罚，假如某公安派出所以自己的名义对某公民作出罚款 600 元的处罚，则构成行政越权，该公民不服提起行政诉讼，应以派出所而不是它所属的公安局或公安分局为被告。

(8)两个或两个以上的行政机关共同作出一个行政行为，当事人不服提起诉讼的，应当以作出行政行为的行政机关为共同被告。

行政行为通常由单一的行政机关作出，但也有两个或两个以上的行政机关共同作出一个行政行为。判断一个行政行为是否是共同作出的，关键是要看是否有两个或两个以上的行政机关共同署名。如果共同署名的是一个行政机关和其他组织(如党团组织、工会等)则不属于这种情况，该组织只能作为第三人参加诉讼。

以上是确定被告资格的主要规则。如果原告起诉所针对的被告不符合上述确定规则，人民法院应当告知原告变更被告；原告不同意变更的，裁定驳回起诉。应当追加被告而原告不同意追加的，人民法院应当通知其以第三人的身份参加诉讼，但在复议机关与作出原行政行为的行政主体应当作为共同被告的情形下，原告只起诉作出原行政行为的行政机关或者复议机关，又不同意追加的，人民法院应当将另一机关列为共同被告。

三、行政诉讼被告资格的转移

(一)行政机关被拆并时被告资格的转移

作出行政行为的行政机关被拆分或合并后，由继续行使其相应职权的行政机关为被告。无论是在原告起诉前，还是诉讼进行中，原作出行政行为的行政机关被拆分或合并的，都以继续行使其相应职权的行政机关为被告，在诉讼过程中被拆分或合并的，已经发生的诉讼活动对新的被告继续有效。

（二）行政机关被撤销时被告资格的转移

行政机关被撤销后，如果没有继续行使其职权的行政机关或相应组织，怎样确定被告？《行政诉讼法》和司法解释都没有规定，参照《国家赔偿法》中有关确定赔偿义务机关的规定，可以以作出撤销决定的行政机关为被告，但如果作出撤销决定的是人大及其常委会等机关，那么只能终结诉讼，原告应当通过其他途径寻求救济。

第四节　行政诉讼第三人

一、行政诉讼第三人的含义与特征

行政诉讼第三人是指同被诉行政行为有利害关系或者同案件处理结果有利害关系，为了维护自己的合法权益，而参加他人已经开始的诉讼中的个人或组织。

1. 行政诉讼第三人的特征

（1）第三人同被诉行政行为有利害关系或者同案件处理结果有利害关系。

这里“同被诉行政行为有利害关系”包括两种情况：一种是被诉行政行为直接影响了该第三人的特定利益，即直接利害关系；一种是被诉行政行为间接涉及或影响到该第三人的特定利益，即间接利害关系，如城建管理机关对违章建筑的停建拆除决定就会影响到建材销售单位的合同利益，但该决定只是造成这种损害的间接因素，直接因素是违章建筑方与建材销售单位之间销售合同的变更或停止履行。除上述情形外，“同案件处理结果有利害关系”的情形多见于两个互不隶属的行政主体对同一行政相对人作出相互矛盾的行政行为，这种情况下，其中一个行政主体被诉，必然影响到另一个行政主体，因为法院如果支持其中一个行政行为，就意味着否定另一个行政行为。

（2）第三人既可以是行政相对人，也可以是非行政相对人。

在行政诉讼中，因“同被诉行政行为有利害关系”而成为第三人的既可能是行政相对人，也可能是非行政相对人。就行政相对人而言，无论是直接行政相对人还是间接行政相对人都可以成为行政诉讼第三人，如规划许可行为中的被许可人与被许可建筑物的相邻权人，前者是直接行政相对人，后者是间接行政相对人，其中一方因对规划许可行为不服而成为原告时，另一方必定是当然的第三人。政府采购行为中的中标人与公平竞争权人亦如此。非行政相对人因“同被诉行政行为有利害关系”成为第三人的常见于一行政机关与其他行政机关、非行政机关共同署名作出行政决定的情形，此种情形下，非行政机关必定是第三人；对共同署名的行政机关而言，如果原告仅起诉其中一行政机关，那么其他行政机关成为诉讼中的第三人。如《最高人民法院关于审理反补贴行政案件应用法律若干问题的规定》第4条规定，“与被诉反补贴行政行为具有法律上利害关系的其他国务院主管部门，可以作为第三人参加诉讼”。在这种情况下，行政机关显然不是以行政相对人而是以行政主体的身份参加诉讼的。

如前所述，在行政诉讼中，仅因“同案件处理结果有利害关系”而成为第三人的，多是作出另一行政行为的行政主体。

(3)第三人参加诉讼的时间是诉讼开始之后，案件审结之前。

第三人参加诉讼的时间是在一审判决作出前还是在终审判决作出之前，法律并没有明确规定。从理论上讲，一审程序和二审程序只是同一完整诉讼程序的两阶段，第三人可随时申请参加这两个阶段的诉讼，这样做有利于人民法院查清案件事实，作出客观正确的判决。如果第三人是在二审才参加诉讼的，那么人民法院在作出二审裁判时，应当裁定撤销原判，发回重审，以保障第三人的上诉权，保护其合法权益。

2. 第三人参加诉讼的方式

第三人参加诉讼的方式有两种：主动申请并由人民法院批准参加诉讼；应人民法院的通知参加诉讼。这两种方式都体现了人民法院的职权性。行政诉讼的核心任务是对行政主体作出的行政行为进行合法性审查，行政诉讼中的第三人制度同样应为这一核心任务服务，紧紧围绕着合法性审查这一中心内容，通过对行政行为进行审查，纠正违法的行政行为，保护各种与行政行为有利害关系的人的合法权益，从而使整个社会管理得以有效进行。

二、行政诉讼第三人的种类

以法院是否必须命其参加诉讼否则就构成严重违反法定程序为标准，可以将行政诉讼第三人分为必要参加诉讼第三人和非必要参加诉讼第三人。

(一)必要参加诉讼第三人

必要参加诉讼第三人是指其合法权益与本案诉争的诉讼标的紧密关联，法院必须对其合一审查判定，否则就难以作出合理、准确的判决，此种第三人即为必要参加诉讼第三人。必要参加诉讼第三人的情形主要有：①本应成为而未成为共同原告或共同被告的、同一被诉行政行为的其他当事人，例如，共同署名作出行政行为的两个行政机关，如果原告仅起诉其中一个行政机关，那么另一行政机关就是必要参加诉讼第三人；②行政确权案件中主张权利的人，例如，在专利、商标行政案件中，被行政机关驳回权利申请的一方当事人不服提起行政诉讼的，被确权一方当事人是必要参加诉讼第三人；③相邻权案件中，主张相邻权被侵犯的行政相对人提起行政诉讼时，相关行政行为如规划许可行为的授益人是必要参加诉讼第三人；④公平竞争权案件中，主张公平竞争权被侵犯的行政相对人提起行政诉讼时，相关行政行为的授益人是必要参加诉讼第三人；⑤要求行政机关依法追究加害人法律责任的行政案件中，加害人是必要参加诉讼第三人；等等。

对于必要参加诉讼第三人，如其未被原告起诉状列为第三人，法院应当依职权主动增加其为第三人，并通知其参加诉讼，否则就构成严重违反法定程序，将导致裁判被上级法院撤销而发回重审。

（二）非必要参加诉讼第三人

非必要参加诉讼第三人是指必要参加诉讼第三人以外的其他行政诉讼第三人。非必要参加诉讼第三人没有参加诉讼，并不会构成法定诉讼程序的违反，更不会影响法院判决的合法性与效力。

三、行政诉讼第三人的权利与义务

行政诉讼第三人作为诉讼当事人之一，原则上享有或承担与原告、被告同等的权利与义务，但专属于原告、被告的权利义务除外，如原告的撤诉权，被告对被诉行政行为合法性的举证义务。对行政诉讼第三人的权利与义务，现行《行政诉讼法》较旧法做出了更多的规定，包括第29条第2款规定的上诉权，第34条第2款规定的举证权，第36条第2款规定的提出诉讼主张权，第41条规定的申请法院调取证据权，第95条规定的申请强制执行权。除此之外，根据相关法律法规和司法解释，行政诉讼第三人还享有委托诉讼代理人、申请回避、查阅诉讼材料、进行辩论等诉讼权利，并应履行依法行使诉讼权利、遵守诉讼秩序、按期履行判决等义务。由于行政诉讼中被告恒定为行政主体，行政主体作为第三人参加诉讼时，其诉讼地位与被告相似，某些被告应承担的义务，如诉讼过程中被告不得自行向原告和证人收集证据，行政主体作为第三人时也应承担。

第五节 共同诉讼与行政诉讼代表人

一、共同诉讼的含义

共同诉讼是指当事人一方或者双方为两人以上的诉讼。原告一方是两人或者两人以上的，称为“共同原告”；被告一方是两人或者两人以上的，称为“共同被告”。共同原告、共同被告又统称为共同诉讼人。共同诉讼人中的任意一个，都单独享有作为原告或被告的权利，也应承担相应的义务。

共同诉讼是诉的合并，其意义在于简化诉讼程序，节省诉讼资源。两个或两个以上的诉讼是否合并审理，由人民法院根据法律的规定和案件的具体情况决定。行政诉讼中的共同诉讼也不例外。《行政诉讼法》第 27 条规定：“当事人一方或双方为二人以上，因同一行政行为发生的行政案件，或者因同类行政行为发生的行政案件、人民法院认为可以合并审理并经当事人同意的，为共同诉讼。”

二、共同诉讼的种类

行政诉讼中的共同诉讼可以分为必要共同诉讼和普通共同诉讼。

（一）必要共同诉讼

必要共同诉讼是指当事人一方或者双方为两个以上主体，因同一行政行为发生的行政案件，法院必须合并审理的诉讼。必要共同诉讼成立的条件是：

1. 共同原告或共同被告同被诉行政行为有利害关系，且共同原告都一同或分别向法院提起了诉讼，或者共同的被告都已被原告起诉。如果共同原告中的一个或几个没有向法院起诉，或者共同被告中的一个或几个没有被原告起诉、原告也不同意起诉的，法院都应当通知其作为第三人参加诉讼，但如果作为第三人参加诉讼，就不属于共同诉讼。

2. 被合并的诉讼是基于同一行政行为而产生。

必要共同诉讼中的共同原告或共同被告具有共同的权利义务，其中一人的诉讼行为，得到其他人的承认，对其他人也发生效力。

可以引起必要共同诉讼发生的情形如：二人以上共同实施违法行为，被行政主体在同一决定中分别制裁，被制裁人均不服起诉的；行政主体在同一决定中给予法人或者其他组织及其负责人分别制裁，二者均不服起诉的；两个以上的共同被害人不服行政主体对加害人所作的行政制裁而起诉的；两个以上行政主体作出同一行政行为，当事人不服起诉的；等等。

(二)普通共同诉讼

普通共同诉讼是指当事人一方或者双方为两个以上主体，因同类行政行为发生的行政案件，法院认为可以合并审理并经当事人同意的诉讼。普通共同诉讼的形成需要具备以下条件：

(1)当事人一方或双方为两个以上主体；

(2)被合并的诉讼基于同类行政行为而产生；

(3)法院认为可以合并审理并经当事人同意。

普通共同诉讼中的共同原告或共同被告之间的权利义务是各自独立的，因此，其中一人的诉讼行为，无须得到其他人的承认，对其他人也不发生效力。

可以引起普通共同诉讼发生的情形如：①两个以上行政主体分别依据不同的法律规范针对同一事实作出不同的行政行为，公民、法人或者其他组织不服，向同一人民法院起诉的；②行政主体就同一事实对若干公民、法人或者其他组织分别作出不同的行政行为，行政相对人不服，分别向同一人民法院起诉的。

三、行政诉讼代表人

(一)行政诉讼代表人的含义

诉讼代表人是指为了方便诉讼，由人数众多的一方当事人推选或由人民法院指定、代表当事人进行诉讼活动的人。在行政诉讼中，由于被告恒定为行政主体，一般来说，被告不会发生人数众多的情况，但原告方却常常出现这种情况。

在行政程序中，行政主体常常针对人数众多的行政相对人作出行政行为，所有行政相对人均不服，向法院提起诉讼的话，就会形成共同诉讼。如果所有的行政相对人都在诉讼中直接实施诉讼行为，将大大增加诉讼成本，耗费更多的时间，甚至诉讼活动难以正常进行。实施诉讼代表人制度，可以很好地解决这一问题。

(二)行政诉讼代表人的存在情形

根据《执行解释》第 14 条的规定，产生诉讼代表人的情况主要有：

(1)合伙企业向人民法院提起诉讼的，以核准登记的字号为原告，由执行合伙事务的合伙人做诉讼代表人。

(2)不具备法人资格的其他组织向人民法院提起诉讼，由该组织的主要负责人作为诉讼代表人；没有主要负责人的，可以由推选的负责人作为诉讼代表人。

(3)同案原告为5人以上的，应当推选1至5名诉讼代表人参加诉讼；在指定的期限内未选定的，人民法院可以依职权指定。

(三)行政诉讼代表人的法律地位

在诉讼中，诉讼代表人扮演当事人与代理人的双重角色，他与代理人都代表他人进行诉讼行为，所代理的诉讼行为的法律后果由被代理人承担；但又不同于诉讼代理人，它们的区别主要体现在：

(1)诉讼代表人本身是本案的利害关系人，与本案的诉讼结果有直接的利害关系；诉讼代理人与本案则没有直接的利害关系。

(2)诉讼代表人实施诉讼行为不仅是为了所代表的当事人，同时也是为了自己的利益；诉讼代理人则是为了所代理的当事人的利益才参加诉讼。

(3)诉讼代理人实施诉讼代理必须有被代理人的明确授权或基于法律的规定；诉讼代表人并不要求全体当事人的明确授权，但其诉讼行为的效力仍及于全体原告。

(4)诉讼代理人有一般代理人和全权代理人之分，一般代理人只能代理特定的诉讼行为；诉讼代表人能代表当事人进行所有的诉讼行为。

(5)诉讼代理人存在于原告、被告、第三人三方；行政诉讼中诉讼代表人一般只存在于原告一方。

第六节　行政诉讼代理人

一、行政诉讼代理人概述

诉讼代理人是指依法律规定或由法院指定，或受当事人、法定代理人的委托，以当事人名义，在代理权限范围内，为当事人进行诉讼活动，但诉讼法律后果由当事人承受的人。

诉讼代理人具有以下特征：

(1)诉讼代理人参加诉讼的目的是为了维护诉讼当事人的合法权益，而不是为了自己的合法权益。

(2)诉讼代理人只能以被代理人的名义参加诉讼活动，而不能以自己的名义进行诉讼活动。

(3)诉讼代理人必须在代理的权限范围内进行诉讼活动，其行为的法律后果由被代理人承担。

有律师身份的诉讼代理人，有权按照规定查阅、复制本案有关材料，有权向有关组织和公民调查，收集与本案有关的证据。对涉及国家秘密、商业秘密和个人隐私的材料，应当依照法律规定保密。其他诉讼代理人有权按照规定查阅、复制本案庭审材料，但涉及国家秘密、商业秘密和个人隐私的内容除外。

根据诉讼代理人产生的基础不同，可将诉讼代理人分为法定代理人、委托代理人和指定代理人。

二、法定代理人

法定代理人是指根据法律的直接规定代理无诉讼行为能力的人进行诉讼活动的代理人。《行政诉讼法》第 30 条规定，“没有诉讼行为能力的公民，由其法定代理人代为诉讼”。可见，法定代理是为无诉讼行为能力的公民进行诉讼而设立的一种代理制度，不适用于法人和其他组织，更不适用于作为被告的行政机关。无诉讼行为能力人是指未成年人和精神病人。

《行政诉讼法》没有明确规定法定代理人的范围，但依法可以适用《民事诉讼法》第 57 条的规定：“无诉讼行为能力人由他的监护人作为法定代理人代为诉讼。”在行政诉讼中，可以作为无诉讼行为能力的公民的法定代理人的主要有：配偶；父母；成年子女；其他近亲属；关系亲密的其他亲属、朋友愿意承担监护责任，由相关单位或基层组织统一的。没有以上人员的，其所在单位或其父母所在单位、其住所地的居民委员会或村民委员会或民政部门也可担任其法定代理人。如果法定代理人有两人以上又互相推诿责任的，由法院指定其中一人代为诉讼。需要注意的是，在这种情况下，代理人仍然为法定代理人，而不是指定代理人。

法定代理人的代理权是基于监护权而产生的，因而其在诉讼中居于与原告相类似的地位。凡是原告享有的诉讼权利，他都有权行使；凡是原告承担的诉讼义务，他都代为履行。

三、委托代理人

委托代理人是指根据当事人、法定代理人的委托代为进行诉讼行为的人。根据《行政诉讼法》第 31 条的规定，当事人、法定代理人可以委托 1 至 2 人代为诉讼。在行政诉讼中，可以成为委托代理人的有：律师、基层法律服务工作者；当事人的近亲属或者工作人员；当事人所在社区、单位以及有关社会团体推荐的公民。

委托代理人的代理权是委托人授予的，当事人委托代理诉讼的，应当向法院提交由委托人签名或者盖章的授权委托书，授权委托书中应当载明委托事项和具体权限。委托人的授权可分为一般授权和特别授权。一般授权只在委托书上载明代理人仅有权代为诉讼行为；特别授权即委托代理人不但有权代为诉讼行为，还可代为处分当事人的某些实体权利。委托代理人在授权范围内所进行的诉讼行为，对被代理人发生法律效力。委托代理人的代理权限如果发生变更或者解除，当事人应当书面告知法院，并由法院通知对方当事人。

委托代理和法定代理是《行政诉讼法》予以明确规定的代理制度，依上所述，它们的区别主要体现在以下几方面：

(1)代理权的来源不同。法定代理人的代理权来源于法律的规定；委托代理人的代理权来源于当事人或法定代理人的委托授权。

(2)代理权的范围不一样，法定代理人的权限一般来说比委托代理人的权限要广。法定代理人可以代理原告的一切诉讼行为，处分原告的实体权利；委托代理人只能在委托的权限内从事代理行为，不经特别授权，不能处分当事人的实体权利。

(3)在行政诉讼中，由于被告恒定为行政主体，所以被告不可能有法定代理人，只有原告、第三人才可能有法定代理人；而原告、被告、第三人都可能有委托代理人。

四、指定代理人

我国《行政诉讼法》没有关于指定代理人的规定。指定代理人是人民法院指定的代理无诉讼行为能力的人进行行政诉讼活动的人。指定代理一般发生在作为原告的公民无诉讼行为能力，并且无法定代理人代为诉讼，或法定代理人不能行使代理权的情况下，人民法院为了使诉讼得以顺利进行，不得不依法指定代理人代为诉讼。被指定代理诉讼的人可以是律师、当事人所在单位的人或其他公民。指定代理人的地位不完全同于法定代理人，他们对人民法院指定的特定案件行使代理权，只能有条件地处分被代理人实体权利，处分前通常需经人民法院同意。

【思考题】

1. 试述行政诉讼参加人、当事人、参与人之间的关系。
2. 试述行政诉讼中原告资格的确定标准及其资格转移的情形。
3. 试述如何确定行政诉讼中的被告。
4. 试述行政诉讼第三人的分类及其诉讼地位。
5. 试述诉讼代表人的含义及其与诉讼代理人的区别。

【案例题】

郭么日村民委员会诉同仁县政府土地行政确认案

青海省同仁县政府于2015年6月12日作出同政决字(2015)第01号《土地权属争议决定书》,该决定书载明:申请人为同仁县年都乎乡年都乎村民委员会,被申请人为同仁县水土保持站、同仁县民政局,行政相关方为郭么日村民委员会、同仁县年都乎乡郭么日寺民主管理委员会、同仁县年都乎乡年都乎寺。并决定:争议土地两宗共计122677.9平方米,合184.0169亩,属国有土地;其中用于建设同仁县殡仪馆的5亩土地使用权归同仁县民政局,其余土地使用权归同仁县水土保持站。郭么日村民委员会不服,提起行政复议,黄南州政府于2015年9月7日作出黄政复决字(2015)3号《行政复议决定书》,决定维持同仁县政府同政决字(2015)第01号《土地权属争议决定书》。郭么日村民委员会仍不服,以同仁县人民政府、黄南藏族自治州人民政府为共同被告,提起行政诉讼。

问:本案中法院是否应当依职权通知同仁县水土保持站、同仁县民政局作为第三人参加诉讼?

分析提示:同仁县水土保持站、同仁县民政局虽未提起诉讼,但两者是被诉的同仁县政府同政决字(2015)第01号《土地权属争议决定书》、黄南州政府黄政复决字(2015)3号《行政复议决定书》的直接行政相对人,即其合法权益与本案诉争的行政行为紧密关联,法院必须对其合一审查判定,否则就难以作出合理、准确的判决,属于必要参加诉讼第三人,人民法院经审查后应当通知其作为第三人参加诉讼。

第十五章　行政诉讼证据

【本章重点】

(1)行政诉讼证据是行政案件中当事人提交的或人民法院依法收集的用来证明案件事实存在与否的材料。行政诉讼证据有九种，包括书证、物证、视听资料、电子数据、证人证言、当事人陈述、鉴定意见、勘验笔录、现场笔录。

(2)行政诉讼中被告应就其行政行为是否合法承担举证责任。除法定情形外，被告应当在收到起诉状副本之日起 15 日内提供作出行政行为的全部证据和规范性文件依据，被告不提供或无正当理由逾期提供的，视为被诉行政行为没有相应证据、依据。如果被告对被诉行政行为不能或没有依法提供有关事实根据和法律依据，就要承担败诉的法律后果。

(3)行政诉讼中，在被告承担主要举证责任的同时，原告要就以下事项承担举证责任：①证明起诉符合法定条件；②在起诉被告不作为的案件中，提供其在行政程序中曾向被告提出申请的证据材料；③在一并提起的行政赔偿诉讼中，证明因受被诉行政行为侵害而造成损失的事实；④其他应当由原告承担举证责任的事项。原告或者第三人应当在开庭审理前或者人民法院指定的交换证据之日提供证据。因正当事由申请延期提供证据的，经人民法院准许，可以在法庭调查中提供。

(4)行政诉讼中调取证据是指人民法院依职权或依当事人申请，根据法定的程序，采用科学的方法，把能证明案件真实情况的事实材料予以固定和提取的行为。证据保全是指证据有可能灭失或以后难以取得的情况下，人民法院根据诉讼参加人的请求或依职权主动采取措施，对证据加以固定和保护的制度。

(5)除法定情形外，证据应当在法庭上出示，并经庭审质证。未经庭审质证的证据，人民法院不能作为定案的根据。

(6)人民法院判断行政诉讼证据证明效力有无的标准是关联性、合法性和真实性。判断行政诉讼证据证明效力大小的规则包括优势证据规则和特定孤证不能定案规则等。

【案例导入】

和尚房子乡鹦鹉山村东地村民组诉建昌县人民政府
土地确权及葫芦岛市人民政府行政复议决定案

因土地权属问题原告和尚房子乡鹦鹉山村东地村民组与第三人和尚房子乡和尚房子村查计沟村民组产生争议。2014年初，两组村民先后向县政府提出确权申请，县政府派出联合调查组进行调查核实。2014年11月10日县政府作出建政土处字2014(3)号处理决定，决定将争议土地确权给第三人和尚房子乡和尚房子村农民集体所有。原告认为建昌县人民政府无视历史事实、偏听偏信，所作处理决定违法，向葫芦岛市人民政府申请复议，市政府作出维持县政府处理决定的行政复议决定。原告提起本案诉讼。诉讼中，被告建昌县人民政府主张自己在作出行政处理决定之前依照法定程序进行了大量的调查工作，查清了本案的事实，所依据的证据充分、确凿；行政行为符合法定程序；适用法律、法规正确。但被告建昌县人民政府没有在法定期限内提供当初作出行政行为的证据、依据。葫芦岛市人民政府也没有在法定期限内提供作出维持决定的证据和依据。

问：本案中法院是否应当支持被告建昌县人民政府的主张？

第一节　行政诉讼证据概述

一、行政诉讼证据的含义

行政诉讼证据是指在行政诉讼中当事人提交的或人民法院依法收集的用来证明案件事实存在与否的材料。理解这一概念，必须把握以下两点：

(1)行政诉讼证据是用来证明案件事实的“材料”，但不一定都能够证明案件事实的真实情况。这是因为，证据有真伪之分，有合法与否之分，有与案件事实关联与否之分，只有经过法庭查证，具有证据的真实性、合法性和关联性，才能用来作为定案的证据。

(2)行政诉讼证据提供的主体，应当包括诉讼当事人和人民法院。当事人为了证明自己的主张，必然要在诉讼中提出证据。同时，我国法律规定，人民法院有权调取证据。

二、行政诉讼证据的种类与要求

证据有学理上和立法上的两种分类。从学理上分，行政诉讼证据有本证与反证、直接证据与间接证据、原始证据与派生证据、言辞证据与实物证据之别。从立法上分，行政诉讼证据有书证、物证、视听资料、电子数据、证人证言、当事人陈述、鉴定意见、勘验笔录、现场笔录等种类。

（一）书证

书证是指以文字、符号、图形等所记载的内容来证明案件事实情况的材料。在行政诉讼中，书证极为常见，包括罚款单据、行政处罚裁决书、没收财产收据、各种许可证、营业执照、商标注册证等。

当事人向人民法院提供书证应当符合下列要求：①提供书证原件。②提供书证原件确有困难的，经向法庭书面说明理由后，可以提供经法庭或者其他有关部门核对无异的复制件。③提供由其他有关部门保管的书证原件的复制件的，应当注明出处，经保管部门核对无异后加盖保管部门的印章，并由复制人在复制件上签名或盖章。④因灭失等事由无法提供书证原件的，经向法庭书面说明理由后，可以提供复制件，并提供证明复制件内容真实的其他证据。⑤提供报表、图纸、会计账册、专业技术资料、科技文献等专业性较强的书证的，应该附有说明材料。⑥当事人向人民法院提供外文书证的，应当附有由具有翻译资质的机构或人员翻译的译本，并由翻译机构盖章或者翻译人员签名。

（二）物证

物证是指以物品的外形、特征、规格、质量等客观存在来证明案件事实的物品和痕迹。

当事人向人民法院提供物证应当符合下列要求：应当提供原物，原物为数量较多的种类物的，只需提供其中的一部分；提供原物确实有困难的，可以提供经法庭或其他有关部门核对无误的复制件或者证明该物证的照片、录像等其他证据。

（三）视听资料

视听资料是指利用录像、录音、计算机储存等手段反映出的声响、影像或其他信息证明案件事实的资料。

当事人向人民法院提供视听资料时，应当符合以下要求：①提供视听资料的原始载体。②提供原始载体确有困难的，经法庭或其他有关部门核对无误后，可以提供复制件。③必须注明该视听资料的制作方法、制作时间、制作人和证明对象等内容。④有声音资料的应当附有声音内容的文字记录。⑤当事人向人民法院提供外国语视听资料的，应当附有由具有翻译资质的机构或人员翻译的中文译本，并由翻译机构盖章或翻译人员签名。

（四）电子数据

电子数据是指以电子、电磁、光学等形式或类似形式储存在计算机中的信息作为证明案件事实的证据材料，既包括计算机程序及其所处理的信息，也包括其他应用专门技术设备检测得到的信息资料。

当事人向人民法院提供电子数据证据时，应当符合以下要求：①提供电子数据原始载体。②无法提取电子数据原始载体或者提取确有困难的，可以提供电子数据复制件，但必须附有不能或者难以提取原始载体的原因、复制过程以及原始载体存放地点或者电子数据网络地址的说明，并由复制件制作人和原始电子数据持有人签名或者盖章，或者以公证等其他有效形式证明电子数据与原始载体的一致性和完整性。③提供通过技术手段恢复或者破解的与案件有关的光盘或者其他数字存储介质、电子设备中被删除的数据、隐藏或者加密的电子数据，必须附有恢复或破解对象、过程、方法和结果的专业说明。

（五）证人证言

证人证言是指了解案件情况的非本案诉讼参加人关于案件事实的陈述。证人必须是自然人，凡是了解案件情况的人都可以作证人。但不能正确表达思想意志的人不能作为证人。

一般情况下证人应当出庭在法庭上作如实陈述，并接受当事人质询，出庭作证的证人证言其证明效力优于不出庭作证的证人证言。证人只限于陈述其经历的具体事实，根据其经历所作的判断和推测不能作为定案的根据。当事人向人民法院提供书面证人证言的，应当符合下列要求：第一，写明证人的姓名、年龄、性别、职业、住址等基本情况；第二，应当有证人签名，证人不能签字的，应当以盖章等方式证明；第三，要注明出具日期；第四，要附有居民身份证等证明证人身份的文件。

（六）当事人陈述

当事人陈述是指在行政诉讼中当事人就自己所经历的案件事实向人民法院所作的陈述。当事人陈述的范围包括涉及实体法律关系的各种事实、行政争议发展的经过，以及其他对正确处理案件有意义的事实的陈述。这里的“当事人”包括原告、被告以及诉讼第三人。

在行政诉讼中，当事人的陈述是一种应用广泛，并且有较强证明效力的证据形式，但是，由于当事人对案件的处理结果有直接的利害关系，因此，当事人的陈述可能存在一定的虚假性和片面性，人民法院必须进行严格的审查，并且结合案件中的其他证据，审查确定当事人陈述的真实可靠性和证明效力。

（七）鉴定意见

鉴定意见是指接受人民法院的指派或者聘请、当事人聘请的鉴定部门指派的具有专门知识和技能的人根据案件的事实材料，对需要鉴定的专门性问题进行检查、测试、分析、鉴别后得出的专业意见。在行政诉讼中，比较常见的鉴定意见有文书鉴定、会议鉴定、医学鉴定、科学技术鉴定等。

当事人向人民法院提供鉴定意见作为证据的，必须符合下列要求：鉴定意见中应当载明委托人和委托鉴定的事项，当事人向鉴定部门提交的相关材料、鉴定的依据和使用的科学技术手段、鉴定部门和鉴定人鉴定资格的说明，并应有鉴定人的签名和鉴定部门的印章。通过分析获得的鉴定意见，应当说明分析过程。

（八）勘验笔录

勘验笔录是指行政机关或者人民法院对案发现场及有关物品进行勘验、检验、测量、拍照、绘图后所制作的用以证明案件情况的记录。

行政机关或人民法院制作勘验笔录必须符合以下要求：在勘验物证或者现场时，勘验人员必须出示证件，邀请当地基层组织或有关单位派人员参加，作为勘验的见证人。当事人或成年家属应当到场，拒不到场的，不影响勘验工作的进行，但勘验人员应在勘验笔录中说明情况。

勘验笔录应当具有以下内容：勘验的时间、地点、勘验人、在场的当事人、勘验的经过、结果，并由勘验人、在场当事人签名或者盖章；有其他人在场的，应请其签名。对于绘制的现场图还应注明绘制的时间、比例、方位、图例、测绘人姓名等内容。

（九）现场笔录

现场笔录是指行政机关对行政违法行为当场进行调查、给予处罚或者处理而制作的文字记载材料。它与勘验笔录有如下区别：首先，两者的制作主体不同。勘验笔录是由行政机关或人民法院制作的，而现场笔录只能由行政机关制作。其次，两者所反映的事实不同。勘验笔录是对一些专门的物品和现场进行勘验测量后所作的笔录，所反映的多是静态的情况，并且一般是在案件发生以后进行的；而现场笔录则是行政机关对执法现场当时的情况所作的记录，反映的一般是动态的情况，是在事情发生当时制作的。

现场笔录应当载明时间、地点和事件等内容，并由执法人员和当事人签名，当事人拒绝签名或不能签名的，应当注明原因。有其他人在场的，可请其他人签字证明。

第二节　举证责任的分配与期限

一、举证责任的含义

行政诉讼的举证责任是指由法律预先规定的，在行政案件所涉事实真伪不明的情况下，由当事人提供证据予以证明，如果其提供不出证明相应事实的证据，就要承担败诉风险及不利后果的制度。

二、被告的举证责任与期限

（一）被告的举证责任

行政诉讼中被告对其作出的行政行为的合法性负举证责任。我国《行政诉讼法》第 34 条规定，"被告对作出的行政行为负有举证责任，应当提供作出该行政行为的证据和所依据的规范性文件"。

根据上述条文规定，行政诉讼中被告的举证责任包括 3 个方面的内涵：①被告应就其行政行为是否合法承担举证责任。②被告既要就作出的行政行为的事实根据举证，又要就作出的行政行为的法律依据举证。③如果被告对被诉行政行为不能提供有关事实根据和法律依据，就要承担败诉的法律后果。

行政诉讼中双方争议的焦点一般是行政主体单方作出的行政行为的合法性，而法律规定由被告就行政行为是否合法承担举证责任，意即行政诉讼中被告承担主要的举证责任。之所以如此规定，有以下两方面原因：第一，行政行为最基本的程序规则是先取证后裁决，即行政主体在作出裁决前，应当充分收集证据，然后据以认定事实，并根据法律规范作出裁决，而不能在缺乏证据的情况下，对公民、法人或其他组织作出行政行为。因此，当行政主体作出的行政行为被诉至人民法院时，其应当已经有了充分的证据证明其行政行为的合法性。这是被告承担主要举证责任的基础。第二，在行政法律关系中，行政主体居于主动地位，可以依职权单方面作出相应的行政行为。在诉讼中为了实现双方当事人权责的统一以及诉讼地位的平等，就应当要求被告证明其行为的合法性。

(二)被告举证的期限

由于行政主体作出行政行为的最基本的规则是先取证后裁决，因此在争议被提交到人民法院审理裁判之前，行政主体所需的证据都应早已收集完备，所以《行政诉讼法》第67条第1款规定，“被告应当在收到起诉状副本之日起15日内向人民法院提交作出行政行为的证据和所依据的规范性文件”，第34条第2款规定，“被告不提供或者无正当理由逾期提供证据，视为没有相应证据。”但如果出现了下列情形，被告确实无法在上述期限提供相应证据的，可以经人民法院许可后在规定的期限内予以补充：一是被告在作出行政行为时已经收集证据，但因不可抗力等正当事由不能提供的；二是原告或第三人在诉讼过程中，提出了其在被告实施行政行为过程中没有提出的理由或者证据的。

【引例分析】

前引案例中，被告建昌县人民政府、葫芦岛市人民政府应分别对自己作出的土地确权决定、行政复议决定的合法性承担举证责任，应当在收到起诉状副本之日起15日内向人民法院提交作出行政行为的证据和所依据的规范性文件。被告不提供或者无正当理由逾期提供证据，依据《中华人民共和国行政诉讼法》第34条的规定，视为没有相应证据。本案中，作出原行政行为的被告建昌县人民政府在法定期限内没有提供证据，即便被告建昌县人民政府主张自己在作出行政处理决定之前依照法定程序进行了大量的调查工作，查清了本案的事实，所依据的证据确凿充分，行为符合法定程序，适用法律法规正确，但依法应视为没有证据和依据。被诉行政行为没有证据和依据的，法院依法应当予以撤销。因此，法院依据《中华人民共和国行政诉讼法》第70条第1项、第79条，《最高人民法院关于适用〈中华人民共和国行政诉讼法〉若干问题的解释》第10条第1款、第2款之规定，作出了如下判决：一、撤销建昌县人民政府于2014年11月10日作出的建政土处字2014(3)号处理决定；二、撤销葫芦岛市人民政府于2015年4月8日作出的葫行复决字61号行政复议决定。

三、原告的举证责任与期限

(一)原告的举证责任

行政诉讼中虽由被告就其行政行为的合法性承担举证责任，但就整个诉讼程序来看，决定诉讼结果的事实并不仅仅是被诉行政行为的合法性，实际上还包括大量的程序事实，尤其是起诉条件和诉讼行为本身。因此，行政诉讼中，在被告承担主要的举证责任的同时，原告要就以下事项承担举证责任：

(1)证明起诉符合法定条件，包括原告是认为行政行为侵犯其合法权益的公民、法人或其他组织，有明确的被告，有具体的诉讼请求和事实根据，属于人民法院受案范围和受诉人民法院管辖。

(2)在起诉被告不作为的案件中，提供其在行政程序中曾向被告提出申请的证据材料。但是有下列情形的除外：被告应当依职权主动履行法定职责的；原告因被告受理申请的登记制度不完备等正当事由不能提供相关证据材料并能够作出合理说明的。

(3)在行政赔偿、补偿诉讼中，证明因受被诉行政行为侵害而造成损害的事实。

(4)其他应当由原告承担举证责任的事项。

(二)原告举证的期限

法律规定举证期限是为了保证行政诉讼的顺利进行，提高行政诉讼效率。对该期限的规定，既要考虑诉讼所涉及的争议事实的性质，又要考虑当事人提供证据的能力。2002 年《最高人民法院关于行政诉讼证据若干问题的规定》(以下简称《若干规定》)第 7 条对原告提供证据的期限作出了如下规定：①原告应当在开庭审理前或者人民法院指定的交换证据之日提供证据。因正当事由申请延期提供证据的，经人民法院准许，可以在法庭调查中提供。逾期提供证据的，视为放弃举证权利。②原告在第一审程序中无正当理由未提供而在第二审程序中提供的证据，人民法院不予接纳。

四、第三人的举证责任与期限

(一)第三人的举证责任

行政诉讼中第三人为了避免法院作出对其不利的判决，有权利也有义务提供证据以支持自己的主张。尤其是类似于被告地位的第三人，或者被诉行政行为被法院否决后将使其利益受到不利影响的第三人，都有必要积极举证，以证明被诉行政行为的合法性，或者证明被诉行政行为所涉相关事实的真实性。根据《行政诉讼法》第 34 条第 2 款的规定可以推导出，在被告不提供或者无正当理由逾期提供证据的情况下，被诉行政行为涉及第三人合法权益的，第三人有权利提供证据证明被诉行政行为的合法性，法院应当依证据规则确定是否采信。

(二) 第三人的举证期限

《若干规定》第 7 条对第三人的举证期限作出了与原告相同的规定：①第三人应当在开庭审理前或者人民法院指定的交换证据之日提供证据。因正当事由申请延期提供证据的，经人民法院准许，可以在法庭调查中提供。逾期提供证据的，视为放弃举证权利。②第三人在第一审程序中无正当理由未提供而在第二审程序中提供的证据，人民法院不予接纳。

第三节 证据的调取与保全

一、证据的调取

(一) 调取证据的含义

行政诉讼中调取证据是指人民法院依职权或依当事人申请，根据法定的程序，采用科学的方法，把能证明案件真实情况的事实材料予以固定和提取的行为。

在行政诉讼中，被告承担主要的举证责任，原告承担有限的举证责任，但这并不否认人民法院可以收集调取证据，因为在有些情形下，行政案件涉及国家利益、公共利益或他人合法权益，或者相关证据由国家有关部门保存，当事人无法自行取得，必须由人民法院出面调取。

(二) 调取证据的范围与限制

人民法院调取证据的范围不是宽泛任意的，否则就会有司法权不当干涉行政权之嫌，或者失去其进行中立、被动裁判的地位，甚至形成人民法院与被告共同审原告的局面。因此，对人民法院调取证据的范围作出规定是必要的。

(1) 人民法院在下列情形下，可依职权向有关行政机关以及其他组织、公民调取证据：①涉及国家利益、公共利益或者他人合法权益的事实认定的；②涉及依职权追加当事人、中止诉讼、终结诉讼、回避等程序性事项。

(2) 在有些情况下，如果原告或者第三人不能自行收集，但能够提供确切线索的，人民法院经原告或第三人申请，可以出面调取下列证据：①由国家有关部门保存而必须由人民法院调取的证据；②涉及国家秘密、商业秘密、个人隐私的证据；③原告或第三人确因客观原因不能自行收集的其他证据。

(3)人民法院不得为证明被诉行政行为的合法性，调取被告在作出行政行为时未收集的证据。

二、证据的保全

(一)证据保全的含义

证据保全是指在证据有可能灭失或以后难以取得的情况下，人民法院根据诉讼参加人的请求或依职权主动采取措施，对证据加以固定和保护的制度。

由于查明案件事实，处理行政争议，往往要经过立案、审理，有的经过当事人上诉，第一审后还有一个比较长的时间，某些案件往往还要复查而引起再审程序等问题，如果对发现和收集到的证据不能加以妥善地固定和保全，时间一长可能会自然消失或损毁，人民法院就无法了解其原状，这将给日后的诉讼带来困难。

(二)证据保全的条件

有下列情况之一，当事人就可以提出采取保全措施的申请，人民法院也可以依职权主动采取保全措施：①证据可能灭失。如作为证据的物品将腐败、变质甚至消灭，应当及时将物品的外形、特征等制成笔录，拍成照片。②证据在以后难以取得。如证人有可能出国留学或定居，应当在其出国前，进行询问，制成书面的证人证言。

(三)证据保全的程序与方法

1. 申请证据保全的程序

(1)当事人向人民法院申请保全证据的，应当在举证期限届满前以书面形式提出，并说明证据的名称和地点、保全的内容和范围、申请保全的理由等事项。

(2)人民法院要求其提供担保的，当事人还应当提供担保，否则，人民法院可以驳回其申请。

(3)人民法院经审查当事人提出的申请认为需要采取保全措施的，应当作出准许保全的裁定，并在裁定中指出：保全哪一种证据，在何时、何地、用何种方法进行保全；人民法院不接受当事人的申请的，也应当作出裁定，并说明不采取保全措施的理由。

2. 保全证据的方法

保全证据的方法根据证据的不同而有所区别。人民法院根据具体情况，可以采取查封、扣押、拍照、录音、复制、鉴定、勘验、制作询问笔录等保全措施。如对物证的保全，人民法院可以采取绘图、拍照、摄像或者封存原物的方法。

第四节 质证与证据的采信

人民法院审理行政案件，必须依赖证据来确定案件的事实。而证据的证明效力只有经过审判人员对证据的审查核实和判断后才能认定。在行政审判中，人民法院审核与判断证据的关键一环是质证。证据经过质证后，人民法院在此基础上对证据进行具体、综合地分析和判断，以确定证据的证明效力。

一、质证

(一) 质证的含义

质证是指在行政诉讼庭审中，当事人对他方出示的证据提出质疑、辩论和核实，由审判人员确认该证据的证明效力的诉讼活动。

确立质证制度对强化庭审功能、提高审判质量和效率、维护司法公正、增强当事人对人民法院裁判的信任度等都具有重要意义。基于此，《若干规定》第 35 条规定："证据应当在法庭上出示，并经庭审质证。未经庭审质证的证据，人民法院不能作为定案的根据。"第 36 条规定："经合法传唤，因被告无正当理由拒不到庭而需要依法缺席判决的，被告提供的证据不能作为定案的依据，但当事人在庭前交换证据中没有争议的证据除外。"

(二) 质证的具体要求

双方当事人进行庭审质证必须紧密围绕证据的关联性、合法性和真实性，针对证据证明效力的有无与大小进行质证。经法庭准许，当事人及其代理人可以就证据问题相互发问，也可以向证人、鉴定人、勘验人发问，但发问的内容应当与案件事实有关联，不得采用引诱、威胁、侮辱等语言或者方式。除此之外，对各类证据的质证还应当符合前述各类证据的要求。

在行政诉讼中，并不是所有证据都要经过质证。以下证据可不经庭审质证，直接由人民法院予以认定：①当事人在庭前证据交换过程中没有争议并记录在卷的证据。此类证据只要审判人员在庭审过程中予以简要说明，就可以作为认定案件事实的根据。②众所周知的事实、自然规律及定理、根据日常生活经验法则推定的事实。③按照法律规定推定的事实和已经依法证明的事实。

二、证据的采信

证据的证明效力是指证据能否用来证明案件事实以及能在多大程度上证明案件事实，亦即证据在证明案件事实方面的说服力。对证据证明效力的判断和确定是一项非常复杂的工作，审判人员必须对经过庭审质证的证据和无需质证的证据进行逐一审查和对全部证据综合审查，遵循法官的职业道德，运用逻辑推理和生活经验，进行全面、客观和公正地分析和判断。在这个过程中，审判人员除紧紧围绕证据的关联性、合法性和真实性进行审查判断外，还必须遵循一些特定的规则。

（一）对证据证明效力有无的审查

《若干规定》第 39 条规定，“当事人应当围绕证据的关联性、合法性和真实性，针对证据有无证明效力以及证明效力大小，进行质证”。这一规定实质上确定了审判人员审查行政诉讼证据证明效力有无的标准，即关联性、合法性和真实性。

1. 对证据关联性、合法性和真实性的认定

第一，对证据关联性的认定。证据的关联性是指证据所记载和反映的内容必须与案件事实之间存在内在的联系、对证明案件真实情况具有实际意义。那些与案件没有关联和不能证明案件真实情况的证据，人民法院不得作为定案依据。证据的关联性是行政诉讼证据审查标准的首要因素，凡不具有关联性的证据就无须对其合法性、真实性进行审查，在当然排除之列。

第二，对证据合法性的认定。证据的合法性是指证据的来源、形式及取得证据的方式等合乎法律的规定。它是对具有关联性的证据进行价值判断，其目的是排除非法证据。具体而言，证据的合法性包括以下内容：①来源合法，如证人证言必须出自合格的证人，鉴定意见必须出自法定的鉴定机关。②取得方式合法，即证据是由法定人员按照法定程序收集或者提供的，如不得以刑讯逼供或者欺骗、利诱、威胁等方式收集和取得证据。③形式合法，如物证、书证应当附卷，现场笔录必须经行政机关现场工作人员和行政相对人签名、盖章，鉴定结论必须采取特定的书面形式作出。

第三，对证据真实性的认定。证据的真实性是指证据所记载和反映的情况必须是客观真实的，而不是人们主观臆想的产物。

2. 非法证据排除规则

非法证据排除规则是指收集证据必须依法进行，对不符合法律规定取得的证据应当予以排除，审判人员不得将其作为定案的证据。在行政诉讼中下列证据应予以排除：

第一，在被告作出行政行为后，被告及其诉讼代理人、复议机关等收集的证据。当然，在法律规定的特殊情形下，经人民法院许可，行政机关补充收集相关证据的除外。

第二，严重违反法定程序收集的证据。比如被告在行政程序中非法剥夺公民、法人或其他组织依法享有的陈述、申辩或者听证权利所取得的证据。强调“严重”，是因为行政机关是公共利益的代表，行政行为具有公益性，如果把违反法定程序收集的证据一律排除出可采用证据的范围，势必会对公益产生影响。是否构成严重程序违法，应结合个案进行分析判断。

第三，以非法手段获取的证据，包括两种情形：其一是以利诱、欺诈、胁迫、暴力等不正当手段获取的证据；其二是以违反法律禁止性规定或者侵犯他人合法权益的方法取得的证据。

第四，其他非法证据。如不具备鉴定资格的组织或个人作出的鉴定结论。

(二)对证据证明效力大小的判断

1. 优势证据规则

优势证据规则是指一种证据由于其来源、特性等方面的不同，其证明效力明显大于另一种证据。行政诉讼中主要有以下优势证据规则：

第一，直接证据的证明效力大于间接证据。直接证据和间接证据是依据诉讼证据是否能够单独直接证明案件主要事实的标准而划分的。直接证据是能够单独、直接地证明案件主要事实的证据。间接证据是指不能单独证明案件主要事实，而需与其他证据相结合，经过合理的推理才能证明案件主要事实的证据。

第二，原始证据的证明效力大于传来证据。原始证据和传来证据是根据证据的来源而进行的分类。原始证据是直接来源于案件事实而未经中间环节传播的证据，即与案件事实有关的第一手材料。传来证据，又称为派生证据，是经过一定的中间环节、间接来源于案件事实的证据，主要指经过转抄、转述、复制等手段而形成的与案件事实有关的第二手材料。

第三，公定证据的证明效力大于非公定证据。公定证据是指经过国家机关或法定组织依法制作的具有法律效力的证据。如国家机关及其他职能部门依职权制作的公文文书、经过公证或者登记的书证、法定鉴定部门的鉴定意见、法庭主持勘验制作的勘验笔录。非公定证据是指公定证据之外的其他证据。

第四，关系证人证言的证明效力小于非关系证人的证言。关系证人是指与案件当事人有亲属关系、其他密切关系或者敌视关系的证人，该证人是该当事人的关系证人。除此之外的证人为非关系证人。关系证人基于与当事人的特殊关系，往往有可能隐瞒事实真相或作虚假陈述，因此其证言的客观真实性较弱。当与当事人有敌视关系的关系证人提供对该当事人不利的证言，或者非敌视关系的关系证人提供对该当事人有利的证言时，其证言的证明效力应小于非关系证人的证言。

2. 特定孤证不能定案规则

行政诉讼中只要单个证据完全具备“三性”，即关联性、合法性和真实性，并且能够清楚地证明被诉行政行为是否合法，就可以孤证定案。但要注意的是，下列证据不能单独作为定案的根据，即特定孤证不能定案：

第一，未成年人所做的与其年龄和智力状况不相适应的证言。

第二，关系证人出具的证言。

第三，难以识别是否经过修改的视听资料。

第四，无法与原件、原物核对的复制件或者复制品。

第五，证据被一方当事人或他人改动、对方当事人不予认可的证据。

第六，其他不能单独作为定案依据的证据。如应当出庭作证而无正当理由不出庭作证的证人证言。

【思考题】

1. 简述行政诉讼证据的含义。
2. 简述行政诉讼证据的种类及提供各类证据的要求。
3. 试述行政诉讼中被告的举证责任及其举证期限。
4. 试述人民法院可以调取证据的情形和调取证据的方式。
5. 试述哪些证据无需经过庭审质证。
6. 试述如何判断证据证明效力的有无和大小。

【案例题】

孟某诉项城市公安局治安行政处罚案

孟某与刘某系同村村民，刘某因自己家中的庄稼被别人打上除草剂大面积枯死，在村里转着骂大街。2011 年 7 月 31 日清晨，当刘某骂大街走到孟某家门口时，与孟某发生争吵，刘某被打伤。项城市公安局在同日 7 时许接到刘某报案，进行调查取证。经该局物证室鉴定，刘某面部及右手损伤已构成轻微伤。该局依据受害人的陈述、违法行为人的陈述、证人证言、伤情照片、诊断证明、伤情鉴定文书、出警经过、户籍资料等证据，认为孟某违反了《中华人民共和国治安管理处罚法》第 43 条第 2 款第 2 项的规定，于 2011 年 8 月 20 日作出了项公(高寺所)决字(2011)第0369号公安行政处罚决定书，决定给予孟某行政拘留10日，并处罚款500元。孟某不服，提起诉讼。在庭审中，项城市公安局承认在对当事人、证人询问时，实际询问人与询问笔录记载的询问人不一致，他们通常做法是写所长和指导员的名字。询问笔录上没有执法询问人员签字。

问：本案中公安局询问笔录所形成的书证能否作为认定案件事实的证据?

分析提示：公安机关在作出治安行政处罚时，对当事人和证人的询问笔录是认定事实的主要证据，公安机关制作时，一定要严格按照法律规定的程序进行，并由询问人在该笔录上签字。本案中作为认定孟某殴打刘某主要依据的询问笔录，并不是在询问笔录上记载的执法人员询问和制作的，询问人员也未在这些笔录上签字，这样的行为并不是处罚程序中的瑕疵行为，而是处罚程序中收集证据过程中的严重程序违法。由于无法保证其真实性，对于这些严重违反法定程序收集的证据不应作为认定案件事实的证据。

第十六章　行政诉讼法律适用

【本章重点】

(1)行政诉讼的法律适用是人民法院在审理行政案件的过程中，运用法律规范对行政行为进行合法性审查的活动。

(2)行政诉讼的法律适用主要涉及两方面的问题：一是行政审判以哪些法律规范为依据；二是如何处理行政审判中适用法律规范时存在的冲突。

(3)行政诉讼中人民法院以法律、法规为依据，参照适用规章，可以援引司法解释，认为其他规范性文件合法有效的可以予以引用。

(4)行政诉讼中法律规范冲突的情形有：层级冲突、同级冲突、新旧冲突、种属冲突、区际冲突，以及国际法与国内法的冲突等。

(5)人民法院对行政诉讼中遇到的法律规范冲突问题，应遵循以下规则来处理：层级冲突时，以上位法优先；同级冲突在不能确定如何适用时，由有关机关决定或裁决；新旧冲突时，以适用新法为原则；种属冲突时，以特别法优先；区际冲突时，以适用属地法为原则；国际法与国内法冲突时，以适用国际法为原则。

【案例导入】

珥陵镇鸿润超市诉丹阳市市场监督管理局行政登记案

2007 年 5 月 9 日，原镇江市丹阳工商行政管理局(后与其他政府机构合并组建丹阳市市场监督管理局)向原告颁发了个体工商户营业执照。2015 年 2 月 5 日，原告向被告提交个体工商户变更登记申请书，申请增加蔬菜零售经营范围，并提供了相关材料。2015 年 2 月 6 日，被告向原告出具了(2015)第 0206001 号个体工商户变更登记受理通知书。被告对申请材料进行审查，并赴现场调查核实，认定原告丹阳市珥陵镇鸿润超市距丹阳市珥陵农贸市场不足 200 米，不符合丹阳市人民政府丹政办发[2012]29 号《关于转发市商务局〈丹阳市菜市场建设规范〉的通知》中"菜市场周边 200 米范围内不得设置与菜市场经营类同的农副产品经销网点”的规定。遂于2015年2月16日作出了(11810187)个体工商户变更[2015年]第02160001号个体工商户登记驳回通知书，决定对原告的变更申请不予登记。原告不服，诉至法院。

据法院查证，本案被告适用的丹政办发[2012]29号《丹阳市菜市场建设规范》中“菜市场周边200米范围内不得设置与菜市场经营类同的农副产品经销网点”的规定，与商务部《标准化菜市场设置与管理规范》不一致，也与《商务部等13部门关于进一步加强农产品市场体系建设的指导意见》(商建发[2014]60号)第7项“积极发展菜市场、便民菜店、平价商店、社区电商直通车等多种零售业态”的指导意见不相符。

问：本案法院应当如何对待被告适用的丹政办发[2012]29号《丹阳市菜市场建设规范》?

第一节 行政诉讼法律适用概述

一、行政诉讼法律适用的含义

行政诉讼的法律适用，是指人民法院在审理行政案件的过程中，运用法律规范对行政行为进行合法性审查的活动。行政诉讼的法律适用有广义、狭义之分。狭义上讲，是指人民法院依据法律规范对行政行为的合法性进行审查的活动。广义上讲，它不仅包括狭义上的法律适用，还包括人民法院对行政案件作出裁判，并执行该裁判的活动。本章仅在狭义上讨论行政诉讼的法律适用问题。

二、行政诉讼法律适用的特征

(一)适用主体的特定性

行政诉讼法律适用的主体是人民法院，行政执法活动的法律适用主体是行政主体。两者各不相同，不能混淆。

(二)适用形式的多样性

行政诉讼法律适用形式的多样性，具体表现在既有“依据”，又有“参照”，还有“可以引用”等。“依据”是指人民法院审理行政案件，以法律和行政法规、地方性法规、自治条例和单行条例为依据。“参照”是指人民法院审理行政案件，参照国务院各部委规章和地方政府规章。“可以引用”是指人民法院审理行政案件，可以引用合法有效的其他规范性文件。而行政执法活动的法律适用形式比较单一，行政主体在行政执法时，必须以法律、行政法规、规章及其他规范性文件为依据，不存在“参照”“可以引用”的情形。如果行政机关在适用规章或其他规范性文件时发现其与上位法相抵触，一般应该逐级请示至有关机关以确定如何适用。

（三）适用性质的监督性

行政诉讼的法律适用是人民法院对行政主体在行政执法中法律适用的审查，是对同一行政事项的第二次法律适用，具有监督作用。

（四）适用效力的终局性

行政诉讼的法律适用是对法律规范的最终适用，具有终局效力。行政主体的法律适用一般不具有终局效力，行政相对人不服的，可依法申请行政复议或者提起行政诉讼。

第二节　行政诉讼法律适用规则

行政主体在行政执法活动中，不仅要依据法律、行政法规、地方性法规，还要依据规章和其他规范性文件。那么，人民法院在审查行政案件的过程中是否也应当一体适用？如果完全吸纳其中行政主体制定的行政法规、规章和其他规范性文件作为行政审判的法律规范依据，由于相关制定主体的水平参差不齐，合法性程度不一，这不仅可能造成全国法律规范不统一，还可能催生地方保护主义和部门保护主义，无法对行政主体进行有效的司法监督，行政相对人的权益将难以得到保障。但如果完全排斥行政主体制定的这些规范，可能会使行政主体难以发挥其应有的功用。正是基于上述原因，我国《行政诉讼法》及《执行解释》等规定了行政诉讼法律适用的多种形式，即“依据”“参照”“可以引用”等，以下分别介绍。

一、以法律、法规为依据

《行政诉讼法》第 63 条第 1、第 2 款规定：“人民法院审理行政案件以法律和行政法规、地方性法规为依据。地方性法规适用于本行政区域内发生的行政案件”、“人民法院审理民族自治地方的行政案件，并以该民族自治地方的自治条例和单行条例为依据”。根据这一规定，人民法院审理行政案件，应当以法律、行政法规、地方性法规及自治条例和单行条例为依据。

二、对规章的参照适用

（一）"参照适用"规章的含义

规章对人民法院没有绝对的约束力。对经审查不与法律、法规的规定相抵触的规章，人民法院可以加以适用；反之，人民法院有权拒绝适用，但不能宣布该规章无效或予以撤销。

人民法院经审查，认为相应规章不与法律、法规的规定相抵触而加以适用的，该规章即与法律、行政法规、地方性法规一样具有法律效力，可以作为人民法院审理行政案件的依据。

（二）对规章只能参照适用的原因

1. 由行政诉讼的目的所决定

行政诉讼是对行政主体行政行为的合法性进行司法审查，而行政规章属于行政主体的抽象行政行为，如果将规章作为评判行政行为合法性的标准，实际上就是以行政主体的抽象行政行为判断行政主体的行政行为，这无异于行政主体"自己做了自己案件的法官"，既有违自然正义，又会使行政诉讼失去监督行政行为合法性的意义。

2. 由我国规章的现状所决定

与行政法规比较而言，规章虽具有针对性、补充性和具体性等优点，但也存在制定主体多、制定程序简单、效力等级低等缺点。在这种情况下，如果规定规章作为审理行政案件的依据，将会产生许多消极后果，如可能在一定程度上加剧地方保护主义和部门保护主义，破坏我国法制的统一。

3. 由现实的需要所决定

我们不能不考虑到，在我国法律不完备的情况下，规章是我国法律体系的重要组成部分，是法律、法规的直接延伸和具体化，尤其在行政管理领域，行政管理关系在很大程度上是依靠规章来调整的。如果行政诉讼完全撇开规章，则对行政机关的那些没有法律、法规依据而直接根据规章作出的行政行为就难以进行审查，处于无法可依的境地。

三、对司法解释的援引

这里的司法解释是指最高人民法院对法律在审判中的具体适用问题所作的解释。我国宪法规定，解释法律的权力属于全国人大常委会。但在实践中，全国人大常委会很少行使法律解释权。1981 年全国人大常委会通过了《关于加强法律解释的决议》，规定凡属于审判工作中具体应用法律的问题由最高人民法院进行解释。由此确立了最高人民法院的司法解释权。《人民法院组织法》也规定："最高人民法院对于在审判过程中如何具体应用法律、法令的问题，进行解释。"由此，《执行解释》第 62 条规定，"人民法院审理行政案件，适用最高人民法院司法解释的，应当在裁判文书中援引。"实践中，在我国行政立法滞后、不系统、不完善的背景下，最高人民法院的司法解释往往成为人民法院审理行政案件的重要依据之一。

司法解释大致可分为两类：一类是对某一法律所作的系统而全面的解释，可称为"抽象解释"，如《最高人民法院关于执行〈中华人民共和国行政诉讼法〉若干问题的解释》；另一类是最高人民法院就审判工作中具体应用法律的问题针对下级人民法院的请示、来函所作的各种答复。后者是一种针对个案的具体解释，可以称为"个案解释"，其解释形式是以函件的形式作出。这类解释虽然是针对具体个案作出的，但根据最高人民法院的有关规定，它的效力不仅及于该案，而且对其他人民法院审理类似案件同样具有约束力。

四、对其他规范性文件的引用

根据《行政诉讼法》的规定，规章以下的行政规范性文件既不是具体行政行为合法性审查的"依据"，也不是具体行政行为合法性审查的"参照"文件，在法律适用上没有一席之地，可以不加以考虑。但是，在行政审判实践中，对规章以下规范性文件完全不加考虑实际上是行不通的。分析我国目前行政管理的现实，我们不得不正视这样一个基本的事实；我国行政管理的法制化建设还处于初级阶段，要使国家行政管理完全走上法制化的轨道尚需时日；在相当长的一段时期内，在国家行政管理活动中，规章以下的行政规范性文件将继续发挥重要的作用。面对这一现实，人民法院在审查具体行政行为的合法性时，对规章以下的行政规范性文件，只要不与法律、法规、规章相抵触，就应认定其合法性，对依据此种规范性文件作出的行政行为亦应予以维护。正是基于此，《若干解释》第 62 条规定，人民法院审理行政案件，可以在裁判文书中引用合法有效的其他规范性文件。但考虑到其他规范性文件与规章一样，也是行政机关自己制定的，存在着部门保护主义和地方保护主义倾向以及相互之间冲突抵触等问题，人民法院在适用以前，必须对其合法性进行审查。

【引例分析】

根据《个体工商户条例》第 4 条规定，国家对个体工商户实行市场平等准入、公平待遇的原则。申请办理个体工商户登记，申请登记的经营范围不属于法律、行政法规禁止进入的行业的，登记机关应当依法予以登记。前引案例中，原告申请增加的经营范围为蔬菜零售，并非法律、行政法规禁止进入的行业。根据《中华人民共和国行政诉讼法》第 63 条第 1 款、第 3 款的规定，人民法院审理行政案件，以法律和行政法规、地方性法规为依据，参照规章。本案被告适用丹政办发[2012]29 号《丹阳市菜市场建设规范》中“菜市场周边 200 米范围内不得设置与菜市场经营类同的农副产品经销网点”的规定，以原告距珥陵农贸市场不足 200 米为由作出不予登记，但该规定与商务部《标准化菜市场设置与管理规范》不一致，也与《商务部等 13 部门关于进一步加强农产品市场体系建设的指导意见》(商建发[2014]60 号)第 7 项“积极发展菜市场、便民菜店、平价商店、社区电商直通车等多种零售业态”的指导意见不相符，也违反国家对个体工商户实行的市场平等准入、公平待遇的原则，依据《中华人民共和国行政诉讼法》第 64 条规定，不能作为认定被诉行政行为合法的依据。

五、对国际条约及其他国际法规范的适用

国际条约及其他国际法规范主要包括我国参与制定、批准或同意、接受、承认的各种国际双边、多边条约等。一般而言，国际条约及其他国际法规范的适用应以经国内法的转化为前提，但也有不少可以予以直接适用的情形。对国际条约的适用一般都发生于涉外行政诉讼案件中。《行政诉讼法》第 72 条规定：“中华人民共和国缔结或者参加的国际条约同本法有不同规定的，适用该国际条约的规定。中华人民共和国声明保留的条款除外。”

第三节　行政诉讼中的法律规范冲突及其处理规则

一、行政诉讼中法律规范冲突的情形

人民法院在审理行政案件的过程中，发现对同一行政行为有两个或两个以上的法律规范作出了不一致甚至相互矛盾的规定，如果适用不同的法律规范会导致

不同的处理结果，此种情形就是行政诉讼中法律规范的冲突。

法律规范冲突的情形主要有以下几种：

（一）层级冲突

层级冲突，又称下位法与上位法的冲突或法律规范的纵向冲突，是指发生于不同位阶的法律规范之间的冲突。法律规范的位阶，也即法律规范的效力等级，处于不同位阶的各种法律规范——法律、法规、规章及其他规范性文件等，在内容上会发生抵触和矛盾。

（二）同级冲突

同级冲突是指位阶相同的法律规范之间的冲突，又可称为法律规范的横向冲突。它可分为效力等级相同的同种法律规范之间的冲突和效力等级相同的不同法律规范之间的冲突。前者如法律之间、行政法规之间、部门规章之间、其他规范性文件之间发生的冲突；后者如部门规章与地方政府规章之间的冲突。

（三）新旧冲突

新旧冲突又称时际冲突，一般而言，新的规范制定并开始实施之后，旧的规范应自然归于失效，但当两个规范为不同的立法主体所制定时，这种自然失效并不必然发生。不同部门分别于不同时间制定和发布的不同规章往往在同一时空并存。新旧冲突一般是指同级规范之间的新旧冲突。

（四）种属冲突

种属冲突又可称为“总分冲突”，是指一般法律规范与特别法律规范之间的冲突。种属冲突一般也是指同级规范之间特别法与一般法的冲突。

（五）区际冲突

区际冲突，又称地域冲突，是指不同地域范围内的法律规范之间就相关内容的规定发生的冲突，各地域的规范都有适用的可能，但各自规定又不相同的情形。它主要指同属国内法的不同地区的法律规范之间的冲突。发生区际冲突的原因主要是，在一国内部不同的地区依法实行不尽相同的法律制度，各制度的有关规定又不尽相同。就我国来讲，区际冲突主要包括 3 种情形，即港澳台地区与大陆地区、经济特区与其他地区、国内不同行政区域之间的冲突。

（六）国际法与国内法的冲突

国际法与国内法的冲突是指作为国际法规范的国际条约、协议等规定与国内法律规范的相关规定发生冲突的情形。就这一冲突，不同国家规定不同的优先原则，但一国往往通过国内法律规范对相应国际法进行转化，这时国际法与国内法的冲突会转变成国内法的冲突。

二、行政诉讼中法律规范冲突的选择适用

（一）层级冲突，上位法优先

法律规范在效力等级上的冲突，即不同位阶的法律规范发生冲突时，以高位阶法律规范优于低位阶法律规范为原则予以适用。换言之，低位阶的规范与高位阶的规范发生冲突时，适用高位阶的规范。其中各种法律规范的位阶的排列顺序依《立法法》第 87 条到第 89 条所作的规定，即法律效力高于行政法规、地方性法规和规章；行政法规效力高于地方性法规和规章；地方性法规的效力高于本级和下级的地方政府规章；省、自治区的人民政府制定的规章的效力高于本区域内设区的市人民政府制定的规章。

（二）同级冲突，在不能确定如何适用时由有关机关决定或裁决

对于同级冲突，根据《立法法》及其他法律规范适用规则能够确定如何适用的，人民法院可以直接进行选择适用；在不能确定如何适用时，按以下规则确定有关机关决定或裁决：

（1）法律之间对同一事项的新的一般规定与旧的特别规定不一致，不能确定如何适用时，由全国人民代表大会常务委员会裁决。

（2）行政法规之间对同一事项的新的一般规定与旧的特别规定不一致，不能确定如何适用时，由国务院裁决。

（3）地方性法规、规章之间不一致时，由有关机关依照下列规定的权限作出裁决：①同一机关制定的新的一般规定与旧的特别规定不一致时，由制定机关裁决。②地方性法规与部门规章之间对同一事项的规定不一致，不能确定如何适用时，由国务院提出意见，国务院认为应当适用地方性法规的，应当决定在该地方适用地方性法规的规定；认为应当适用部门规章的，应当提请全国人民代表大会常务委员会裁决。③部门规章之间、部门规章与地方政府规章之间对同一事项的规定不一致时，由国务院裁决。

（三）新旧冲突，以适用新法为原则

同一等级的法律规范，其新、旧规定之间发生冲突的，应当优先适用新的规范。《立法法》第 92 条规定："新的规定与旧的规定不一致的，适用新的规定。"新

法颁行时一般会宣布旧法失效，但有时由于新的规范只是对旧规范中特定部分而非全部的更新，此时旧规范仍有效，但对于新规范已作变动的规定的，应自然适用新规范，旧规范相应内容自动失效。新法优于旧法是法不溯及既往原则的体现，但这一原则也有例外。《立法法》第93条规定："法律、行政法规、地方性法规、自治条例和单行条例、规章不溯及既往，但为了更好地保护公民、法人和其他组织的权利和利益而作的特别规定除外。"

（四）种属冲突，特别法优先

一般规定与特别规定冲突，优先适用特别规定，指调整一般社会关系的规范与调整特定社会关系的规范发生冲突时，特别规定优先适用于一般规定。《立法法》第92条规定："特别规定与一般规定不一致的，适用特别规定。"

（五）区际冲突，以适用属地法为原则

根据《行政诉讼法》第63条和《立法法》第90、第91条的规定，地方性法规、自治条例、单行条例、地方政府规章适用于本行政区域内发生的行政案件。如果被诉的行政行为与受诉的人民法院不在同一地区，审理行政案件的人民法院应当以作出行政行为的行政主体所在地的法规、条例、规章为依据，而不应该适用受诉人民法院所在地的法规、条例、规章。

（六）国际法与国内法冲突，以适用国际法为原则

针对国际条约的适用，一般认为，条约应具有国内法的效力；条约的效力等级介于一国宪法与基本法律之间，条约与国内法抵触时，宜优先适用条约。我国承认国际法优先的原则，但这种优先适用必须以维护国家主权和人民利益为前提，并且我国声明保留的条款除外。

【思考题】

1. 试述行政诉讼法律适用的含义。
2. 试述行政审判中人民法院可以适用的法律规范。
3. 试述如何理解行政审判中人民法院对规章的参照适用。
4. 试述人民法院在审判行政案件时如何适用其他规范性文件。
5. 试述怎样处理行政审判中的法律规范冲突问题。

【案例题】

圣戈本陶瓷塑料有限公司诉国家工商行政管理总局商标评审委员会行政确认案

2012 年 8 月 21 日，圣戈本陶瓷塑料有限公司(以下简称圣戈本公司)向国家工商行政管理总局商标局提出申请商标的注册申请，指定使用于国际分类第 19 类的耐火砂、建筑灰浆、水泥和炉用耐火砖商品上。圣戈本公司提出申请商标的注册申请后，商标局经过审查，于 2013 年 6 月 24 日作出 ZC11378357BH1 号商标驳回通知书，该通知书认为："CORHART"中文译为"(将天然铁矾土或水铝石溶解后铸成的)耐火材料"直接表示了指定使用商品的原料等特点。依据《商标法》第 11 条第 1 款第 2 项、第 28 条的规定，商标局对申请商标的注册申请予以驳回。圣戈本公司不服商标局的上述驳回通知书，向商标评审委员会申请复审。商标评审委员会经过审查，于 2013 年 11 月 25 日作出第 111426 号决定。该决定认定：申请商标由中文"科哈特"和英文"CORHART"及图形构成，其英文部分可翻译为"(将天然铁矾土或水铝石溶解后铸成的)耐火材料"。申请商标指定使用在耐火砂等商品上，直接表示了指定使用商品的原料等特点，缺乏商标应有的显著性，违反了《商标法》第 11 条第 1 款第 2 项的规定。因此，商标评审委员会决定对申请商标予以驳回。圣戈本公司不服提起诉讼。

本案发生过程中，2013 年 8 月 30 日修正的《商标法》于 2014 年 5 月 1 日施行，鉴于本案被诉决定的作出时间处于 2001 年《商标法》施行期间，而本案一、二审审理时间已处于 2014 年《商标法》施行期间，故本案涉及 2001 年《商标法》与 2014 年《商标法》的法律适用问题。

问：本案应当适用 2001 年《商标法》还是 2014 年《商标法》?

分析提示：鉴于本案被诉决定的作出日均处于 2001 年《商标法》施行期间，因此，依据《中华人民共和国立法法》第 84 条的规定，本案应适用 2001 年《商标法》进行审理。

第十七章　行政诉讼程序

【本章重点】

(1)行政诉讼程序是人民法院审判行政案件所要经过的法定阶段和步骤，包括从行政相对人起诉直至案件执行终结的全部过程。

(2)审判程序包括第一审程序、第二审程序和审判监督程序。其中，第一审程序为行政案件审判的必经程序。第二审程序是由于当事人不服第一审人民法院的尚未生效的判决、裁定依法提起上诉而发生，并不是所有的行政案件都要经过第二审程序。

(3)审判监督程序是指人民法院对已经发生法律效力的判决、裁定被发现确有错误时，对行政案件再次进行审理而适用的程序，该程序不具有审级性质，它是一种特殊的审判监督程序。

(4)执行程序是人民法院的执行组织在义务人拒不履行人民法院作出的已经生效的法律文书，为使发生法律效力的法律文书的内容得以实现，依法采取强制措施的过程中所应遵循的程序。

(5)在行政诉讼程序中，人民法院和诉讼参加人还应当遵守有关诉讼保全、先予执行、撤诉、延期审理、延长审限、缺席判决、诉讼中止和诉讼终结等方面的规定。

【案例导入】

高某诉安宁市人民政府补发拆迁补偿款案

云南省安宁市连然街道办事处桃花片区拆迁办公室(以下简称拆迁办)与高某于2011年9月30日签订了《桃花村委会大桃花村民小组整体搬迁房屋拆迁安置补偿协议》(以下简称协议)，协议约定补偿高某房屋、附属物、搬家、宅基地拆迁补偿安置费共计43974元；2011年9月30日，安宁市人民政府连然街道办事处(以下简称街道办)与高某签订了《安宁市桃花片区桃花村整体搬迁安置户购买统建单元房合同》(以下简称合同)，合同约定高某自愿购买位于安宁市连然街道办事处极乐村统建单元房(金色佳园二期)17幢3单元202号，面积89.4平方米，高某应缴纳购房款为216690元(含应缴配套费6600元)。高某于2015年12月8日向法院提起行政诉讼，起诉称：其在大桃花村有承包土地和产权房。大桃花村整体搬迁后，其没有享受到25平方米不要钱的安置房，其购买的89.4平方米安置房比“蓝印户口”和进工厂顶班人员每平米多付出170元，减去拆迁补偿款，其购买安置房多付出了177939元。市政府还应补发其户3人过渡费2700元，搬家费1200元。其共损失255787元，市政府应对其予以赔偿。

问：本案原告的起诉是否已过起诉期限？

行政诉讼程序，是指人民法院审判行政案件所要经过的法定阶段和步骤，包括从原告起诉直至案件执行终结的全部过程。具体可分为审判程序和执行程序。审判程序包括第一审程序、第二审程序和审判监督程序。其中，第一审程序为行政案件审判的必经程序，该程序因行政相对人不服行政主体作出的行政行为而行使起诉权和人民法院依法受理案件而发生。

第一节　起诉与受理

一、起诉

(一)起诉的含义

起诉是指公民、法人或者其他组织认为行政主体的行政行为侵犯了其合法权益，向人民法院提起诉讼，请求人民法院对行政行为的合法性进行审查并作出裁判，以保护其合法权益的诉讼行为。起诉是行政诉讼程序的起始阶段。

(二)起诉的条件

根据《行政诉讼法》第49条的规定，公民、法人或其他组织向人民法院提起行政诉讼，应当具备以下条件：

(1)原告必须是行政行为的行政相对人或者其他与行政行为有利害关系的公民、法人或者其他组织。按我国《行政诉讼法》的规定，公民、法人或其他组织认为公共利益、他人权益受到行政行为的侵犯的，目前都不得提起行政诉讼。

(2)必须有明确的被告。

(3)必须有具体的诉讼请求和事实根据。公民、法人或其他组织在起诉时，必须向人民法院提出具体的权利主张及其初步的理由和根据。行政诉讼的诉讼请求可以是确认行政行为违法或撤销、部分撤销、变更行政行为，或者要求行政主体履行法定职责等。同时还要有一定的事实根据。

(4)起诉的案件属于人民法院受案范围和受诉人民法院管辖。

二、立案环节对起诉的审查与处理

(一)立案环节审查的形式与内容

《行政诉讼法》第51条规定，“人民法院在接到起诉状时对符合本法规定的起诉条件的，应当登记立案”。根据这一规定，法院立案庭的法官在决定是否登记立案之前要根据新《行政诉讼法》的第49条、第25条的规定，对起诉条件进行形式审查或者浅层次的实质审查，符合起诉条件的，法院才能登记立案。这些起诉条件包括：原告是否是行政行为的行政相对人或者其他与行政行为有利害关系的公民、法人及其他组织；被告是否明确；诉讼请求和事实根据是否具体；是否属于人民法院受案范围和受诉人民法院管辖。

(二)立案环节对起诉的处理

人民法院立案庭对每一个起诉经过依法审查后，根据不同情况分别作出立案或者不予立案的决定。

对符合《行政诉讼法》规定的起诉条件的，人民法院应当登记立案；对当场不能判定是否符合法定起诉条件的，应当接收起诉状，出具注明收到日期的书面凭证，并在七日内决定是否立案；不符合起诉条件的，作出不予立案的裁定。裁定书应当载明不予立案的理由。

起诉状内容欠缺或者有其他错误的，人民法院应当给予指导和释明，并一次性告知当事人需要补正的内容。不得未经指导和释明即以起诉不符合条件为由不接收起诉状。

三、立案后对起诉的再审查

行政案件被人民法院立案庭立案后，行政审判组织在对案件进行实体审判前对当事人的起诉还可以进行程序方面的审查，经过阅卷、调查和询问当事人，如果发现具有下列情形之一的，人民法院将不对已经立案的行政案件进行实体审判，有权迳行裁定驳回起诉：

(1)不符合《行政诉讼法》第 49 条规定的。

(2)超过法定起诉期限且无正当理由的。《行政诉讼法》第 46 条第 1 款规定，"公民、法人或者其他组织直接向人民法院提起诉讼的，应当自知道或者应当知道作出行政行为之日起 6 个月内提出。法律另有规定的除外"。同时，《执行解释》第 41 条第 1 款规定，"行政机关作出具体行政行为时，未告知公民、法人或者其他组织诉权或者起诉期限的，起诉期限从公民、法人或者其他组织知道或者应当知道诉权或者起诉期限之日起计算，但从知道或者应当知道具体行政行为内容之日起最长不得超过 2 年"。《行政诉讼法》第 46 条第 2 款还规定，在公民不知道行政行为的情况下，"因不动产提起诉讼的案件自行政行为作出之日起超过 20 年，其他案件自行政行为作出之日起超过 5 年提起诉讼的，人民法院不予受理"。

(3)错列被告且拒绝变更的。

(4)未按照法律规定由法定代理人、指定代理人、代表人为诉讼行为的。

(5)未按照法律、法规规定先向行政机关申请复议的。

(6)重复起诉的。

(7)撤回起诉后无正当理由再行起诉的。

(8)行政行为对其合法权益明显不产生实际影响的。

(9)诉讼标的已为生效裁判所羁束的。

(10)不符合其他法定起诉条件的。

【引例分析】

根据《执行解释》第 41 条第 1 款的规定，"行政机关作出具体行政行为时，未告知公民、法人或者其他组织诉权或者起诉期限的，起诉期限从公民、法人或者其他组织知道或者应当知道诉权或者起诉期限之日起计算，但从知道或者应当知道具体行政行为内容之日起最长不得超过 2 年"。本案中，高某就其拆迁安置补偿于 2011 年 9 月 30 日与拆迁办和街道办分别签订了协议和合同，约定了相关的补偿款和购房款。高某对政府的补偿行为于 2011 年 9 月 30 签订协议和合同时即已明知，即使其不知道或者不应当知道诉权或者起诉期限，但其若对补偿款和购房款有异议，应在上述协议和合同签订之日起 2 年内提起诉讼。高某于 2015 年 12 月 8 日才向法院提起行政诉讼，其起诉超过了前述法律规定"最长不得超过 2 年"的起诉期限，应依法不予立案。《行政诉讼法》第 46 条第 2 款的规定适用的是公民、法人或者其他组织不知道行政机关作出的行政行为内容的情形，不适用于本案。

第二节 第一审程序

第一审程序为行政案件审判的必经程序，它包括审理前的准备程序、开庭审理程序等。人民法院应当在立案之日起 6 个月内作出第一审判决。有特殊情况需要延长的，由高级人民法院批准，高级人民法院审理第一审案件需要延长的，由最高人民法院批准。适用简易程序审理的行政案件应当在立案之日起 45 日内审结。

一、审理前的准备工作

(一)组成合议庭

我国的行政审判组织包括行政审判庭、合议庭和审判委员会等。其中，合议庭是人民法院行使行政审判权、审理行政案件的基本组织形式。《行政诉讼法》第 68 条规定："人民法院审理行政案件，由审判员组成合议庭，或者由审判员、陪审员组成合议庭。合议庭的成员，应当是三人以上的单数。"合议庭中由一名审判员担任审判长，审判长由人民法院院长或行政审判庭庭长指定，院长或庭长参加合议庭时由院长或庭长担任审判长。合议庭按照少数服从多数的原则对案件进行审理和裁判。

(二)通知被告应诉与送达诉讼文书

人民法院依法组成合议庭后，应当在立案之日起 5 日内，将起诉状的副本和应诉通知书发送给被告。被告应当在收到起诉状副本之日起 15 日内向人民法院提交作出行政行为的证据和所依据的规范性文件，并提出答辩状。人民法院应当在收到答辩状之日起 5 日内，将答辩状的副本发送给原告。被告不提出答辩状的，不影响人民法院对案件的受理。

(三)审查诉讼材料与调查收集证据

审查诉讼材料主要是审查原告的起诉状、被告的答辩状和双方提交的各种证据。通过对诉讼材料的审查，人民法院可以了解原告的诉讼请求和理由、了解被告的答辩理由，从而确定案件的焦点。在此基础上，人民法院可根据审判需要决定是否调查和收集有关证据，决定是否要求当事人补充证据，是否需要对专门性问题进行鉴定，是否需要采取证据保全措施等。

（四）确认、更换与追加当事人

人民法院在开庭审理之前，还需要审查确定当事人的资格，决定和通知第三人参加诉讼。如果人民法院发现起诉和应诉者不符合当事人条件，应当更换当事人。如果发现应当参加诉讼的当事人没有参加诉讼，人民法院应当追加当事人，通知其参加诉讼。

二、开庭审理程序

开庭审理程序是指在人民法院合议庭主持下，依法定程序对当事人之间的行政争议案件进行审理，查明案件事实，适用相应的法律规范，并最终作出裁判的活动。在我国开庭审理有公开审理和不公开审理两种方式，除涉及国家秘密、个人隐私和法律另有规定的，行政案件一般都应公开审理。涉及商业秘密的案件，当事人申请不公开审理的，可以不公开审理。公开审理主要是指对社会公开，允许社会上与案件无关的群众旁听，允许记者采访报道。

行政案件的开庭审理分以下几个阶段：

（一）开庭前的有关事项

1. 召开合议庭准备会议

在开庭前，合议庭应召开准备会议，研究确定案件能否公开审理，开庭的日期、时间、地点，应当传唤、通知的当事人和其他诉讼参与人，开庭审理时应当注意的重点或者主要问题，合议庭成员在开庭审理过程中的分工等。准备会议的内容由书记员记入笔录。

2. 传唤、通知当事人和其他诉讼参与人

人民法院在开庭审理 3 日前，应当用传票或者通知书通知当事人和其他诉讼参与人。传票或者通知书须写明案由、开庭日期、时间和地点等。

3. 公告

公开审理的案件，应当在开庭审理 3 日前向社会公告，内容包括当事人的姓名、单位、案由、开庭日期、时间、地点等。

（二）庭审预备

(1) 审查出庭情况，包括：查明当事人和其他诉讼参与人是否到庭；核对当事人身份，审查当事人的诉讼代理人的授权委托书和代理权限；宣布法庭纪律；如果出现诉讼参加人没有到庭的情况，由合议庭决定是否延期、按撤诉处理或者缺席审判等。

(2)宣布案由、合议庭组成和工作人员名单。

(3)告知当事人的诉讼权利和义务。

(4)询问当事人是否申请回避。当事人申请回避的，应当说明理由。回避事由得知或者发生在审理开始以后的，当事人也可以在法庭辩论终结前提出。申请回避可以口头提出，也可以书面提出。被申请回避的人员，应当暂停执行职务。但是，案件需要采取紧急措施的除外。人民法院对当事人提出的回避申请，应当在申请提出的3日内，以口头或者书面的形式作出决定。申请人对决定不服的，可以在接到决定时申请复议一次。人民法院对复议申请应当在3日内作出复议决定，并通知复议申请人。

(三)法庭调查

法庭调查是人民法院在诉讼当事人和其他诉讼参与人的参加下，审查和判断各种证据、全面调查案件的诉讼阶段。该阶段的主要目的就是审查证据。

法庭调查一般首先由原告宣读起诉状，被告宣读答辩状，然后开始当事人陈述。被告陈述主要是提出相应行政行为的事实根据和法律规范依据，以证明其合法性；原告陈述主要应说明其合法权益受到行政行为侵害的事实和过程。接着由当事人或法庭出示书证、物证、电子数据和视听资料等，其中视听资料应当庭播放；宣读鉴定意见、勘验笔录和现场笔录，并由当事人进行质证。有证人作证的，法庭应传证人到庭作证，或当事人宣读证人证言。证人作证之前，法庭应告知证人的诉讼权利和义务。证人作证后，双方当事人及其诉讼代理人可以交叉询问证人。对于因正当理由不能出庭的证人，应宣读其书面证言，然后经双方当事人质证。

(四)法庭辩论

法庭辩论是指在审判人员的主持下，诉讼当事人及其代理人就案件的事实、证据等进行辩论，阐述自己的观点和主张、反驳他方的观点和主张的诉讼活动。法庭辩论一般的顺序是：

(1)原告及其诉讼代理人发言。

(2)被告及其诉讼代理人答辩。

(3)第三人及其诉讼代理人发言或答辩。

(4)双方互相辩论。在法庭辩论中，如果发现新的情况需要进一步调查时，审判长可以宣布停止辩论，恢复法庭调查或决定延期审理，待事实查清后，再继续法庭辩论。

法庭辩论终结后，由审判长按照原告、被告、第三人的顺序征询各方最后意见。

（五）最后陈述

各方当事人在辩论终结后分别作总结性陈述。

（六）评议与宣判

法庭辩论结束后，审判长宣布休庭，由合议庭组成人员进行合议。合议庭代表人民法院根据经过法庭审查认定的证据，确认案件事实，适用相关法律规范，最终形成人民法院对案件的裁定和判决。合议阶段是合议庭组成人员各自的判断形成多数意见乃至一致意见的过程，合议结论应坚持少数服从多数的原则，但少数人的意见应当记入合议笔录，每一位合议庭组成人员都应在合议笔录上签名。

经过法庭调查、法庭辩论和休庭合议三个阶段后，庭审即进入最后宣判阶段。宣判是由审判长代表人民法院宣告对被诉行政行为是否合法的认定和人民法院对相应行政行为的处置，如撤销、变更。人民法院宣告判决一律公开进行，除当庭宣判外，还可以择期宣判。宣告判决时，应告知诉讼当事人的上诉权利、上诉期限和上诉人民法院。

三、简易程序

（一）简易程序的含义

简易程序是相对于普通程序而言的，是人民法院审理简单行政案件或者其他特定案件时所适用的一种第一审程序，其程序相对简化，审结期限相对较短。

（二）简易程序的适用范围

（1）简单行政案件。符合下列条件的第一审简单行政案件，人民法院可以适用简易程序进行审理：①事实清楚、权利义务关系明确、争议不大；②属于以下三种类型的案件之一：其一，被诉行政行为是依法当场作出的；其二，案件涉及款额二千元以下的；其三，属于政府信息公开案件的。

（2）当事人各方同意适用简易程序的行政案件。除简单行政案件外，当事人各方同意适用简易程序的，人民法院也可以适用简易程序进行审理。

（3）发回重审、按照审判监督程序再审的案件不适用简易程序。

（三）简易程序的审判组织

适用简易程序审理的行政案件，由审判员一人独任审理。

第三节 第二审程序

第二审程序，亦称上诉审程序，是指上一级人民法院基于当事人的上诉，对第一审人民法院作出的未生效的判决、裁定重新进行审理并作出裁判的程序。它的特点有：因当事人的上诉而引起；由第一审人民法院的上一级人民法院主持进行；所作出的判决、裁定是终审判决、裁定。人民法院审理上诉案件，应当在收到上诉状之日起3个月内作出终审判决。有特殊情况需要延长的，由高级人民法院批准，高级人民法院审理上诉案件需要延长的，由最高人民法院批准。

第二审程序和第一审程序虽属两个审级不同的程序，但两者有着密切的联系。第一审程序是第二审程序的基础和前提，第二审程序是第一审程序的继续和发展。但是，第二审程序并不是每个案件的必经程序。如果一个案件经过第一审，当事人没有异议，或者在法定期限内不提起上诉，就不会引发第二审程序。

一、上诉的提起与受理

(一)上诉的概念

上诉是指当事人不服第一审人民法院所作出的未生效的判决、裁定，在法定期限内声明不服，提请上一级人民法院对行政案件进行第二次审理的诉讼行为。上诉是法律赋予当事人的一项诉讼权利，既不可被剥夺，也不可被限制。无论第一审裁判是否正确，当事人都可提起上诉。只要依法提起上诉，就必然引起第二审程序。

(二)提起上诉的条件

当事人提起的上诉要被法院受理必须具备以下条件：

(1)上诉人和被上诉人必须适格。第一审程序的原告、被告都有资格提起上诉；人民法院判决第三人承担义务或者减损第三人权益的，第三人有权依法提起上诉。第一审裁判后当事人均提起上诉的，上诉各方均为上诉人。诉讼当事人中的一部分提出上诉的，没有提出上诉的对方当事人为被上诉人，其他当事人依原审诉讼地位列明。

(2)必须是针对第一审人民法院作出的尚未发生法律效力的裁定、判决而提起。最高人民法院作出的第一审裁判是终审裁判，不能成为上诉的对象。

(3) 必须在法定期限内提起。当事人不服人民法院第一审判决的，有权在判决书送达之日起 15 日内向上一级人民法院提起上诉；当事人不服人民法院第一审裁定的，有权在裁定书送达之日起 10 日内向上一级人民法院提起上诉。当事人逾期不上诉的，人民法院的第一审裁定、判决即发生法律效力。

(4) 必须递交上诉状。上诉状是表明当事人上诉意愿和请求的书面诉讼文书。上诉状一般包括如下内容：当事人的姓名、法人或者其他组织的名称及其法定代表人的姓名，原审人民法院的名称，案件编号或案由，上诉的请求和理由。

(5) 必须交纳诉讼费用。

(三) 上诉的受理

第二审人民法院收到上诉状后，经审查认为上诉人的上诉符合法定条件的，应当予以受理，并在 5 日内将上诉状副本送达被上诉人，被上诉人在收到上诉状副本后应当在 10 日内提出答辩状。人民法院应当在收到答辩状之日起 5 日内将副本送达上诉人。被上诉人不提交答辩状的，不影响案件的审理。

上诉状可以通过原审人民法院提出，也可以直接向第二审人民法院提出。但在审判实践中，上诉人的上诉状大多向第一审人民法院提出，第一审人民法院收到上诉状后，要审查上诉是否符合条件，并应在法定期限内将上诉状的副本送达被上诉人，并要求被上诉人在法定期限内提交答辩状。第一审人民法院在收到答辩状后，应在法定期限内将上诉状、答辩状连同第一审案卷及证据材料、代第二审人民法院收缴的诉讼费用一并报送第二审人民法院。

三、上诉案件的审理

(一) 上诉案件的审理方式与范围

第二审人民法院审理上诉案件，一律由审判员组成合议庭进行审理。其审理方式有开庭审理和书面审理两种形式。根据《行政诉讼法》第 86 条规定，人民法院对上诉案件，应当组成合议庭，开庭审理。经过阅卷、调查和询问当事人，对没有提出新的事实、证据或者理由，合议庭认为不需要开庭审理的，也可以不开庭审理。

第二审人民法院审理上诉案件，应当对原审人民法院的裁判和被诉行政行为是否合法进行全面审查。

(二) 上诉的撤回

在第二审人民法院受理上诉至作出第二审裁判之前，上诉人可以向第二审人民法院申请撤回上诉。撤回上诉应当递交撤诉状。撤回上诉是否准许，由人民法院裁定。

人民法院是否准许撤回上诉，对上诉人的申请主要审查以下几个方面：①有无损害国家利益、社会公共利益和他人合法权益；②有无恶意规避法律；③其他撤回上诉条件。

第二审人民法院对于当事人撤回上诉的申请应作出准予或不准予撤回上诉的裁定，并应制作裁定书，由合议庭成员和书记员署名且加盖人民法院的印章。不准撤回上诉的裁定可以用口头形式表达，记入笔录。上诉撤回后，产生以下法律效果：一是上诉人丧失本案的上诉权，不得再行上诉；二是第一审裁判立即发生法律效力。

第四节　审判监督程序

一、审判监督程序概述

(一)审判监督程序的概念

审判监督程序是指人民法院对已经发生法律效力的判决、裁定被发现确有错误，依法对案件再次审判的程序。审判监督程序不是人民法院审结案件的必经程序，不具有审级性质，只是第一、二审程序之外对人民法院已结案件的办案质量进行检验的一种监督程序。

审判监督程序可分为再审和提审两种程序。再审是人民法院为了纠正已经发生法律效力的判决、裁定的错误，依照法定程序对案件再次审判的活动。再审分为上级人民法院的指令再审和本院审判委员会决定的自行再审。提审是上级人民法院对下级人民法院已发生法律效力的判决、裁定认为确有错误的，提起由自己直接审判的活动。

(二)审判监督程序与第二审程序的区别

审判监督程序与第二审程序虽然都是以人民法院已经作出的裁判为基础，都是对人民法院的审判工作进行监督、保证办案质量的程序，但两者有以下区别：

(1)程序的性质不同。审判监督程序是为了纠正人民法院生效判决、裁定的错误而设置的一种特殊程序，不具有审级性，是对人民法院生效裁判的一种事后监督和补救措施；而第二审程序是按照两审终审的审级制度设置的，是对第一审行政案件的继续审理。

(2)提起的主体不同。提起审判监督程序的主体必须是法律明确规定的最高人民法院、上级人民法院和上级人民检察院以及各级人民法院院长。在审判监督程序中，当事人的申诉往往能为该程序的提起提供线索，但其自身并不能直接引起该程序的发生。提起第二审程序的主体是享有上诉权的当事人，当事人依法提起的上诉都会引起第二审程序的发生。

(3)提起的条件不同。要提起审判监督程序必须是发现已经生效的判决、裁定存在法定的应当再审的情形；而提起第二审程序只要当事人不服第一审未生效的判决、裁定即可。

(4)审理的主体不同。适用审判监督程序的行政案件，既可由原审人民法院审理，也可由原审人民法院的上级人民法院审理；而适用第二审程序的行政案件，只能由第一审人民法院的上一级人民法院审理。

(5)审理的对象不同。适用审判监督程序审理的是已经生效的判决、裁定；而适用第二审程序的则是尚未生效的第一审判决、裁定。

(6)提起的期限不同。审判监督程序在判决、裁定生效后的任何时间内都可提起；而第二审程序只能在法定的上诉期限内提起。

二、审判监督程序的启动

(一)依职权启动审判监督程序的情形

在行政诉讼中，依职权启动审判监督程序的情形主要有：

(1)各级人民法院院长对本院已经发生法律效力的判决、裁定，发现有法定的应当再审的情形的，应当提交审判委员会讨论决定。

(2)最高人民法院对地方各级人民法院已经发生法律效力的判决、裁定，上级人民法院对下级人民法院已经发生法律效力的判决、裁定，发现有法定的应当再审的情形的，有权提审或者指令下级人民法院再审。

(3)最高人民检察院对各级人民法院已经发生法律效力的判决、裁定，上级人民检察院对下级人民法院已经发生法律效力的判决、裁定，发现有法定的应当再审的情形的，应当提出抗诉。

(4)地方各级人民检察院对同级人民法院已经发生法律效力的判决、裁定，发现有法定的应当再审的情形的，可以向同级人民法院提出检察建议，并报上级人民检察院备案；也可以提请上级人民检察院向同级人民法院提出抗诉。

(二) 依申请启动审判监督程序的情形

当事人对已经发生法律效力的判决、裁定，认为确有错误的，可以向上一级人民法院申请再审。当事人的申请符合下列 8 种情形之一的，人民法院应当启动再审：①不予立案或者驳回起诉确有错误的；②有新的证据，足以推翻原判决、裁定的；③原判决、裁定认定事实的主要证据不足、未经质证或者系伪造的；④原判决、裁定适用法律、法规确有错误的；⑤违反法律规定的诉讼程序，可能影响公正审判的；⑥原判决、裁定遗漏诉讼请求的；⑦据以作出原判决、裁定的法律文书被撤销或者变更的；⑧审判人员在审理该案件时有贪污受贿、徇私舞弊、枉法裁判行为的。

三、审判监督程序的特别规定

(一) 原生效裁判的中止执行

依照审判监督程序再审的案件，如果原生效裁判尚未执行或者未执行完毕的，应当裁定中止原判决的执行。上级人民法院决定提审或者指令下级人民法院再审的，在提审或再审裁定书中应当写明中止原判决的执行；情况紧急的，可以口头通知负责执行的人民法院或原审人民法院中止执行，并在口头通知后 10 日内发出裁定书。

(二) 适用程序的规定

(1) 人民法院按照审判监督程序再审的案件，原审是第一审的，依第一审程序审理。原审为第二审的，但第二审维持第一审不予受理、驳回起诉的裁定错误的，再审人民法院应撤销一、二审不予受理、驳回起诉的裁定，指令第一审人民法院再审，即依第一审程序审理。

(2) 原审是第二审或上级人民法院提审的，均依第二审程序进行。

(3) 依第一审程序的再审案件，当事人对再审裁判不服，可以上诉；依第二审程序作出的再审裁判为终审裁判，当事人不可上诉。

(三) 对合议庭的要求

原审人民法院再审的行政案件，无论是自行再审还是指令再审，均应另行组成合议庭，原合议庭人员不应参加新的合议庭审理案件。

第五节　执行程序

一、执行的含义

执行是指人民法院按照法定程序，对已生效的人民法院判决、裁定与调解书，在负有义务的一方当事人拒不履行义务时，强制其履行义务，保证生效的人民法院判决、裁定与调解书的内容得到实现的活动。

执行程序有以下特征：执行的主体是人民法院；目的是强制拒不履行义务的当事人履行义务，保证生效判决、裁定与调解书内容的实现；具有强制性，但必须严格按照法定的程序进行。

二、执行的条件

执行并不是每一个行政案件的必经程序，只有具备以下条件，案件才进入到执行程序。

（一）必须有执行依据

执行依据是指人民法院据以采取执行措施的法律文书。它包括以下已生效的、具有执行内容的法律文书：①判决书。②裁定书，在行政诉讼中具有或者可能具有执行内容的裁定有关于财产保全和先行给付的裁定、承认和执行外国法院行政案件判决的裁定。③调解书。

（二）必须具有给付内容

作为执行依据的法律文书必须具有确定一方当事人给付一定金钱、财物或完成一定行为的执行内容，如缴纳罚款、给付赔偿金、颁发许可证等。

（三）必须存在义务人拒绝履行法定义务的事实

执行是以义务人不履行生效法律文书中所确定的义务为前提的。只有当义务人在客观上没有履行法定义务，且主观上又有拒绝履行法定义务的故意时，人民法院才能强制执行。

(四)没有超过申请强制执行的期限

申请人是公民的，申请执行生效的法律文书的期限为1年；申请人是行政主体、法人或其他组织的为180天。申请执行的期限从法律文书规定的履行期限的最后一日起计算。法律文书中没有规定履行期限的，从该法律文书送达当事人之日起计算。

三、执行的种类与要求

(一)种类

执行有申请执行和移送执行两类。

1. 申请执行

申请执行是指人民法院应一方当事人的申请，采取强制措施，使已生效法律文书的内容得以实现的活动。行政诉讼中任意一方当事人在对方当事人拒绝履行人民法院生效法律文书的，都可以提出执行申请。

2. 移送执行

移送执行是指人民法院的审判人员依职权主动将发生法律效力的法律文书交付执行人员予以执行的诉讼行为。案件是否需要移送执行，由该案的审判人员根据法律规定，结合案件的实际情况而定。一般说来，下列生效法律文书可以采取移送执行的方式：一是人民法院作出的执行内容涉及国家利益和社会公共利益的判决；二是人民法院作出的先行给付和财产保全的裁定。移送执行时，承办案件的审判人员应填写移送执行书。经院长或者庭长批准后，连同移送执行的法律文书交给执行员执行。

(二)要求

人民法院执行员接到申请执行书或者移送执行书后，应当在10日内了解案情，分别就不同情况作出处理：①符合执行条件的，应当迅速立案，并通知被执行人在指定的期限内履行。逾期不履行的，强制执行。②申请人不合格的，须向其说明应由符合条件的当事人申请执行。③申请执行的事项不符合所提交的法律文书的内容的，应说明理由，并责令其变更申请执行事项，不变更的，驳回执行申请。④执行依据内容不明确，有漏项或对被执行物品的名称、牌号、规格、质量、数量、颜色等规定不清，双方发生争执，执行员无法认定的，应退回原裁判法院补充裁判；如果法律文书事实不清，适用法律错误，附加书面意见，退回原裁判人民法院，建议再审。

执行人员在采取强制执行措施之前应做好以下准备工作：一是明确需要执行的事项；二是调查了解被执行人不履行义务的原因和履行义务的能力；三是指定被执行人履行义务的期限；四是如果执行人正在或者有可能隐匿、转移或者出卖财产的，经所在法院院长批准，依法先行查封扣押；五是制定强制执行方案，准备强制执行；六是填写强制执行证，并报院长批准，通知当事人及协助执行的单位和个人。

四、执行措施

根据当事人的不同情况，人民法院应当采取不同的执行措施。

（一）对公民、法人或者其他组织的执行措施

行政诉讼中对公民、法人或者其他组织的执行措施主要有：

（1）划拨或者转交、扣留、提取被执行人的存款或者劳动收入。

（2）查封、扣押、冻结、变卖被执行人的财产。

（3）强制迁出房屋、强制拆除违章建筑或强制退出土地。

（二）对行政主体适用的执行措施

行政诉讼中对行政主体适用的执行措施主要有：

（1）对应当归还的罚款或者应当给付的款额，通知银行从该行政机关的账户内划拨。

（2）在规定期限内不履行的，从期满之日起，对该行政机关负责人按日处50元至100元的罚款。

（3）将行政机关拒绝履行的情况予以公告。

（4）向监察机关或者该行政机关的上一级行政机关提出司法建议。接受司法建议的机关，根据有关规定进行处理，并将处理情况告知人民法院。

（5）拒不履行判决、裁定、调解书，社会影响恶劣的，可以对该行政机关直接负责的主管人员和其他直接责任人员予以拘留；情节严重，构成犯罪的，依法追究刑事责任。

五、执行中止、执行终结与再执行

（一）执行中止

执行中止是指执行程序开始后，因出现某些特殊情况，人民法院裁定暂时停止执行程序，待这些情况消失后再行恢复执行的制度。有下列情形之一的，人民

法院应当裁定中止执行：申请人表示可以延期执行的；案外人对执行标的提出确有理由的异议的；作为一方当事人的公民死亡，需要等待继承人继承权利或者承担义务的；作为一方当事人的法人或者其他组织终止，尚未确定权利义务承受人的；人民法院认为应当中止执行的其他情形。

人民法院决定中止执行的应当制作裁定书，裁定书应写明中止执行的原因。中止执行的裁定书送达当事人后立即生效，不准上诉。当中止执行的情况消除后，应当恢复执行程序。恢复执行，可由人民法院依职权主动恢复，也可以依当事人的申请，经人民法院审查同意后恢复。

（二）执行终结

执行终结是指执行程序开始后，因发生某些特殊情况使执行程序没有必要或者不可能继续执行，从而结束执行程序的制度。有下列情形之一的，人民法院应当裁定终结执行：申请人撤销执行申请的；作为执行依据的法律文书被撤销的；作为被执行的公民死亡，无遗产可供执行，又无义务承担人的；追索抚恤金案件的权利人死亡的；人民法院认为应当终结执行的其他情形。

人民法院终结执行应当制作裁定书，裁定书应写明终结执行的原因。裁定书送达当事人后立即生效，不准上诉。

（三）再执行

执行程序终结后，因发生某些特殊情况需要再次执行的，称为“再执行”。再执行适用于应执行而没能执行的情况，如因被执行人死亡，无遗产可供执行而终结执行的，后发现被执行人有可以追索的遗产，即应采取再执行措施。人民法院既可依职权、也可依当事人申请再执行。再执行程序适用一般执行程序。

第六节　行政诉讼中的其他程序制度

一、财产保全

财产保全是指人民法院在对于因当事人一方的行为或者其他原因可能使行政行为或人民法院的生效裁判不能或者难以执行的情况下，根据对方当事人的申请，或依职权主动采取措施对有关财产加以保全的制度。

财产保全应符合以下条件：第一，可能因当事人一方的行为或者其他原因，使行政行为或者人民法院生效的裁判不能或者难以执行的；第二，财产保全仅限于诉讼请求所涉及的范围或者与本案有关的财物。人民法院依申请采取财产保全措施的，可以责令申请人提供担保，申请人不提供担保的，驳回申请。

财产保全措施主要采取查封、扣押、冻结或者法律规定的其他方法。人民法院接受财产保全申请后，对情况紧急的必须在48小时内作出裁定，并应当立即执行。申请财产保全有错误的，申请人应当赔偿被申请人因财产保全所遭受的损失。当事人对财产保全的裁定不服的，可以申请复议。复议期间不停止裁定的执行。

二、先予执行

先予执行是指人民法院在作出判决之前，裁定有给付义务的一方当事人预先给付对方部分财物或者为一定行为，以满足对方生产生活之急需的法律制度。在行政诉讼中，先予执行主要适用于控告行政主体没有依法发给抚恤金、社会保险金、最低生活保障费等方面的案件。

在行政诉讼过程中，先予执行一般由当事人申请，人民法院裁定。申请先予执行须具备以下条件：第一，案件必须具有给付内容；第二，义务人没有自动履行给付义务；第三，为申请人的生产生活所急需。当事人对先予执行的裁定不服，可以申请复议。但复议期间不停止裁定的执行。

三、撤诉

（一）撤诉的概念

撤诉是原告表示或依其行为推定其将已经成立的起诉行为撤销，人民法院审查后予以同意的诉讼行为。撤诉有两个条件：一是原告明确表示撤销起诉或由于其消极的诉讼不作为推定其撤销起诉；二是经人民法院审查同意。

（二）撤诉的种类

撤诉可分为原告申请撤诉和视为申请撤诉两种类型。

(1)原告申请撤诉。在行政诉讼过程中，当人民法院受理案件以后、宣告裁判以前，原告向人民法院请求撤回业已成立的诉讼，人民法院审查同意，准许其撤诉。这种撤诉的条件是：原告在第一审裁判宣告之前提出申请；申请为原告的真实意思表示；申请得到人民法院的准许。

(2)视为申请撤诉。在行政诉讼中，原告并没有明确表示撤诉的意思，但由于其在诉讼中消极的诉讼行为，人民法院可推定其意在撤销诉讼，此即“视为申请撤诉”。视为申请撤诉情形主要有：原告经人民法院两次合法传唤无正当理由拒不到庭的；或者虽到庭但未经法庭同意而中途退庭的。

(三)撤诉的法律后果

(1)原告申请撤诉或人民法院视为申请撤诉的，经人民法院准许，终结诉讼。原告不得再行起诉，人民法院也不再受理。

(2)原告申请撤诉、人民法院不予准许或原告经人民法院两次合法传唤无正当理由拒不到庭以及未经法庭许可中途退庭的，若其仍须继续参加诉讼，但拒不到庭的，人民法院可以缺席判决。

四、诉讼程序的延阻

诉讼程序的延阻分为延期审理、延长审理、诉讼中止、诉讼终结等类型。

(一)延期审理

延期审理是指人民法院在开庭审理之前或者审理过程中，由于特殊情况，以致无法按预先确定的时间开庭审理案件，而将案件推迟审理的制度。

在司法实践中，需要延期的情况包括：因必须到庭的当事人和其他诉讼参与人没有到庭；因当事人申请回避不能继续进行审理；需要通知新的证人到庭，调取新的证据，重新鉴定、勘验或者需要补充调查的；因合议庭成员有临时紧急任务或者特殊、意外情况不能出庭且无人代替的；其他需要延期审理的情况。

当上述情况出现后，由人民法院作出延期审理的决定。下次开庭审理的时间，可以在决定延期审理时确定，也可以另行通知。

(二)延长审限

延长审限是指人民法院在审理行政案件的过程中，由于发生特殊情况而无法在规定的审理期限内结案，经高级人民法院或最高人民法院批准而延长审理期限的制度。

根据《行政诉讼法》的规定，人民法院应当在立案之日起 6 个月内作出第一审判决，上诉案件应当在收到上诉状之日起 3 个月内作出终审判决。有特殊情况需要延长的，由高级人民法院批准；高级人民法院需要延长审限的，由最高人民法院批准。延长审限应由审理案件的人民法院提出书面申请，申请中应写明延长审限的理由和申请延长的时间。

(三)诉讼中止

诉讼中止是指在诉讼过程中，由于发生某种无法克服和难以避免的特殊情况，人民法院裁定暂时停止诉讼程序的制度。

导致诉讼中止的原因主要有：①原告死亡需要等待其近亲属表明是否参加诉讼的；②原告丧失诉讼行为能力，尚未确定法定代理人的；③作为原告的法人或者其他组织终止，尚未确定权利义务承担者的；④当事人因不可抗力的事由，不能参加诉讼的；⑤案件涉及法律适用问题，需要送请有关机关作出解释或者确认的；⑥案件的审判须以相关民事、刑事或者其他行政案件的审理结果为依据，而相关案件尚未审结的；⑦其他应当中止诉讼的情形。

发生诉讼中止情形的，人民法院应作出书面裁定，当事人不服的，不得申请复议和提起上诉。何时结束诉讼中止，恢复诉讼程序，取决于导致诉讼中止的原因是否消除。恢复诉讼程序后，当事人在诉讼中止前的诉讼行为依然有效。

诉讼中止的法律效果有：一是在诉讼中止期间，人民法院除依法采取财产保全措施或者停止执行行政行为的措施以外，应当停止对本案的审理；二是在诉讼中止期间，当事人及其他诉讼参与人的诉讼活动全部停止；三是诉讼中止期间不计算在审理期限之内。

（四）诉讼终结

诉讼终结是指在诉讼过程中，因出现使诉讼不能继续进行且不能恢复或者诉讼继续进行已经没有实际意义的情况，人民法院裁定结束对行政案件的审理的制度。在诉讼终结的情况下，人民法院对当事人之间的争议因已无必要而不需作出实体处理。

导致诉讼终结的原因主要有：①权利人明确放弃诉讼权利的。如原告申请撤诉且经法院同意的；原告死亡，没有近亲属或近亲属放弃诉讼权利的；作为原告的法人或者其他组织终止后，其权利义务的承受者放弃诉讼权利的。②诉讼无法继续进行的。如因原告丧失诉讼行为能力、死亡或者终止导致诉讼中止后 90 日内仍无人继续参加诉讼的。

当事人不服人民法院终结诉讼的裁定的，不得复议或者上诉。裁定一经送达即发生法律效力。诉讼终结后，当事人不得以同一事实和理由再行起诉。

五、缺席判决

缺席判决是指人民法院开庭审理行政案件时，在当事人缺席的情况下，经过审理迳直作出裁定、判决的制度。缺席判决是为了维护法律的尊严，维护到庭的一方当事人的合法权益，保证审判活动的正常进行而设立的一种制度。

在行政诉讼中缺席判决主要适用于以下情况：①经人民法院两次合法传唤，被告无正当理由拒不到庭的。②被告虽然到庭参加诉讼，但未经法庭许可中途退庭的。③不准撤诉的原告、上诉人经两次合法传唤后无正当理由拒不到庭的。④不准撤诉的原告、上诉人未经法庭许可中途退庭的。

六、非诉行政执行

(一) 非诉行政执行的含义

非诉行政执行是指行政机关对公民、法人或其他组织作出行政行为后，该行政相对人既不申请复议，亦不起诉，又不自动履行或不完全履行义务，该行政机关向人民法院申请强制执行，人民法院经审查作出准予执行或不予执行的裁定，在准予执行的情况下通过执行程序使行政行为得以实现的制度。

(二) 非诉行政执行案件的申请与受理

行政机关申请人民法院强制执行必须具备以下条件：①行政行为已经生效；②行政行为具有执行内容；③行政行为确定的履行义务期限已届满，或者在此之后行政机关另行书面指定的履行义务期限已届满；④行政相对人对行政行为既不申请复议、起诉，又不自动履行或不完全履行义务；⑤法律、法规没有赋予行政机关强制执行权，或者法律、法规规定既可以由行政机关强制执行，也可以申请人民法院强制执行的；⑥申请未超过法定申请执行期限。

行政机关提出申请后，人民法院应当对行政机关的申请进行初步审查，以确定其申请是否符合前述条件，同时要确定自身是否具有管辖权。非诉行政执行案件一般由申请人所在地的基层人民法院管辖，但执行对象是不动产的，则由不动产所在地的基层人民法院管辖。行政机关提出的申请符合前述条件，且属于受案法院管辖的，人民法院应当予以受理。

(三) 非诉行政执行案件的审查与执行

人民法院受理行政机关申请执行其行政行为的案件后，应当在 30 日内由行政审判庭组成合议庭对行政行为的合法性进行书面审查，必要时应当组织听证。

人民法院对行政机关申请执行的行政行为是否合法进行全方位的审查，确定是否存在下列情形：①明显缺乏事实根据；②明显缺乏法律依据；③其他明显违法并损害被执行人合法权益的。亦即人民法院根据“明显违法并损害被执行人合法权益”标准进行审查，如果不存在前述情形，应当作出准予强制执行的裁定，交由本院负责强制执行非诉行政行为的机构执行；否则，应当作出不予强制执行的裁定。

(四)非行政机关申请的非诉行政执行

行政机关根据法律的授权对平等主体之间民事争议作出裁决后，当事人在法定期限内不起诉又不履行，作出裁决的行政机关在申请执行的期限内未申请人民法院强制执行的，生效行政行为确定的权利人或者其继承人、权利承受人在90日内可以申请人民法院强制执行。享有权利的公民、法人或者其他组织申请人民法院强制执行行政行为，参照行政机关申请人民法院强制执行具体行政行为的规定。

【思考题】

1. 简述行政诉讼起诉的条件。
2. 简述行政诉讼第一审程序的基本内容。
3. 简述诉讼保全和先予执行的含义。
4. 简述诉讼中止和诉讼终结的含义及发生的原因。
5. 简述上诉的含义和当事人提起上诉应具备的条件。
6. 试述可以提起审判监督程序的机关或组织。

【案例题】

唐某不服昌吉市公安局治安行政处罚申请再审案

再审申请人唐某因与被申请人新疆维吾尔族自治区昌吉市公安局、第三人马某治安行政处罚一案，不服昌吉回族自治州中级人民法院(2015)昌中行终字第15号行政判决，向新疆维吾尔族自治区高级人民法院申请再审。唐某申请再审称：(1)打架是马某引起，也是马某先动手殴打人，对再审申请人处罚过重；(2) 2014年7月14日的询问笔录，询问人是警察李某，却没有在笔录上签名；(3)再审申请人是在2014年7月14日15时30分见到《行政权利义务告知书》，是塞给再审申请人的，记录经伪造、篡改，内容不属实；(4)第三人法医学人体损伤程序鉴定书没有给再审申请人送达质证；(5)第三人的牙是旧伤；(6)面部创口是第三人自己抢铁锹碰伤的；(7)被申请人作出的行政处罚认定事实不清，程序违法，处罚显失公正。请求撤销一审、二审行政判决，撤销被申请人作出的昌公(北)行罚决字(2014)036号行政处罚决定书。

新疆维吾尔族自治区高级人民法院认为，原审判决认定事实不清、证据不充分、适用法律不当，决定对本案进行提审。

问：本案法院提审的法律依据何在？

分析提示：本案法院提审的法律依据包括《行政诉讼法》第91条第3、第4项，第92条第2款。

第十八章　行政诉讼判决、裁定与决定

【本章重点】

（1）行政诉讼判决是指人民法院在行政案件审理终结时，根据查清的事实和法律的规定，在审查、判定被诉行政行为合法性的基础上，对行政争议作出的实质性处理决定。我国行政诉讼判决依据不同的标准可作出不同的分类：一审判决、二审判决与再审判决；生效判决与未生效判决；撤销判决、撤销并责令重作判决、履行判决、变更判决、确认判决、驳回诉讼请求判决、补偿判决与赔偿判决。判决不同，其适用条件也存在差异。行政诉讼判决的效力包括确定力、拘束力和执行力。

（2）行政诉讼裁定是指人民法院在行政案件审理过程或判决执行过程中，就程序问题所作出的裁决。我国行政诉讼裁定的适用范围包括：不予受理或驳回起诉；管辖异议、移送或者指定管辖；终结或中止诉讼；诉讼期间停止行政行为的执行或者驳回停止执行的申请；财产保全或先予执行；准许或者不准许撤诉；补正裁判文书中的笔误；中止或终结执行；提审、指令再审或者发回重审；准许或者不准许执行行政机关的行政行为；其他需要裁定的事项。

（3）行政诉讼决定是指人民法院依法对行政诉讼审理过程和执行过程中遇到的某些特殊事项所作的处理。行政诉讼决定适用于下列范围：有关管辖问题的决定；有关诉讼期限事项的决定；有关回避事项的决定；对妨害诉讼的行为采取强制措施的决定；审判委员会对生效裁判认为应当再审的决定；有关执行程序事项的决定等。

【案例导入】

侯某诉郑州市房屋征收办公室房屋拆迁许可案

裕鸿公司为进行裕鸿商业广场项目建设，持一系列相关材料，向郑州市房屋征收办公室（以下简称市征收办）申请办理房屋拆迁许可证。市征收办经审查认为符合法律规定的颁发拆迁许可证的要件，于 2005 年 3 月 11 日颁发郑拆许字(2005)第 003 号拆迁许可证并于当日将该拆迁许可证内容予以公告。该拆迁许可证载明："拆迁范围：紫荆山路东、商城路北、商城后街南规划红线范围内的房屋及其附属物；拆迁面积：非住宅 7995.46 平方米、住宅 37992.53 平方米；占地面积：41.5 亩。"侯某所住房屋在拆迁范围内，且现在房屋已拆迁完毕，豫鸿商业广场项目也已建设完成。侯某提起诉讼，请求撤销拆迁许可，一审法院经审理认为，被告所作拆迁许可证据不足，但鉴于相关行政机关已采取补救措施，且原告房屋被拆迁已成客观事实，遂依据《最高人民法院关于执行〈中华人民共和国行政诉讼法〉若干问题的解释》第 58 条之规定，判决确认被告郑州市房屋征收办公室作出的郑拆许字(2005)第 003 号房屋拆迁许可行为违法。

侯某提起上诉，认为一审判决错误适用《最高人民法院关于执行〈中华人民共和国行政诉讼法〉若干问题的解释》第 58 条作出判决，未提出"撤销该具体行政行为将会给国家利益或者公共利益造成巨大损失"的具体理由和确实证据。开发商已将原来政府批准的旧城改造建住宅项目篡改成一个纯商业项目，何来"国家利益或者公共利益"？并请求撤销原判，改判确认市征收办向第三人颁发郑拆许字(2005)第 003 号房屋拆迁许可证的具体行政行为违法并撤销该拆迁许可。

问：本案中法院采用确认违法判决判案是否正确？

第一节 行政诉讼判决

一、行政诉讼判决的含义与特征

行政诉讼判决是指人民法院在行政案件审理终结时，根据查清的事实和法律的规定，在审查、判定被诉行政行为合法性的基础上，对行政争议作出的实质性处理决定。

行政诉讼判决具有以下特征：

(1)行政诉讼判决的主体是人民法院，其是人民法院以国家的名义依法作出的，是国家司法审判意志的具体体现，对行政诉讼主体以及社会具有法律约束力。

(2)行政诉讼判决是人民法院对行政案件的实体性问题作出的实质性处理决定，解决的是被诉行政行为的合法性问题。

(3)行政诉讼判决是人民法院在行政案件审理终结时对行政争议所作的终结

性处理决定。这一点表明了行政诉讼判决在作出时间上区别于裁定和决定。行政诉讼裁定可以在行政诉讼开始阶段、诉讼程序中、案件审理终结时及执行程序中作出。行政诉讼决定基本上是在行政诉讼过程中作出。而行政诉讼判决是人民法院在经过各种程序后，在审理终结时对行政争议所作的结论性判定。

二、行政诉讼判决的种类

依据不同的标准，行政诉讼判决可作以下不同的分类。

（一）一审判决、二审判决与再审判决

依照作出判决的审级标准，行政诉讼判决可以分为一审判决、二审判决和再审判决。一审判决是指第一审人民法院按照第一审程序审理案件所作出的判决。二审判决是指第二审人民法院按照第二审程序审理案件所作出的判决。再审判决是指人民法院依照审判监督程序审理案件所作出的判决。因再审遵循的依旧是一审程序或二审程序，再审判决在实质上仍然是一审判决或二审判决。

（二）生效判决与未生效判决

依照判决是否发生法律效力为标准，行政诉讼判决可以分为生效判决和未生效判决。生效判决是指已经发生法律效力的行政诉讼判决，包括一审法院作出的、已过上诉期限或者当事人上诉后又撤诉的一审判决、二审法院作出的终审判决、最高人民法院作出的判决。未生效判决是指尚未发生法律效力的行政诉讼判决，主要是指一审法院作出的、当事人依法可上诉而上诉期限尚未届满或者当事人已经上诉的判决。

（三）撤销判决、撤销并责令重作判决、履行判决、变更判决、确认判决、驳回诉讼请求判决、补偿判决与赔偿判决

依照判决的内容，行政诉讼判决可以分为撤销判决、撤销并责令重作判决、履行判决、变更判决、确认判决、驳回诉讼请求判决、补偿判决与赔偿判决。其中，撤销判决是人民法院经过审查作出的撤销被诉行政行为的判决；撤销并责令重作判决是人民法院判决撤销被诉行政行为时责令被诉行政机关重新作出行政行为的判决；履行判决是人民法院作出的责令被告在一定期限内履行法定职责的判决；变更判决是指直接改变被诉行政行为的行政诉讼判决；确认判决是指确认被诉行政行为合法或违法、有效或无效的判决；驳回诉讼请求判决是指驳回原告诉讼请求的行政诉讼判决；补偿判决是人民法院在行政协议案件中判令被告依法给予补偿的判决；赔偿判决是人民法院在确认被告因违法或过错行为造成原告损失的情况下判令被告依法给予赔偿的判决。

三、各类判决及其适用条件

(一)撤销判决

1. 撤销判决的概念及其适用条件

撤销判决是人民法院经过对行政案件的审查,作出的撤销被诉行政行为的行政诉讼判决。撤销判决可分为三种具体形式:①全部撤销被诉行政行为,它适用于整个行政行为全部违法或部分违法但行为不可分的情形。②部分撤销被诉行政行为,适用于行政行为部分违法且行为可分的情形。③判决撤销并责令被告重新作出行政行为。

适用撤销判决必须同时满足以下条件:①被诉行政行为是成立且有约束力的;②被诉行政行为是"作为"而非"不作为";③被诉行政行为存在违法情形;④被诉行政行为依然存在;⑤被诉行政行为具备可撤销内容;⑥撤销后不会给国家利益、公共利益或他人合法权益造成损失。

2. 撤销判决的适用情形

撤销判决主要适用于以下情形:

(1)主要证据不足的。主要证据不足是指行政主体缺乏必要的证据证明行政行为所认定的事实的情况。

(2)适用法律、法规错误的。适用法律、法规错误是指行政主体作出行政行为时错误地适用了法律、法规或者法律、法规的条款。

(3)违反法定程序的。违反法定程序是指行政主体作出行政行为时违反了法律、法规、规章以及其他合法有效的规范性文件规定的顺序、步骤、方式、形式、手续、时限等程序性要求。

(4)超越职权的。超越职权是指行政主体作出行政行为超越了法律、法规的授权范围,或者超越了法定的限度。超越职权可以分为职权僭越和逾越权限两种类型。职权僭越是指行政主体在没有法律授权或者其他行政主体委托的情况下,行使了不属于职权范围的权力;逾越权限是指行政主体虽对某事项享有管辖权,但超越了法定的限度。

(5)滥用职权的。滥用职权是指行政主体具备实施行政行为的权力,并且其行为形式上也合法,但行政主体行使权力违反法律、法规赋予其该项权力的目的。滥用职权实际属于权力的不正当行使。判断是否滥用职权,必须深究行政主体行使权力的意图,考虑主、客观两方面因素。

(6)明显不当的。明显不当是从结果角度来判断的,指行政主体作出行政行为严重违背行政合理性原则,导致不具备合理性或不合适、不妥当。

在撤销判决中还要注意以下几点：①复议决定维持原行政行为的，人民法院判决撤销原行政行为，复议决定自然无效。复议决定改变原行政行为错误，人民法院判决撤销复议决定时，应当责令复议机关重新作出复议决定。②判决撤销违法的被诉行政行为，将会给国家利益、公共利益或者他人合法权益造成损失的，人民法院在判决撤销的同时，可以分别采取以下方式处理：判决被告重新作出行政行为；责令被诉行政机关采取相应的补救措施；向被告和有关机关提出司法建议；发现违法犯罪行为的，建议有关机关依法处理。

（二）撤销并责令重作判决

撤销并责令重作判决是人民法院经过对行政案件的审理，判决撤销被诉行政行为时责令被诉行政机关重新作出行政行为的一种判决。它是撤销判决的一种补充，同样适用于上文中撤销判决的6种情形，但在适用条件上多一项内容，即被相应行政行为违法处理的问题需要重新得到处理。在适用撤销并责令重作判决时，要注意以下几个问题：

（1）人民法院判决被告重新作出行政行为，如不及时重新作出行政行为，将会给国家利益、公共利益或者当事人利益造成损失的，可以限定重新作出行政行为的期限。

（2）人民法院判决被告重新作出行政行为的，被告不得以同一事实和理由作出与原行政行为基本相同的行政行为。但有以下两种情况例外：被告重新作出的行政行为与原行政行为的结果相同，但主要事实或者主要理由有改变的；人民法院以违反法定程序为由，判决撤销被诉行政行为的。

（三）履行判决

履行判决，又称限期履行判决，是指人民法院经过审理，被告不履行或者拖延履行法定职责的，责令被告限期履行法定职责的判决。

人民法院作出履行判决必须具备下列条件：

（1）行政机关负有某项法定职责。

（2）行政机关不履行或拖延履行法定职责。所谓“不履行”，是指行政机关明确拒绝履行或以默示方式拒绝行政相对人的申请。所谓“拖延履行”，是指行政机关在法定期限或者在合理时间内不及时履行自己的职责，没有对行政相对人的申请作出明确答复。

关于行政机关履行法定职责的期限，2000年《执行解释》第37条规定：“公民、法人或者其他组织申请行政机关履行法定职责，行政机关在接到申请之日起60日内不履行的，公民、法人或者其他组织向人民法院提起诉讼，人民法院应当依法受理。法律、法规、规章和其他规范性文件对行政机关履行职责的期限另有规定的，从其规定。公民、法人或者其他组织在紧急情况下请求行政机关履行保护其人身权、财产权的法定职责，行政机关不履行的，起诉期间不受前款规定的限制。”

(3)行政机关不履行或者拖延履行法定职责无正当理由。

(4)行政机关履行该法定职责仍有实际意义。若行政机关履行法定职责已经不可能，或者对行政相对人所遭受的损失无法弥补时，人民法院就不能作出履行判决，而应采取其他形式的判决。

履行判决主要适用于以下具体情形：①符合法定条件，向被告申请颁发许可证或者执照、公开政府信息，被告拒绝颁发或者不予答复、拖延履行；②被告没有依法发给抚恤金、最低生活保障费用及社会保险金；③申请行政机关履行保护人身权、财产权法定职责，被告拒绝履行或者不予答复的；④被告不依法履行、未按照约定履行或者违法变更、解除政府特许经营协议、土地房屋征收补偿协议等协议的。

人民法院判决被告履行法定职责，应当指定履行的期限，因情况特殊难于确定期限的除外。

(四)变更判决

变更判决是人民法院通过对被诉行政行为的审查，运用国家审判权直接改变被诉行政行为内容的一种判决。变更判决市人民法院以判决的形式直接确定当事人的权利与义务，由于行政权与司法权功能的不同，人民法院在行政诉讼中享有的司法变更权是有限的。变更判决只能适用于法律法规明确规定的，且被诉行政行为具有非专属于行政机关裁量权的情形。

变更判决主要适用于以下情形：

(1)行政处罚明显不当的，即行政处罚显失公正的，人民法院可以判决变更。主要表现为：行政处罚畸轻畸重；重者轻罚或轻者重罚；同样情况不同对待或不同情况同等对待；行政处罚反复无常；行政处罚缺少必要的限度，甚至影响到被处罚者的基本生活等。但这种变更权是有一定限制的。根据2000年《执行解释》第55条规定：“人民法院审理行政案件不得加重对原告的处罚，但利害关系人同为原告的除外。人民法院审理行政案件不得对行政机关未予处罚的人直接给予行政处罚。”

(2)除行政处罚以外的其他行政行为涉及对款额的确定、认定确有错误的，人民法院可以判决变更。同样，人民法院判决变更，不得加重原告的义务或者减少原告的利益。但利害关系人同为原告，且诉讼请求相反的除外。

(五)确认判决

确认判决是指人民法院确认被诉行政行为合法有效或违法无效的一种判决。确认判决是人民法院对被诉行政行为的合法与否、效力如何以及行政法律关系是否存在的一种确认。

确认违法判决主要适用于以下情形：①行政行为依法应当撤销，但撤销会给国家利益、社会公共利益造成重大损害的；②行政行为程序轻微违法，但对原告权利不产生实际影响的；③行政行为违法，但不具有可撤销内容的；④被告改变原违法行政行为，原告仍要求确认原行政行为违法的；⑤被告不履行或者拖延履行法定职责，判决履行没有意义的。

确认无效判决主要适用于行政行为的实施主体不具有行政主体资格或者没有依据等重大且明显违法情形。人民法院判决确认违法或者无效的，可以同时判决责令被告采取补救措施；给原告造成损失的，依法判决被告承担赔偿责任。

(六)驳回诉讼请求判决

驳回诉讼请求判决，是指人民法院经审理认为原告的诉讼请求依法不能成立，直接否定原告诉讼请求的一种判决。驳回诉讼请求不同于驳回起诉。驳回起诉是因原告不符合法律规定的起诉条件而否定当事人程序上的请求权，其只能用裁定的方式；而驳回诉讼请求是在符合起诉条件进入实体审理后对当事人的实体请求权进行否定，必须采取判决的方式。

驳回原告诉讼请求判决主要适用于下列情形：

(1)行政行为证据确凿，适用法律、法规正确，符合法定程序的；

(2)原告申请被告履行法定职责理由不成立的；

(3)原告申请被告履行给付义务理由不成立的；

(4)被诉行政行为合法但存在法院无权进行审查的合理性问题的，这种合理性问题应是未达到滥用职权或明显不当的程度；

(5)被诉行政行为合法，但因法律、政策的变化需要变更或废止的。被诉行政行为在作出的时候是依据当时的法律、法规作出的，是合法的，不能判决撤销，确认判决也不合适，只有采用驳回诉讼请求的判决，既对被诉行政行为合法进行了肯定，又为行政机关变更行政行为留下了空间。

(6)其他应当判决驳回诉讼请求的情形。

(七)补偿判决

补偿判决是人民法院判令被告就其合法变更或解除行政协议的行为给原告造成的损失依法给予补偿的判决。《行政诉讼法》第 78 条规定："……被告变更、解除本法第 12 条第 1 款第 11 项规定的协议合法，但未依法给予补偿的，人民法院判决给予补偿。”因此，行政诉讼中的补偿判决主要适用于行政协议案件。

（八）赔偿判决

赔偿判决是人民法院在确认被告因违法或过错行为造成原告损失的情况下判令被告依法给予赔偿的判决。

赔偿判决主要适用于以下两种情形：①被告因违法或者无效的行政行为侵害原告合法权益的。《行政诉讼法》第 76 条作了规定，人民法院判决确认违法或者无效的，可以同时判决责令被告采取补救措施；给原告造成损失的，依法判决被告承担赔偿责任。②被告因不依法履行、未按照约定履行或者违法变更、解除行政协议的，《行政诉讼法》第 78 条作了规定，“被告不依法履行、未按照约定履行或者违法变更、解除本法第 12 条第 1 款第 11 项规定的协议的，人民法院判决被告承担继续履行、采取补救措施或者赔偿损失等责任”。

四、行政诉讼判决的效力

行政诉讼判决的效力是指人民法院经过审理后所作出的判决产生的法律羁束力。一般认为，行政诉讼判决的效力包括确定力、拘束力和执行力。

1. 确定力

行政诉讼判决确定力，是指生效判决所具有的不受任意改变和撤销的法律效力，通常分为形式上的确定力和实质的确定力。形式上的确定力，是指判决一经生效，当事人就不得对判决认定的事实提起诉讼或者提出上诉。一定意义上等同于拘束力。实质的确定力，又称既判力，是指依确定判决承认或否认的权利或者法律关系使之在后诉中不变的效力。具体表现是，判决一经确定、生效，当事人不得就判决确定的法律关系另行起诉，也不得在其他诉讼中就同一法律关系诉请裁判，法院也不得就该判决的内容作出变更或作出与判决所确定的内容相矛盾的判决。

2. 拘束力

行政诉讼判决拘束力是指对于生效行政判决所确定的内容，诉讼当事人、法院、其他主体要给予承认和尊重的法律效力。拘束力要求行政诉讼当事人或法院在行政诉讼判决的约束下，不得为不同的主张和行为。

3. 执行力

行政诉讼判决执行力是指生效判决所具有的产生判决所期待结果的法律效力。其包括自动履行和强制执行。判决一经生效，行政诉讼当事人都必须依判决的内容为一定行为或不为一定行为。当任何一方拒不履行判决所确定的义务时，另一方当事人可申请人民法院强制执行或依法强制执行。

第二节　行政诉讼裁定

一、行政诉讼裁定的含义与特征

行政诉讼裁定是指人民法院在行政案件审理过程或判决执行过程中，就程序问题所作出的裁决。

行政诉讼裁定具有以下特征：①解决的是诉讼审理过程中或执行过程中的程序问题。②裁定的法律依据是程序性规范。③在诉讼的任何阶段均可作出。④一个审理程序中，可以出现若干个行政诉讼裁定。⑤既可以是书面形式，也可以是口头形式。

二、行政诉讼裁定的适用范围

行政诉讼裁定主要适用于下列情形：

1. 不予受理或驳回起诉

原告如果对不予受理或驳回起诉的裁定不服，有权在接到裁定后 10 日内提起上诉。

2. 管辖异议、移送或者指定管辖

管辖权异议是指行政诉讼当事人认为人民法院对所涉行政案件没有管辖权，在法定期限内向人民法院提出的异议。人民法院对当事人提出的管辖异议应当进行审查。异议成立的，裁定将案件移送有管辖权的人民法院；异议不成立的，裁定驳回。当事人对管辖权异议裁定不服的，可以在法定期限内向上一级人民法院提起上诉。

此外，移送管辖或者指定管辖也适用裁定的形式。

3. 终结或中止诉讼

在行政诉讼进行过程中，出现一定客观情况使诉讼无法继续进行时，人民法院应当以裁定的方式中止诉讼，待情况消失后可恢复诉讼。在行政诉讼过程中，由于特殊原因使诉讼无法继续进行并应结束诉讼程序时，人民法院应当以裁定的方式终结诉讼。

4. 诉讼期间停止行政行为的执行或者驳回停止执行的申请

行政诉讼期间人民法院对是否停止行政行为执行的问题，应当以裁定的方式作出。有下列情形之一的，人民法院应当裁定停止执行：①被告认为需要停止执行的；②原告或者利害关系人申请停止执行，人民法院认为该行政行为的执行会造成难以弥补的损失，并且停止执行不损害国家利益、社会公共利益的；③人民法院认为该行政行为的执行会给国家利益、社会公共利益造成重大损害的；④法律、法规规定停止执行的。当事人对停止执行或者不停止执行的裁定不服的，可以申请复议一次。在原告的申请不符合法定条件的情况下，法院应当以裁定驳回停止执行的申请。

5. 财产保全或先予执行

行政诉讼中当可能因一方当事人的行为或其他原因，使生效判决不能执行或难以执行时，人民法院可以根据对方当事人的申请或者依法作出财产保全的裁定。人民法院对起诉行政机关没有依法支付抚恤金、最低生活保障金和工伤、医疗社会保险金的案件，权利义务关系明确、不先予执行将严重影响原告生活的，可以根据原告的申请，裁定先予执行。当事人对先予执行裁定不服的，可以申请复议一次。复议期间不停止裁定的执行。

6. 准许或者不准许撤诉

在人民法院对案件宣告判决或裁定之前，原告可以向人民法院主动申请撤诉，或者被告改变其所作的行政行为，原告同意并申请撤诉；经人民法院传票传唤，原告无正当理由拒不到庭，或者未经法庭许可中途退庭的，可以按照撤诉处理。是否准许撤诉，由人民法院裁定。

7. 补正裁判文书中的笔误

人民法院如发现裁判文书中存在错写、误算、用词不当、遗漏判决原意、文字表达超出判决原意的范围、正本与原本个别地方不符等情形，应当裁定补正。但是如果判决书中存在遗漏部分诉讼请求、诉讼费用以及涉及当事人实体权利等情形的，人民法院不能裁定补正，而应作出补充判决。

8. 中止或终结执行

在行政诉讼执行过程中，出现中止或者终结执行程序的法定情形时，人民法院应裁定中止或终结执行。我国《行政诉讼法》没有明确规定中止或终结执行的情形，在行政诉讼执行中参照《民事诉讼法》的相关规定。

9. 提审、指令再审或者发回重审

最高人民法院对地方各级人民法院已经发生法律效力的判决、裁定，上级人民法院对下级人民法院已经发生法律效力的判决、裁定，发现有本法第91条规定情形之一，或者发现调解违反自愿原则或者调解书内容违法的，有权提审或者指令下级人民法院再审。上级法院在审理上诉案件时发现，原判决认定基本事实不清、证据不足的，裁定发回原审人民法院重审；原判决遗漏当事人或者违法缺席判决等严重违反法定程序的，裁定撤销原判决，发回原审人民法院重审。

10. 准许或者不准许执行行政主体的具体行政行为

人民法院对行政机关的强制执行的申请应进行审查，并就是否准许强制执行作出裁定。

11. 其他需要裁定的事项。

其他需要裁定的事项包括法律中规定到的如简易程序转为普通程序的裁定等，也包括立法未涉及的需人民法院行使司法裁量权的情形。

三、行政诉讼裁定的效力

行政诉讼裁定的效力分两种情形：对一审法院作出的不予受理裁定、驳回起诉裁定和管辖权异议裁定，当事人可以在一审法院作出裁定之日起 10 日内向上一级人民法院提出上诉，逾期不提起上诉的，一审人民法院的裁定发生法律效力。除可以提出上诉的 3 类裁定，其他所有裁定一经宣布或送达，即发生法律效力。其中对财产保全和先予执行的裁定，以及停止执行或者不停止执行具体行政行为的裁定，当事人不服的，可以申请复议一次，但申请复议不影响裁定的执行。

【引例分析】

情况判决是确认判决中的一种特殊判决，是指因公共利益的需要而维持违法行政行为的效力，由行政机关采取补救措施并赔偿损失的判决。2000 年《执行解释》第 58 条规定："具体行政行为违法，但撤销该具体行政行为将会给国家利益或者公共利益造成重大损失的，人民法院应当作出确认具体行政行为违法的判决，并责令被诉行政机关采取相应补救措施；造成损害的，依法判决承担赔偿责任。"

上诉人侯某对"国家利益或者公共利益"的具体指向存在误解。上述第 58 条的含义是：第一，被诉行政行为违法，本应作出撤销判决；第二，如果撤销该行政行为将会给国家利益或者公共利益造成重大损失。在此情况下，法院需对撤销判决所保护的原告个人利益和所造成损害的国家或公共利益进行权衡。从社会稳定性角度考虑，行政行为除非自始无效的情况外，一经作出，在被法定机关依法撤销之前，即应被推定为合法有效而得到尊重和遵守，这是行政行为公定力的基本要求。在行政行为效力存续期间，根据行政行为要求而为的各种行为必然会产生新的利益，此种新的利益与原行政行为之间存在法律上的因果关系。法院作出撤销原行政行为的判决，可能使上述新的利益失去继续存在的法律基础，进而造成新的利益损失。

综合本案案情，除上诉人外，涉案拆迁许可证范围内大多数被拆迁房屋原权利人均已签订补偿安置协议，得到补偿安置。如果法院撤销被诉拆迁许可证，就意味着原审第三人裕鸿公司相关拆迁补偿安置行为违法无效，将会使此部分人员已经取得的权益及由此衍生出的其他权利关系处于新的不稳定状态；其次，裕鸿公司开发建设的商业广场项目早已建成并投入使用多年，而相关开发建设及建成房屋交易使用的一个基本前提是拆迁行为有效，如果撤销拆迁许可证，即便不必然产生商业广场成为违法建筑的后果，也可能对相关业主造成其他不利影响。而解决因撤销拆迁许可证产生的这些新的问题无疑将耗费大量司法、行政和社会成本。上述问题可以视为“公共利益”，对本案判决确认违法而不采取撤销判决，更加符合法律规定本意和诉讼经济原则。

但是，确认违法判决应当与责令采取补救措施判决并用。确认违法判决仅是法院为避免产生新的国家利益或者公共利益损害而采取的替代性判决方式，这种判决形式并不否认行政诉讼上诉人因违法行政行为继续存续而受到的权益损害。对于这部分损害，应当通过责令行政机关采取补救措施的方式加以解决。

第三节 行政诉讼决定

一、行政诉讼决定的含义与特征

行政诉讼决定是指人民法院依法对行政诉讼审理过程和执行过程中遇到的某些特殊事项所作的处理。决定与裁定一样，可以采取书面形式，也可以采取口头形式。口头决定应记入笔录。

与行政诉讼判决和裁定相比，行政诉讼决定具有以下的特征：

第一，行政诉讼决定所解决的是发生在行政诉讼中的某些特殊问题，它既不同于行政诉讼判决解决的实体问题，也不同于行政诉讼裁定解决的程序问题。

第二，行政诉讼决定的功能在于保证案件的正常审理和诉讼程序的顺利进行，或者为诉讼正常进行提供必要的条件。

第三，所有行政诉讼决定一经送达即发生法律效力，一律不得提起上诉，当事人对其不服的，只能依法律规定申请复议。

二、行政诉讼决定的适用范围

行政诉讼决定主要适用于下列情形：

(1)有关管辖问题的决定。下级人民法院对其管辖的第一审行政案件，认为需要由上级人民法院审判的，可以报请上级人民法院决定。

(2)有关诉讼期限事项的决定。主要包括两种情形：一是公民、法人或者其他组织因法定情形以外的特殊情况耽误起诉期限，在障碍消除后10日内，申请延长期限的，是否准许由人民法院决定。二是下级人民法院申请延长审理期限的，分别由高级人民法院和最高人民法院作出是否延长的决定。

(3)有关回避事项的决定。当事人认为审判人员与案件有利害关系或者其他可能影响公正审判的关系，有权申请其回避。对于回避申请，人民法院可以以口头或书面方式作出是否回避的决定。院长担任审判长时的回避，由审判委员会决定；审判人员的回避，由院长决定；其他人员的回避，由审判长决定。

(4)对妨害诉讼的行为采取强制措施的决定。对于实施妨害行政诉讼行为的诉讼参与人或其他人。人民法院作出训诫、责令具结悔过强制措施的，通常由审判长当庭作出口头决定，并记入笔录；对采取罚款、拘留强制措施的，应经院长批准，由合议庭作出书面决定。

(5)审判委员会对生效裁判认为应当再审的决定。各级人民法院院长对本院已经发生法律效力的判决、裁定，发现有本法第91条规定情形之一，或者发现调解违反自愿原则或者调解书内容违法，认为需要再审的，应当提交审判委员会讨论决定。

(6)有关执行程序事项的决定。执行中采用决定方式确定的程序事项主要有：①如果案件复杂、涉及面广、社会影响较大，基层人民法院认为执行确有困难的，可以报请上级人民法院执行，上级人民法院可以决定由其执行，也可以决定由下级人民法院执行。②执行过程中，案外人对执行标的提出异议的，执行员审查后报院长批准中止执行，由合议庭或审判委员会作出决定。③行政机关拒绝履行判决、裁定、调解书，在规定期限内不履行的，从期满之日起，人民法院对该行政机关负责人作出按日处50元至100元的罚款决定；对应当归还的罚款或者应当给付的款额，通知银行从该行政机关的账户内划拨；社会影响恶劣的，可以对该行政机关直接负责的主管人员和其他直接责任人员予以拘留。

除上述事项外，其他如确定第三人、指定法定代理人、指定鉴定、确定不公开审理、确定诉讼费用的承担、审判委员会对重大、疑难行政案件的处理等事项以及其他次要的程序问题或人民法院在行政审判过程中发生的内部问题，都可采用决定的方式处理。

三、行政诉讼决定的效力

行政诉讼决定一经作出，即发生法律效力，义务人必须履行相关义务。具有执行内容的，应当立即付诸执行。当事人对人民法院的决定不服的，一律不准上诉。法律规定被决定人可以申请复议的，当事人可申请复议一次，复议期间不停止案件的审理和决定的执行。决定生效后，作出决定的人民法院发现决定违法或不当的，可以主动撤销或变更，而不能通过上诉程序和审判监督程序进行处理。

【思考题】

1. 简述行政诉讼判决的概念与种类。
2. 简述撤销判决的适用条件。
3. 简述履行判决的适用条件。
4. 简述变更判决的适用范围。
5. 简述行政诉讼裁定的适用范围。
6. 简述行政诉讼决定的适用范围。

【案例题】

于某诉贵阳市住房和城乡建设局强制拆迁案

1993年贵州汉方房地产开发公司(以下简称汉方公司)经贵阳市人民政府有关部门批准，在贵阳市省府北街及其相邻地段修建商住楼。1995年6月该公司领取拆迁许可证。于某私房位于拆迁范围。汉方公司因未能与于某就安置补偿达成一致，向贵阳市住建局(当时为贵阳市房地产管理局)申请裁决。贵阳市住建局于1996年3月11日作出(1996)筑迁裁字第9号裁决，由汉方公司在贵阳市花溪大道北段730号“贵溪商住楼”安置被拆迁人于某。于某在裁决规定的搬迁期限内未搬迁。同年3月22日，汉方公司申请强制执行该裁决，经贵阳市人民政府审批决定后，贵阳市住建局以贵阳市拆迁处名义于6月18日张贴(1996)筑迁执告字第9号拆迁公告，称根据《城市房屋拆迁管理条例》和《贵阳市建设拆迁管理办法》的有关规定，限被拆迁人于同年6月20日前搬迁完毕，逾期不搬将强制搬迁。因于某到期仍未搬迁，贵阳市拆迁处于6月24日对于某的房屋进行了强制拆迁，且至今没有得到任何安置补偿。于某对强制拆迁行为不服，遂向人民法院提起诉讼。

本案中，贵阳市拆迁处系贵阳市住建局的内设机构，不具有行政执法主体的资格，其行为后果应由贵阳市住建局承担。且贵阳市人民政府以分管副市长在相关申请报告上签署意见，并以此取代应以书面形式作出的责令限期拆迁决定和责成有关部门强制拆迁决定。

问：根据以上事实，法院应当作出何种判决？

分析提示：根据原《城市房屋拆迁管理条例》规定，强制拆迁前县级以上人民政府应当先行作出责令限期拆迁的决定；在责令限期拆迁决定所指定的期限内被拆迁人逾期仍不拆迁的，方可责成有关部门强制拆迁。且责令限期拆迁和责成有关部门强制拆迁的决定，应当经法定程序并以书面形式作出，相关决定还应依法送达被拆迁人。根据该法条可以认定本案中该强制拆迁行为违法。但由于强制拆迁行为已经实施完毕且不具备可撤销内容，于某历经多年诉讼仍未得到安置补偿，损失严重。人民法院应当作出确认违法判决，并责令被告采取补救措施，承担赔偿责任。

第十九章　行政诉讼附带民事诉讼

【本章重点】

(1)行政诉讼附带民事诉讼是指人民法院在审理行政案件的同时，附带解决与本案相关联的民事案件，并作出裁判的诉讼活动。行政诉讼中附带解决相关联的民事争议的意义在于：①有利于降低当事人的诉讼成本，维护当事人的合法权益；②有利于提高诉讼效率，维护司法统一和社会关系稳定。

(2)行政诉讼附带民事诉讼必须在法定期间内提起，并满足以下条件：①必须有行政诉讼的存在；②被诉行政行为涉及两种不同性质的争议；③民事诉讼请求与行政诉讼请求具有关联性；④行政争议和民事争议属于同一法院主管及管辖的权限。

(3)行政诉讼附带民事诉讼原则上实行先行政后民事的审理顺序，就行政案件先行审理和裁断，再审理民事案件；必要情形下，也可按先民事后行政的审理顺序。在审理主体上，由同一审判组织审理。行政诉讼附带民事诉讼在审理权限、举证责任、结案方式等方面存在着特殊的审理规则。

(4)行政诉讼附带民事诉讼原则上应当采用分别裁判的方式，但行政机关对民事争议进行行政裁决的案件除外。

【案例导入】

纪某与图们市人民政府房屋行政登记附带确认房屋权属民事纠纷案

纪某原为图们市长安镇兴家村第62037号房屋产权人。1994年7月5日，纪某与张某签订《契约》，将争议房屋卖给张某，张某按约交付房款并占有房屋。2009年3月2日，图们市人民政府依据1994年7月5日纪某与张某签订的《契约》、纪某名下的房屋所有权证、张某本人身份证、李某以纪某代理人名义填写的制式房地产买卖契约等，将该房屋转移登记到张某名下。之后，张某经审批，将争议房屋翻建成92.70平方米平房，并办理了长安镇字第10968号房屋所有权证。2014 年 2 月，纪某到图们市房产局查阅房屋转移登记情况，之后向法院提起行政诉讼。纪某诉称，图们市人民政府于 2009 年 3 月 2 日将产权人更名至张某名下，严重侵害了原告的合法权益，请求法院确认图们市人民政府于 2009 年 3 月 2 日颁发第 62037 号房屋产权证的行政行为违法，判决图们市人民政府将涉案房屋产权恢复至原告名下。

张某提起附带民事诉讼，诉称：1994 年 7 月 5 日，张某与纪某经秦某、王某、杨某三人作证写下了《契约》，支付 5000 元买房款给纪某，纪某离家多年外出打工，因此找相关负责人说明情况办理了房屋产权证，虽然办理产权证时纪某不在场，但双方买卖关系是成立的。请求确认 1994 年 7 月 5 日房屋买卖《契约》有效，确认争议房屋归其所有。附带民事被告纪某辩称，图们市房产局在办理涉案房屋变更登记过程中违反了《房屋登记办法》的相关规定，其行为违法应予撤销。

问：本案中张某提起行政诉讼附带民事诉讼，申请一并解决与纪某之间的房产权属争议，人民法院可否一并审理？

第一节　行政诉讼附带民事诉讼概述

现实社会生活中，行政法律关系与民事法律关系相互交织、相互关联的情况大量存在，进入诉讼后，一个案件往往既涉及行政争议也涉及民事争议。有时，解决行政争议必须以解决相关联的民事争议为前提，或者解决民事争议必须以解决相关联的行政争议为前提。同时，人民法院一并解决相关联的行政争议与民事争议有利于减少当事人的诉讼成本，节约司法资源。这使得行政诉讼附带民事诉讼制度具有一定的必要性。为此，《行政诉讼法》第 61 条规定：“在涉及行政许可、登记、征收、征用和行政机关对民事争议所作的裁决的行政诉讼中，当事人申请一并解决相关民事争议的，人民法院可以一并审理。”

一、行政诉讼附带民事诉讼的含义与特征

行政诉讼附带民事诉讼是指人民法院在审理行政案件的同时，附带解决与本案相关联的民事案件，并作出裁判的诉讼活动。行政诉讼附带民事诉讼属于民行交叉案件的一种处理方式。我国行政审判庭可以附带解决民事案件，但民事审判庭不能附带解决行政案件。

行政诉讼附带民事诉讼是行政诉讼与民事诉讼案件的合并审理，相较于纯行政诉讼和纯民事诉讼而言，具有如下特征：

(1)附带民事诉讼的前提是行政诉讼的成立。如果行政案件的起诉被法院裁定不予立案或驳回起诉，那么附带的民事诉讼也会被裁定不予受理或驳回。

(2)附带的民事诉讼与行政诉讼之间必须存在关联性。即民事诉讼请求与行政诉讼所涉行政行为的合法性要相关联。

(3)行政诉讼附带民事诉讼中民事部分针对的是平等主体之间的争议。这一点上不同于发生在法律地位不平等的行政主体与行政相对人之间受国家赔偿法调整的行政赔偿诉讼。

(4)行政诉讼附带民事诉讼中，行政争议与民事争议的当事人并不完全一致。有时行政诉讼中的原告成了附带民事诉讼的被告，行政诉讼原被告之外的第三人成了附带民事诉讼的原告；有时行政诉讼中的原告亦是附带民事诉讼中的原告，但是附带民事诉讼中的被告是行政诉讼当事人原被告之外的第三人。

(5)行政诉讼附带民事诉讼中，民事诉讼部分以民事实体法为依据，在诉讼程序上遵循民事诉讼法的规定，可以适用和解、调解，且适用“谁主张，谁举证”的一般举证原则。

二、行政诉讼附带民事诉讼制度的作用

行政诉讼中附带解决相关联的民事争议，该制度的作用在于：

(1)有利于争议的实质性解决，可以在一定程度上缓解民事纠纷与行政纠纷交叉重叠、难以处理的现状，促进案结事了。

(2)有利于降低当事人的诉讼成本，维护当事人的合法权益。在行政诉讼过程中附带解决民事争议，将两个性质完全不同的诉讼合并审理，而不是要求当事人就相关的民事争议另行提起诉讼，这种做法可以节省争议解决的时间，缩短争议解决的周期，避免给当事人造成不必要的时间、金钱和精力的耗费，节省当事人的诉讼成本，能更好地维护当事人的合法权益。

(3)有利于提高诉讼效率，维护司法统一和社会关系稳定。行政诉讼附带民事诉讼制度符合诉讼经济原则的要求。将两种相互联系而性质完全不同的争议统一审理，一方面可以简化诉讼程序，避免给法院造成不必要的人力、物力的耗费，能提高审判效率；另一方面，将全部案情统一考虑，有利于防止审理的片面性，避免法院作出行政和民事相矛盾的裁判，保障法院案件处理的准确和公正，有效地维护司法统一。此外，合并审理两种争议，可以迅速解决全部争议，尽快平息纠纷，达到维护社会关系稳定的目的。

三、行政诉讼附带民事诉讼的范围

行政诉讼附带民事诉讼的范围仅限于所涉民事争议与被诉行政行为存在紧密关联的情形。《行政诉讼法》第 61 条明确规定了行政诉讼附带民事诉讼的范围，即在涉及行政许可、登记、征收、征用和行政机关对民事争议所作的裁决的行政诉讼中，当事人申请一并解决相关民事争议的，人民法院可以一并审理。换言之，只有 5 种情形下的民事争议，当事人才可以申请法院采用行政诉讼附带民事诉讼的解纷方式一并审理，即：①与行政许可相关联的民事争议；②与行政登记相关联的民事争议；③与行政征收相关联的民事争议；④与行政征用相关联的民事争议；⑤行政裁决中的民事争议。

属于上述 5 种情形之一的，如果存在下列情况，人民法院应当作出不予准许一并审理民事争议的决定，并告知当事人可以依法通过其他渠道主张权利：①法律规定应当由行政机关先行处理的；②违反民事诉讼法专属管辖规定或者协议管辖约定的；③已经申请仲裁或者提起民事诉讼的；④其他不宜一并审理的民事争议。

第二节　行政诉讼附带民事诉讼的程序

一、行政诉讼附带民事诉讼的当事人

（一）行政诉讼附带民事诉讼的原告

行政诉讼附带民事诉讼中，行政诉讼的原告只能是认为行政主体及其工作人员的行政行为侵犯其合法权益，而依法向人民法院提起行政诉讼的公民、法人或其他组织，行政主体不能作为行政诉讼的原告。附带民事诉讼的原告可以是所附行政诉讼的原告，也可能是行政诉讼原被告之外的第三人。

（二）行政诉讼附带民事诉讼的被告

行政诉讼附带民事诉讼中，行政诉讼的被告只能是行使行政职权、作出行政行为的行政机关和法律、法规、规章授权的组织。而附带民事诉讼的被告既可以是所附行政诉讼的原告，也可能是行政诉讼原被告之外的第三人。

(三)行政诉讼附带民事诉讼的第三人

行政诉讼附带民事诉讼中，行政诉讼的第三人是与被诉行政行为有利害关系的人，包括公民、法人或其他组织，以及其他国家行政机关或法律、法规、规章授权的组织。而附带民事诉讼中的第三人是与民事争议有利害关系的人。

二、行政诉讼附带民事诉讼的提起

1. 提起行政诉讼附带民事诉讼的期限

附带的民事诉讼可以在提起行政诉讼的同时提起民事诉讼请求；也可以在行政诉讼第一审开庭审理前提出，有正当理由的，也可以在第一审法庭调查中提出。超过法定期限的，不能成立行政诉讼附带民事诉讼，当事人只能就民事争议部分提起单独的民事诉讼。

2. 提起行政诉讼附带民事诉讼主要应满足的条件

(1)必须有行政诉讼的存在。行政诉讼附带民事诉讼的提起以行政诉讼案件的成立为前提要件，如果行政诉讼不存在，则谈不上提起附带民事诉讼。

(2)民事诉讼请求与被诉行政行为存在关联性，属于《行政诉讼法》第 61 条规定的 5 种情形之一，且不属于前述不予准许情形。

(3)民事争议和行政争议属于同一法院主管及管辖的权限。

(4)符合民事诉讼法中规定的其他提起民事诉讼的条件，比如具备法定的起诉方式、事实、理由等。

【引例分析】

起诉人提起行政诉讼附带民事诉讼必须满足以下条件：必须有行政诉讼的存在；行政行为涉及两种不同性质的争议；民事诉讼请求与行政诉讼请求具有关联性；行政争议和民事争议属于同一法院主管及管辖的权限等。前引案例满足以上条件，且属于《行政诉讼法》第 61 条规定的 5 种情形之一，即属于行政登记类涉及相关民事争议的情形，法院可以一并审理。

在房屋权属登记类案件中，房屋登记行政机关作出房屋登记行政行为依据的基础法律行为系当事人之间的房屋买卖合同及房屋产权归属，对房屋登记行政行为合法性的审查，必然要涉及对登记基础的民事法律关系的审查和判断，因此将房屋权属民事纠纷纳入行政诉讼中一并审查，有其必要性。

三、行政诉讼附带民事诉讼的审理

（一）行政诉讼附带民事诉讼的审理顺序

行政诉讼附带民事诉讼中包括对行政争议和民事争议的处理，是不同性质诉讼的合并审理。诉讼过程中一般实行"先行政，后民事"的审理顺序，人民法院对行政争议部分先行审理和裁断，再由同一审判组织继续审理民事争议部分。但如果行政诉讼的审理需要以民事诉讼的裁判为依据，争议的民事法律关系是行政行为合法的基础性、前提性事实或主要构成要件的，可以裁定中止行政诉讼，先审理并裁断民事争议部分。

（二）行政诉讼附带民事诉讼的审理规则

在行政诉讼附带民事诉讼中应区分案件的不同性质，分别适用行政诉讼程序和民事诉讼程序，根据审理内容的不同，遵循不同的审理规则：

（1）在审理权限方面。人民法院审理行政案件，对行政行为是否合法进行审查，即行政诉讼限于审查行政行为的合法性；而对附带民事诉讼部分，人民法院可以对民事行为进行全面的审查，既可以审查其合法性，也可以审查其合理性。

（2）在举证责任方面。在行政诉讼附带民事诉讼中，行政争议部分应当由被诉的行政主体承担主要的举证责任。而附带的民事争议部分，遵循民事诉讼中"谁主张、谁举证"的证据规则，双方当事人都有义务为自己的主张举证。

（3）在结案方式方面。人民法院审理行政案件，除法定情形外不适用调解，只能以裁判的方式结案。而在附带民事诉讼中，可以根据《民事诉讼法》的规定，在事实清楚、双方自愿的基础上，通过和解或者调解的方式结案。当和解或调解不成时，法院可以对双方民事争议作出判决，以判决方式结案。

四、行政诉讼附带民事诉讼的裁判

行政诉讼附带民事诉讼一并审理，但分别裁判。分别裁判有利于当事人行使上诉权，当事人仅对行政裁判或民事裁判提出上诉的，未被上诉的裁判在上诉期限届满后即发生法律效力。

人民法院在适用行政诉讼附带民事诉讼程序审理案件的过程中，如果发现所附带的民事诉讼不符合法定条件，可以单独先行裁定以驳回当事人提出的附带民事诉讼请求，然后继续进行行政案件的审理与裁判。

五、行政诉讼附带民事诉讼中对民事法律规范的适用

行政诉讼附带民事诉讼实际上就是由人民法院的同一审判组织先后适用不同的诉讼程序规则和实体法依据，分别裁判相关联的行政争议和民事争议，以达到降低当事人诉讼成本、节约司法资源的目的。因此，在附带的民事诉讼中，人民法院的审判组织应当适用民事诉讼程序规则，并依据民事法律规范来裁判民事争议部分，但法律另有规定的除外。

同时，需要明确的是，行政诉讼中，以下情形也会涉及民事法律规范的使用：①人民法院审理行政案件，关于期间、送达、财产保全、开庭审理、调解、中止诉讼、终结诉讼、简易程序、执行等，以及人民检察院对行政案件受理、审理、裁判、执行的监督，《行政诉讼法》没有规定的，适用《民事诉讼法》的相关规定；②人民法院审理行政协议案件时，公民、法人或者其他组织对行政机关不依法履行、未按照约定履行协议提起诉讼的期限问题，参照民事法律规范关于诉讼时效的规定；③人民法院审查行政机关是否依法履行、按照约定履行协议或者单方变更、解除协议是否合法，在适用行政法律规范的同时，可以适用不违反行政法和行政诉讼法强制性规定的民事法律规范。

【思考题】

1. 简述行政诉讼附带民事诉讼的含义和特征。
2. 简述行政诉讼附带民事诉讼制度的作用。
3. 简述提起行政诉讼附带民事诉讼的条件。
4. 试述行政诉讼附带民事诉讼的审理与裁判规则。

【案例题】

杨某、李某诉当阳市卫生和计划生育局行政许可案

2014 年 3 月 13 日凌晨 4 时许，杨某与李某的儿子杨某翰因“腹泻、呕吐”被送往当阳市人民医院门诊救治，该院医生文某接诊并开具处方。杨某翰回家后于同日 7 时 10 分再次被送往当阳市人民医院抢救治疗，因抢救无效，杨某翰于同日 8 时许死亡。据杨某与李某称，他们事后了解到，被告当阳市卫生和计划生育局（简称当阳市卫计局）于 2013 年 6 月 27 日对文某予以执业医师登记注册，但文某于 2013 年 7 月 1 日才由远安县中医院调入当阳市人民医院，且只有初级助理医师职称。杨某、李某认为当阳市卫计局对文某予以执业医师注册违法，遂向法院提起行政诉讼附带民事诉讼，要求法院：(1) 确认当阳市卫计局对文某予以执业医师注册违法；(2) 判决文某承担“不合法行医”导致其子没有得到及时救治而死

亡的民事赔偿责任。

经法院审理查明，第三人文某于2012年12月18日取得医师资格证书。2013年6月26日，文某向被告当阳市卫计局申请执业医师注册，并提交了医师执业注册申请审核表（含照片）、医师资格证书、身份证、当阳市人民医院出具的当阳市医疗（预防、保健）机构聘用证明、湖北省宜昌市执业医师注册体检检查表、当阳市人民医院医疗机构执业许可证。2013年6月27日，当阳市卫计局对文某予以执业医师注册。

问：本案原告能否提起行政诉讼附带民事诉讼，要求法院一并审理其对文某的民事赔偿责任诉求？

分析提示：

本案中当阳市卫计局给文某进行执业医师注册的行为虽属于行政许可行为，但原告认为获得这一许可的文某应当承担“不合法行医”导致其子没有得到及时救治而死亡的民事赔偿责任问题，不属于可以一并审理的、相关联的民事行为。因为即便文某存在“不合法行医”的情形，其行为也属于所属医院的职务行为，相关责任应当由其所属医院承担，而医院与原告之间的民事争议不属于法定的可以一并审理的、与被诉行政行为相关联的民事行为。原告应另行提起民事诉讼。

后记

应中南大学出版社和中南大学网络学院的邀请，我们组织编写了《行政法与行政诉讼法》这本教材。在编写的过程中，我们参考了江必新主编的《中华人民共和国行政诉讼法理解适用与实务指南》(2015 年版)、姜明安主编的《行政法与行政诉讼法》(2015 年版)、胡锦光和刘飞宇主编的《行政法与行政诉讼法》(2015 年版)、敖双红和黄先雄主编的《行政法与行政诉讼法学》(2008 年版)等书籍，在此一并致谢!

全书由黄先雄负责编写，中南大学法学院宪法与行政法研究所的研究生黄婷、龚康、李东俊、皮丹丹和罗丹参与了部分章节的初稿撰写工作，他们所负责的章节分别是：黄婷(第三、四、五章)、龚康(第六、七章)、李东俊(第八、九、十章)、皮丹丹(第十一、十八、十九章)、罗丹(第十三章)。对这些章节，黄先雄进行了全面审核、修改与完善。特此说明。

编者

2016 年 8 月

图书在版编目(CIP)数据

行政法与行政诉讼法/黄先雄编著.
—长沙:中南大学出版社,2016.11
ISBN 978-7-5487-2507-7

Ⅰ.行… Ⅱ.黄… Ⅲ.①行政法-基本知识-中国②行政诉讼法-基本知识-中国 Ⅳ.①D922.104②D925.304

中国版本图书馆 CIP 数据核字(2016)第 230236 号

行政法与行政诉讼法

XINGZHENGFA YU XINGZHENGSUSONGFA

黄先雄 编著

□**责任编辑** 刘 莉
□**责任印制** 易红卫
□**出版发行** 中南大学出版社
社址:长沙市麓山南路 邮编:410083
发行科电话:0731-88876770 传真:0731-88710482
□**印 装** 长沙印通印刷有限公司

□**开 本** 720×1000 1/16 □**印张** 18.25 □**字数** 364 千字
□**版 次** 2016 年 11 月第 1 版 □**印次** 2016 年 11 月第 1 次印刷
□**书 号** ISBN 978-7-5487-2507-7
□**定 价** 39.00 元